Anerkennung und Vollstreckung
von Schiedssprüchen in den USA
und in Deutschland

Europäische Hochschulschriften
Publications Universitaires Européennes
European University Studies

Reihe II
Rechtswissenschaft

Série II Series II
Droit
Law

Bd./Vol. 3222

PETER LANG
Frankfurt am Main · Berlin · Bern · Bruxelles · New York · Oxford · Wien

Judith Gessner

Anerkennung und Vollstreckung von Schiedssprüchen in den USA und in Deutschland

Unter besonderer Berücksichtigung des UN-Übereinkommens über die Anerkennung und Vollstreckung ausländischer Schiedssprüche und des UNCITRAL-Modellgesetzes

PETER LANG
Europäischer Verlag der Wissenschaften

Die Deutsche Bibliothek - CIP-Einheitsaufnahme

Gessner, Judith:

Anerkennung und Vollstreckung von Schiedssprüchen in den USA und in Deutschland : unter besonderer Berücksichtigung des UN-Übereinkommens über die Anerkennung und Vollstreckung ausländischer Schiedssprüche und des UNCITRAL-Modellgesetzes / Judith Gessner. - Frankfurt am Main ; Berlin ; Bern ; Bruxelles ; New York ; Oxford ; Wien : Lang, 2001

(Europäische Hochschulschriften : Reihe 2, Rechtswissenschaft ; Bd. 3222)
Zugl.: Hamburg, Univ., Diss., 2001
ISBN 3-631-38378-9

D 18
ISSN 0531-7312
ISBN 3-631-38378-9

www.peterlang.de

Vorwort

Die nachfolgende Arbeit lag im Wintersemester 2000 dem Fachbereich Rechtswissenschaft an der Universität Hamburg unter dem Titel:

Anerkennung und Vollstreckung von Schiedssprüchen in den USA und in Deutschland unter besonderer Berücksichtigung des UN-Übereinkommens über die Anerkennung und Vollstreckung ausländischer Schiedssprüche und des UNCITRAL-Modellgesetzes

zur Annahme als Dissertation vor.

Besonderen Dank schulde ich Herrn Prof. Dr. Ulrich Drobnig, M.C.L. (N.Y.U.), für die Annahme als Doktorandin und die wertvollen Anregungen bei der Vollendung meiner Arbeit. Zugleich danke ich Herrn Prof. Dr. Reinhard Bork für die Übernahme des Zweitgutachtens.

Meiner Mutter, Angret Gerlach, und meinem Ehemann, Dr. Martin Gessner, die mir in vielerlei Hinsicht mit Rat und Tat zur Seite gestanden haben, widme ich diese Arbeit.

Saarbrücken, im Mai 2001 Die Verfasserin

Gliederung

Abkürzungsverzeichnis

a.A.	anderer Ansicht
A.2d	Atlantic Reporter, Second Series
AAA	American Arbitration Asociation
AAA-CAR	American Arbitration Association - Commercial Arbitration Rules
a.a.O.	am angegebenen Ort
Abs.	Absatz
a.F.	alte Fassung
affd.	affirmed
All E.R.	All England Law Reports
ALR	American Law Reports
Am. Bus. L. J.	American Business Law Journal
Am. J. Comp. L.	American Journal of Comparative Law
Am. J. Int. L.	American Journal of International Law
AmJur	American Jurisprudence
Anm.	Anmerkung
Arb. Int'l	Arbitration International
Arb. J.	Arbitration Journal
Art.	Artikel
AWD	Außenwirtschaftsdienst des BB
BB	Betriebs-Berater
Bd.	Band
BGB	Bürgerliches Gesetzbuch
BGBl.	Bundesgesetzblatt
BGH	Bundesgerichtshof
BGHZ	Entscheidungen des Bundesgerichtshof in Zivilsachen, amtliche Sammlung
BT-Dr.	Bundestags-Drucksache
Bus. Law.	Business Lawyer
BVerfG	Bundesverfassungsgericht
BVerfGE	Entscheidungssammlung des Bundesverfassungs-gerichts (Band und Seite)
BVerwG	Bundesverwaltungsgericht
bzw.	beziehungsweise
Cal.	California
Cal.C.C.P.	California Code of Civil Procedure
Cal. Rptr.	West's California Reporter
Cal. W. Int'l L. J.	California Western International Law Journal
Ch.	Chapter

Cir.	Circuit
Co.	Company
Corp.	Corporation
Col. J. Transnat'l. L.	Columbia Journal of Transnational Law
Col. L. Rev.	Columbia Law Review
Colo. Rev. Stat.	Colorado Revised Statutes
Comp.	Comparitive
Conn. Gen. Stats. Ann.	Connecticut General Statutes Annotated
D.	District
D.C.	District of Columbia
Del.	Delaware
ders.	derselbe
d.h.	das heißt
Diss.	Dissertation
doc.	document
DRiZ	Deutsche Richterzeitung
E.D.N.Y.	Eastern District New York
etc.	et cetera
Eu-Übereinkommen	Europäisches Übereinkommen über die Handelsschiedsgerichtsbarkeit
EuZW	Europäische Zeitschrift für Wirtschaftsrecht
F.	Federal Reporter
f.	folgende (Seite)
F.2d	Federal Reporter, Second Series
FAA	Federal Arbitration Act
ff.	folgende (Seiten)
Fla.	Florida
Fla. Stats. Ann.	Florida Statutes Annotated
Fn.	Fußnote
franz.	französisch
FS	Festschrift
F. Supp.	Federal Supplement
Ga.	Georgia
Ga. Code Ann.	Georgia Code Annotated
Ga. J. Int'l & Comp. L.	Georgia Journal of International and Comparitive Law
GmbH	Gesellschaft mit beschränkter Haftung
GWB	Gesetz gegen Wettbewerbsbeschränkungen
Harv. L. Rev.	Harvard Law Review
Int'l & Comp. L. Rev.	International and Comparative Law Review
Haw. Rev. Stat.	Hawaii Revised Statutes

H.B.	House bill
h.M.	herrschende Meinung
Ill.	Illinois
Ill. App.	Illinois Appelate Court Report
ICC	International Chamber of Commerce
I.C.L.Q.	International and Comparative Law Quarterly
ICSID	Convention on the Settlement of Investment Disputes between States and Nationals of other States
IHK	Internationale Handelskammer
Inc.	Incorporated
Ind.	Indiana
Int'l.	International
Int'l. Bus. Law.	International Business Lawyer
Int'l. L. and Pol.	International Law and Politics
Int'l. Law.	International Lawyer
IPRax	Praxis des internationalen Privat- und Verfahrensrechts
IPRG	Schweizer Bundesgesetz zum internationalen Privatrecht
i.V.m.	in Verbindung mit
J.	Journal
J. Int. Arb.	Journal of International Arbitration
J. Mar. L. and Com.	Journal of Maritime Law and Commerce
JPS	Jahrbuch für die Praxis der Schiedsgerichtsbarkeit
JW	Juristische Wochenschrift
JZ	Juristenzeitung
KTS	Konkurs-, Treuhand- und Schiedsgerichtswesen
L.	Law
LG	Landgericht
Mass. App. Ct.	Massachusetts Appeals Court Reports
Md. Cts. & Jud. Proc. Ann.	Maryland Courts and Judicial Proceedings Annotated
MDR	Monatsschrift für deutsches Recht
Mich. L. Rev.	Michigan Law Review
m.w.N.	mit weiteren Nachweisen
n.	note
N.C.	North Carolina
N.C. App.	North Carolina Court of Appeals Reports
N.C. Gen. Stat.	General Statutes of North Carolina
NCPC	Nouveau Code de Procédure Civile (Frankreich)

N. Dakota	North Dakota
N.E.2d	North Eastern Reporter, Second Series
Neb.	Nebraska
n.F.	neue Fassung
NJW	Neue Juristische Wochenschrift
NJW-RR	NJW-Rechtsprechungs-Report Zivilrecht
No.	Number
Nr.	Nummer
Nw. J. Int'l L. & Bus.	Northwestern Journal of International Law and Business
N.Y.	New York
N.Y.C.P.L.R.	New York Civil Practice Law and Rules
N.Y.Jur.	New York Jurisprudence
N.Y.S.	New York Supplement
N.Y.S.2d	New York Supplement, Second Series
N.Y.U. J. Int'l L. & Pol.	New York University Journal of International Law and Politics
Ohio St. J. on Disp. Resol.	Ohio State Journal on Dispute Resolution
OLG	Oberlandesgericht
PatG	Patentgesetz
RabelsZ	Rabels Zeitschrift für ausländisches und internationales Privatrecht
Rdn.	Randnummer
Rev.	Review
RGBl.	Reichsgesetzblatt
RGZ	Entscheidungssammlung des Reichsgerichts in Zivilsachen (Band, Seite)
RIW	Recht der internationalen Wirtschaft
S.	Seite
S.C.	South Carolina Reports
schw.	schweizerisch
S. Ct.	Supreme Court Reporter
S.D.N.Y.	Southern District New York
S.E.2d	South Eastern Reporter, Second Series
Sec.	Section
sog.	sogenannt
Stat.	Statutes at Large, U.S.
Tex. L. Rev.	Texas Law Review
Tex. Rev. Civ. Stat. Ann.	Texas Revised Civil Statutes Annotated
Tul. J. Int'l & Comp. L.	Tulane Journal of International and Comparitive Law

Tul. L. Rev.	Tulane Law Review
u.a.	unter anderem
UAA	Uniform Arbitration Act
UCC	Uniform Commercial Act
UNCITRAL	United Nations Commission on International Trade Law
UNÜ	New Yorker Übereinkommen über die Anerkennung und Vollstreckung ausländischer Schiedssprüche
U. Pa. J. Int'l Bus. L.	University of Pennsylvania Journal of International Business Law
Urt.	Urteil
US	United States
U.S.C.	United States Code
U.S.C.A.	United States Code Annotated
v.	versus
Va. J. Int'l. L.	Virginia Journal of International Law
vgl.	vergleiche
Vol.	Volume
WiB	Wirtschaftsrechtliche Beratung
WM	Wertpapiermitteilungen
YCA	Yearbook of Commercial Arbitration
z.B.	zum Beispiel
ZIP	Zeitschrift für Wirtschaftsrecht
ZPO	Zivilprozeßordnung
ZZP	Zeitschrift für Zivilprozeßrecht

Verzeichnis der US-amerikanischen Entscheidungen

Alco Standard Corp. v. Benalal, 345 F.Supp. 14 (E.D.Pa. 1972).

American Bronze Corp. v. Streamway Products, 8 Ohio App. 3d 223, 456 N.E.2d 1295 (1982).

American Safety Equip. Corp. v. J.P. McGuire & Co., 391 F.2d 821 (2d Cir. 1968).

Astoria Medical Group v. Health Insurance Plan of Greater New York, 227 N.Y.S. 2d 401, 406 (1962).

AT & T Technologies Inc. v. Communication Workers of America, 106 S.Ct. 1415 (1986).

Baker v. Sadick, 208 Cal. Rptr. 676 (Cal. S. Ct. 1984).

Baltimore Regional Joint Bd. v. Webster Clothes, Inc., 596 F.2d 95 (4th Cir. 1979).

Barbier v. Shearson Lehman Hutton, Inc., 948 F.2d 117 (2d Cir. 1991).

Becker Autoradio USA Inc. v. Becker Autoradioweerk GmbH, 585 F.2d 39, 43(3rd Cir. 1978).

Bergesen v. Joseph Müller Corp., 710 F.2d 928, 931 (2d Cir. 1983).

Bernhardt v. Polygraphic Co. of America, 350 U.S. 198, 203 (1956).

Beromum A.G. v. Societa, etc., 471 F. Supp. 1163, 1169 (S.D.N.Y. 1979).

Biotronic Mess- und Therapiegeräte GmbH & Co. v. Medford Medical Instrument Co., 415 F.Supp. 133, 140 (D. New Jersey 1976).

Bonar v. Dean Witter Reynolds, Inc., 835 F.2d 1378 (11th Cir. 1988).

Carribean S.S. Co., S.A. v. Sonmez Denizclik Ve Ticaret, 598 F. 2d 1264, 1266 (2d Cir. 1979).

Chauffeurs, Teamsters, Warehousemen and Helpers Local Union No. 364 v. Ruan Transport Corp., 473 F.Supp. 298 (D.C.Ind. 1979).

Chromalloy Aeroservices v. Arab Republic of Egypt, 939 F.Supp. 907 (D.C.Cir. 1996).

Cobb. v. Lewis, 488 F.2d 41 (5th Cir. 1974).

Cobec Brazilian Trading and Warehousing Corp. of U.S. v. Isbrandtsen, 524 F.Supp. 7, 10 (D.C.N.Y. 1981).

Commonwealth Edison Co. v. Gulf Oil Corp., 541 F.2d 1263, 1272 (7th Cir. 1976).

Doughboy Industries v. Pantasote Co., 233 N.Y.S.2d 488, 492 (Sup. Ct. 1962).

Duplan Corp. v. W.B. David Hosiery Mills Inc., 442 F.Supp. 86, 88 (S.D.N.Y. 1977).

Fahnestock & Co., Inc. v. Waltman, 935 F.2d 512 (2d Cir. 1991)

Fairchild & Co., Inc. v. Richmond, F. & P.R. Co., 516 F. Supp. 1305, 1314 f. (D.C.D.C. 1981).

Fertilizer Corp. of India v. IDI Management Inc., 517 F.Supp. 948, 953, 954 (S.D.Ohio 1981).

Foster Wheeler Corp. v. Babcock & Wilcox C., 440 F.Supp. 897, 901 (D.C.N.Y. 1977).

Fotochrome, Inc. v. Copal Co., Ltd., 517 F.2d 512, 516 (2d Cir. 1975).

Garrity v. Lyle Stuart, Inc., 386 N.Y.S. 2d 831, 833, 40 N.Y. 2d 353, 354 N.E. 2d 793, 795 (1976).

Government of the United States of America v. Government of the Islamic Republic of Iran, 75 Am. J. Int'l L. 422, 424 (1981).

Hanes Corp. v. Milliard, 531 F.2d 585, 598 ff. (D.C.Cir. 1976).

Harris v. Stroudsburg Fur Dressing Corp., 389 F.Supp. 226 (S.D.N.Y 1975).

Health Service Management Corp. v. Hughes, 975 F.2d 1253 (7th Cir. 1992).

Hewlett-Packard, Inc. v. Berg, 867 F. Supp. 1126, 1131 (D.Mass. 1994).

Hunt v. BP Exploration Co. (Libya) Ltd., 492 F.Supp. 885, 901 (N.D. Tex. 1980).

Imperial Ethopian Government v. Baruch-Foster Corp., 535 F.2d 334 (5th Cir. 1976).

In re Oil Spill by Amoco Cadiz Off Coast of France, 659 F.2d 789, 794 (7th Cir. 1981).

Indian Organic Chemical Limited v. Subsidiary 1 (U.S.) Subsidiary 2 (U.S.) and Chemtex Fibres Inc. (Parent Company) (U.S.), (1979) IV YCA, S. 271.

International Union of Operating Engineers v. Mid-Valley, Inc., 347 F.Supp. 1104 (S.D. Tex. 1972)

Ipitrade International S.A. v. Federal Republic of Nigeria, 465 F.Supp. 824 (D.D.C. 1978).

I.S. Joseph Co. v. Toufic Aris & Fils, 388 N.Y.S.2d 1,3 (1976).

Island Territory of Curacao v. Solitron Devices Inc. 489 F.2d 1313, 1319 (2d Cir. 1973).

Just-In-Materials Designs Ltd. v. I.T.A.D. Assocs., Inc., 61 N.Y.2d 882 (1984).

Kerr-McGee Refining Corp. v. M/T Triumph, 924 F.2d 467 (2d Cir. 1991).

Kress Corp. v. Edw. C. Levy Corp., 430 N.E. 2d 593, 596 (Ill.App. 1981).

Laminoirs v. Southwire Co., 484 F.Supp. 1063, 1065 (N.D.Ga. 1980).

Leesona Corp. v. Cotwool Mfg. Corp., Judson Mills Division, 204 F. Supp. 141, 143 (W.D.S.C. 1962).

Libyan American Oil Co. v. Socialist People's Libyan Arab Jamahirya, 482 F.Supp. 1175 (D.D.C. 1980).

Litton FCS Inc. v. Pennsylvania Turnpike Comm., 376 F.Supp. 579, 590 (E.D.Pa. 1974).

Lummus Co. v. Comonwealth Oil Refining Co., 280 F.2d 915, 924 f. (1st Cir. 1960); Nordenstrom v. Swedberg, 143 N.W.2d 848(N. Dakota 1966).

Management & Technical Consultants S.A. v. Parson-Jurdan Int. Corp., YCA 1988 (XIII) 611 ff., Court of Appeals, (9th Cir. 1987).

Martin Spier v. Calzaturificio Tecnica, S.p.A., 663 F.Supp. 871, 872 (S.D.N.Y. 1987).

McAllister Bros. Inc. v. A & S Transport Co., 621 F. 2d 519, 522 (2d Cir. 1980).

Mechanised Construction of Pakistan Ltd. v. Equipment Corp. (ACME), YCA 1990 (XV) 539, 542, (Court of Appeals, 2nd Cir. 1978).

Ministry of Defence of the Islamic Republic v. Gould, Inc., 887 F.2d 1357 (9th Cir. 1989).

Mitsubishi Motors Corp. v. Soler Chrysler-Plymouth, Inc., 473 U.S. 614, 630 (1985).

Moses H. Cone Memorial Hospital v. Mercury Construction Corp., 460 U.S. 1, 24, 25 (1983).

National Oil Corp. v. Libyan Sun Oil Co., 733 F.Supp. 800, 819 n.32 (D. Del. 1990).

New York and Cuba Mail Steamship Company v. Republic of Korea, 132 F. Supp. 684 (1955).

Oilcakes & Oilseeds Trading Co. Inc. v. Sinason-Teicher Inter-American Grain Corp., 170 N.Y.S. 2d 378 (1960).

Oriental Commercial and Shipping Co., Ltd. v. Rosseel, N.V., 609 F. Supp. 75, 78 (D.C.N.Y. 1985).

Parson & Whittemore Overseas Co. Inc. v. Soc. Générale de l'Industrie et du Papier (RAKTA) and Bank of America, 508 F.2d 969, 977 (2d Cir. 1974).

Paul Allison Inc. v. Minikin Storage of Omaha Inc., 452 F.Supp. 573, 575 (D.C.Neb. 1978).

Piccolo v. Dain, Kalman & Quail Inc., 641 F.2d 598 (8th Cir. 1981).

Prima Paint Corp. v. Flood & Conklin MfG. Co., 388 U.S. 395 (1967).

Pritzker v. Merrill Lynch, Pierce, Fenner & Smith Inc., 7 F.3d 1110 (3d Cir. 1993).

Pyle v. Securities U.S.A., Inc., 758 F. Supp. 638 (D. Colo. 1991).

Raythean Co. v. Automated Business Systems, Inc., 882 F.2d 6 (1st Cir. 1989).

Reader v. Hirsch & Co.,197 F.Supp. 111 (S.D.N.Y. 1961).

Reconstruction Finance Corp. v. Harrisons & Crosfield, Ltd., 204 F.2d 366, 369 (2d Cir. 1953).

Red Cross Line v. Atlantic Fruit Co., 264 U.S. 109, 124 (1923).

Robert Laurence Co. v. Devonshire Fabrics Inc., 271 F.2d 402, 406 (2d Cir. 1959).

Rodgers Builders, Inc. v. McQueen, 76 N.C. App. 16, 331 S.E. 2d 726 (1985).

Scherk v. Alberto-Culver Co., 417 U.S. 506 (1974), reh. den. 419 U.S. 885 (1974).

Seabord C.L.R.Co. v. National Rail Passenger Corp., 554 F. 2d 657, 660 (5th Cir. 1977).

Shearson/American Express, Inc. v. McMahon, 55 U.S.L.W. 4757 (1987).

Shoran Steel Corp. v. Jewell Coal & Oak Corp., 735 F.2d 775, 778 f. (3rd Cir. 1984).

Short v. Grange Mutual Casualty Co., 307 F.Supp. 768, 771 (S.D.W.Va. 1969; I.S. Joseph Co. v. Toufic Aris & Fils, 388 N.Y.S.2d 1, 3 (1976).

Société Nationale, etc. v. General Tire & Rubber Co., 430 F. Supp. 1332 (S.D.N.Y. 1977).

Southland Corp. v. Keating, 465 U.S. 1 (1984).

Splosna Plovba of Piran v. Agrelak Steamship Corp., 381 F. Supp. 1368, 1370 (S.D.N.Y. 1974).

Sumitomo Corp. v. Parakopi Compania Maritima, 447 F.Supp. 737, 741 (S.D.N.Y. 1979), aff'd, 620 F.2d 286 (2d Cir. 1980).

Svenska Handelsbanken v. Carlson, 258 F. Supp. 448, 450 (D.Mass. 1966).

Thaler v. Albermann, 135 N.Y.S., 2d 532, 534 (1954).

Thomson Mc Kinnon Securities, Inc. v. Cucchiella, 594 N.E. 2d 870 (Mass.Ct.App. 1992).

Transmarittina Sarda Italnavi v. Foremost Insurance Co., 482 F.Supp. 110, 114 (S.D.N.Y. 1979).

Toronto-Dominion Bank v. Hall, 367 F.Supp. 1009 (E.D. Ark. 1973).

Transchemical Ltd. v. China National Machinery Import and Export Corp., 978 F.Supp. 266 (SD Texas 1997).

TXO Production Corp. v. Alliance Resources Corp., 113 S.Ct. 2711, 125 L.Ed. 2d 366 (1993).

Vitaphone Corp. v. Electrical Research Products Inc., 167 A. 845 (Ch.Del. 1933).

Volt Information Services v. Board of Trustees of Stanford University, 489 U.S. 468 (1989).

Waldron v. Goddess, 61 N.Y.2d 181 (1984).

Waterside Ocean Nav. v. Int. Nav., Ltd., 737 F.2d 150, 152 (2d Cir. 1984).

Weilamann v. Chase Manhattan Bank, 192 N.Y.S. 2d 469 (S.Ct.N.Y. 1959).

Weinrott v. Carp., 32 N.Y.2d 190 (1973).

Wilko v. Swan, 346 U.S. 427, 436 f. (1953).

Willoughby Roofing & Supply Co. v. Kajima International, Inc., 776 F.2d 269 (11th Cir. 1985).

Witkowski v. Welch, 1993 WL 69587 (E.D. P.A. 1993).

Woodcrest Fabrics, Inc. v. B&R Textile Corp., 98 A.D.2d 52 (1st Dep't, 1983).

A. Einleitung

Mit dem beachtlichen Wachstum internationaler Wirtschaftsbeziehungen und Investitionen während der letzten 40 Jahre hat sich die Schiedsgerichtsbarkeit zu einem beliebten Instrument für die Klärung internationaler Rechtsstreitigkeiten entwickelt[1]. Auf nationaler Ebene wird die Schiedsgerichtsbarkeit ebenfalls immer häufiger als sinnvolle Alternative zur ordentlichen Gerichtsbarkeit angesehen. Ausschlaggebend für diesen Trend dürften die hohe Effektivität, die Schnelligkeit und Einfachheit des Verfahrens[2] sowie die oftmals geringeren Kosten des Schiedsverfahrens gegenüber der ordentlichen Gerichtsbarkeit sein[3]. In internationalen Fällen kommt hinzu, daß die Parteien frei darüber entscheiden können, welches Verfahrensrecht und welches materielle Recht zur Anwendung kommen soll. Die Parteien können Schiedsrichter wählen, welche mit dem jeweiligen ausländischen Recht und der speziellen Materie vertraut sind[4]. Insbesondere das Verfahren der Vollstreckung aus dem Urteil eines ausländischen staatlichen Gerichts ist im Vergleich mit dem Vollstreckungsverfahren aus einem internationalen Schiedsspruch zumeist mit großem Aufwand und hohen Kosten verbunden[5].

Auf der anderen Seite kann die Schiedsgerichtsbarkeit nicht vollends von der ordentlichen Gerichtsbarkeit abgekoppelt werden. Obwohl die meisten Schiedssprüche von den Parteien freiwillig erfüllt werden, weigert sich in einigen Fällen die unterliegende Partei, den jeweils geschuldeten Betrag zu zahlen. Die obsiegende Partei muß sodann versuchen, den Schiedsspruch in dem Land, in welchem die unterliegende Partei voraussichtlich Vermögenswerte besitzt, durch ordentliche Gerichte anerkennen und vollstrecken zu lassen. Die Voraussetzungen der Anerkennung und Vollstreckung von Schiedssprüchen können im einzelnen von Land zu Land aber sehr unterschiedlich sein. Aufgabe dieser Arbeit ist es, diese Unterschiede rechtsvergleichend zwischen den USA und Deutschland unter besonderer Berücksichtigung des UNCITRAL-Modellgesetzes von

[1] Vgl. *Kerr*, Commercial Dispute Resolution, in Liber amicorum Lord Wilberforce, S. 111, 115.

[2] Vgl. *Danielowicz*, The Choice of Applicable Law in International Arbitration, 9 Hastings Int'l & Comp. L. Rev. 232, 236 (1986).

[3] *Note*, General Principles of Law in International Commercial Arbitration, 101 Harv. L. Rev. 1816, 1817 (1988).

[4] *Van den Berg*, The New York Arbitration Convention of 1958, 1.

[5] Vgl. *Schwab/Walter*, Schiedsgerichtsbarkeit, S. 5.

1985[6] und des UN-Übereinkommens über die Anerkennung und Vollstreckung ausländischer Schiedssprüche von 1958[7] herauszuarbeiten.

Besondere Beachtung verdient das am 1.1.1998 in Kraft getretene neue deutsche Schiedsverfahrensrecht, welches insbesondere umfangreiche Änderungen des Zehnten Buchs der ZPO enthält[8]. Hierbei wird sich die Frage stellen, ob durch diese Reform Deutschland als Austragungsort internationaler Schiedsverfahren an Attraktivität gewinnen kann, oder ob es bei der gerade im Vergleich zu den USA geringen Anzahl von Schiedsverfahren in Deutschland bleiben wird. Auch im Vergleich zu anderen europäischen Ländern spielte Deutschland als Austragungsort für internationale Schiedsstreitigkeiten bisher kaum eine nennenswerte Rolle; denn ca. ein Drittel der Verfahren werden in Frankreich und ein Viertel in der Schweiz ausgetragen. Danach folgen Großbritannien, Österreich und Schweden[9].

---

[6] United Nations Commission on International Trade Law (UNCITRAL), UN Doc. A/CN.9/263,19 March 1985.

[7] UN-Übereinkommen vom 10.6.1958, BGBl. 1961 II, 121.

[8] Zehntes Buch der Zivilprozeßordnung (§§ 1025 bis 1066 ZPO), neugefaßt durch das Schiedsverfahrensgesetz v. 22.12.1997 (BGBl. I, 3224).

[9] Vgl. die Regierungsbegründung, BT-Dr. 13/5274 vom 12.7.1996, Allgemeiner Teil, S. 23.

B. Allgemeines zur Anerkennung und Vollstreckung

I. Die Rechtsgrundlagen

In den USA und in der Bundesrepublik Deutschland bestehen unterschiedliche Rechtsgrundlagen für die Anerkennung und Vollstreckung von Schiedssprüchen. Zum einen befinden sich die einschlägigen Rechtsgrundlagen in den nationalen Gesetzgebungen, zum anderen in bilateralen oder multilateralen Abkommen. Aus diesem Grunde sollen zunächst die nationalen deutschen und US-amerikanischen Rechtsgrundlagen und sodann die Staatsverträge und das UNCITRAL[10]-Modellgesetz dargestellt und deren Verhältnis zueinander geklärt werden.

1. Die Rechtsgrundlagen nach deutschem Recht

Deutschland hat schon früh eine positive Einstellung gegenüber Schiedsverfahren entwickelt. Die ZPO von 1877[11] führte ein liberales System für das Schiedsverfahren ein[12].

Für inländische Schiedssprüche ist in der Bundesrepublik Deutschland das Zehnte Buch der Zivilprozeßordnung (§§ 1025 ff. ZPO) anwendbar. Für die Anerkennung und Vollstreckung von Schiedssprüchen kamen bisher insbesondere die §§ 1042 bis 1044b ZPO a.F. zum Tragen. Dabei sah die alte Fassung der ZPO hinsichtlich der Vollstreckung keine unterschiedlichen Vorschriften für in- und ausländische Schiedssprüche vor.

Der BGH handhabte die wenigen Bestimmungen in der ZPO a.F. zur Anerkennung und Vollstreckung von Schiedssprüchen überwiegend liberal[13] und schiedsgerichtsfreundlich[14]. Die Vorschriften des Zehnten Buchs der ZPO a.F. über das Schiedsverfahren stammen weitgehend noch aus dem Jahr des Inkrafttretens der ZPO (1877) und sind aus diesem Grunde überwiegend veraltet[15].

---

[10] United Nations Commission on International Trade Law.

[11] Zivilprozeßordnung vom 30.1.1877 (BGBl. I, 533), geändert 1984 (BGBl. I, 363).

[12] *Sanders*, International Handbook on Commercial Arbitration, § I 1, Rn. 102.

[13] Vgl. BGH JZ 1957, 630; BGHZ 27, 255; BGH WM 1962, 430; BGHZ 52, 321 = NJW 1969, 2089; BGHZ 55, 162, 175; BGHZ 68, 356, 366; BGH WM 1979, 1006, 1007; BGHZ 99, 143, 149; BGH WM 1988, 1430.

[14] BGH NJW 1993, 1798, 1799; *Carbonneau*, „A-legality" and Arbitration: The German Supreme Court Joins the Fray, 4 Am. Rev. Int'l Arb. 217 – 229 (1993).

[15] Vgl. Diskussionsentwurf zur Neufassung des Zehnten Buchs der ZPO, S. 1.

Überholt ist dieses Recht - wie sich zeigen wird - insbesondere auch in dem Bereich des nach der alten ZPO-Regelung geltenden komplizierten Verfahrens der Vollstreckbarerklärung.

Ziel der Neuregelung des Zehnten Buchs der ZPO ist, den modernen Entwicklungstendenzen der internationalen Schiedsgerichtsbarkeit gerecht zu werden und ein zeitgemäßes, international angepaßtes Recht zu schaffen. Dementsprechend lautete der Auftrag der "Kommission zur Neuordnung des Schiedsverfahrensrechts", welche bereits im September 1991 eingesetzt worden war, wie folgt:

„... Vorschläge zu erarbeiten, wie das deutsche Schiedsverfahrensrecht unter Berücksichtigung des UNCITRAL-Modellgesetzes über die internationale Handelsschiedsgerichtsbarkeit neu zu gestalten ist. In diese Überlegung ist sowohl das für internationale als auch für nationale Schiedsfälle geltende Recht einzubeziehen"[16].

Durch die Reform soll das Ansehen der Bundesrepublik als Austragungsort internationaler Schiedsgerichtsverfahren gefördert werden. Die Anwendung der Bestimmungen des Zehnten Buchs der ZPO nicht nur auf internationale, sondern auch auf nationale Schiedsverfahren soll zusätzlich ein Anreiz dafür sein, auch bei rein inländischen Streitigkeiten häufiger von Schiedsverfahren Gebrauch zu machen, um die staatlichen Gerichte so zu entlasten[17]. Aufgrund dieser Zielsetzung wurde entschieden, das Reformwerk nicht - wie es den Verfassern des UNCITRAL-Modellgesetzes vorschwebte - auf die internationale Schiedsgerichtsbarkeit zu begrenzen, sondern ein für nationale und internationale Schiedsverfahren einheitliches Recht zu schaffen.

Trotz dieses unterschiedlichen Weges läßt sich das UNCITRAL-Modellgesetz - wie im folgenden gezeigt werden wird - in der Neuregelung des Zehnten Buchs der ZPO unschwer wiedererkennen.

In der Resolution der Vollversammlung der Vereinten Nationen vom 11. Dezember 1985 wurde eine Empfehlung an die UN-Mitgliedstaaten ausgesprochen, das UNCITRAL-Modellgesetz bei künftigen Neugestaltungen des Schiedsverfahrensrechts zu berücksichtigen. Dieser Empfehlung sind bereits mehrere Staaten nachgekommen und auch die ZPO-Neuregelung orientiert sich an diesem Modellgesetz.

---

[16] *Schlosser*, Bald neues Recht der Schiedsgerichtsbarkeit in Deutschland?, RIW 1994, 723.
[17] *Labes/Lörcher*, Das neue deutsche Recht der Schiedsgerichtsbarkeit, MDR 1997, 420.

Im Gegensatz zur vor 1998 geltenden Regelung enthält das Zehnte Buch der ZPO jetzt ein wesentlich umfassenderes Regelungswerk. Dies wird äußerlich schon dadurch deutlich, daß die bis 1997 geltende Regelung des Zehnten Buchs der ZPO a.F. lediglich aus 24 Vorschriften bestand, während die Neuregelung des Zehnten Buchs 42 Bestimmungen umfaßt. Auch hierin zeigt sich die Anlehnung an das UNCITRAL-Modellgesetz, welches selbst sehr wortreich ist. Als Grund für diese Rechtsangleichung wurde angegeben, daß auch der jeweilige ausländische Leser die wichtigsten Dinge aus dem Gesetz selbst erfahren können soll; deshalb sollen im neuen deutschen Recht auch solche Regeln erscheinen, die dem inländischen Leser als selbstverständlich und daher überflüssig erscheinen mögen[18]. Das internationale Schiedsgerichtsrecht geht nämlich davon aus, daß - im Gegensatz zum deutschen Recht - grundsätzlich alle Rechtsregeln zwingenden Charakter haben. Soll ein Gesetz keinen zwingenden Charakter haben, so muß dies folglich ausdrücklich erklärt werden. Aus diesem Grunde haben viele Vorschriften des UNCITRAL-Modellgesetzes und wegen der internationalen Rechtsangleichung nun auch die ZPO-Neuregelung den Zusatz "soweit die Parteien nichts anderes vereinbart haben"[19].

Die speziellen Regelungen zur Anerkennung und Vollstreckung von Schiedssprüchen finden sich in den §§ 1060 ff. ZPO n.F.

2. Die Rechtsgrundlagen nach US-Recht

a) Allgemeine Entwicklung

Bis zu dem Zeitpunkt, an welchem das bisherige Recht im Jahre 1925 durch Gesetz geändert wurde, waren in den USA Vereinbarungen der Parteien, ihre Rechtsstreitigkeiten einem Schiedsverfahren zu unterwerfen, gerichtlich nicht durchsetzbar[20]. Der gerichtliche Widerwillen gegenüber privater Streitschlichtung war zum Teil so beharrlich, daß gesetzgeberische Maßnahmen für die Akzeptanz von Schiedsverfahren erforderlich wurden.

---

[18] *Schlosser*, Bald neues Recht der Schiedsgerichtsbarkeit in Deutschland?, RIW 1994, 723, 724.
[19] Vgl. z.B. §§ 1035, 1037-38, 1042-47, 1049, 1051-52, 1057-58 der ZPO-Neuregelung.
[20] *Domke*, The Law and Practice of Commercial Arbitration, § 3.01.

Inzwischen haben sowohl die USA selbst durch den Federal Arbitration Act (im folgenden nur noch FAA)[21] als auch ihre einzelnen Bundesstaaten[22] im Rahmen ihrer Gesetzgebungskompetenz Vorschriften geschaffen, die Schiedsgerichtsverfahren zulassen und regeln. Entsprechend dem föderativen Staatsaufbau der USA besteht also auch im Bereich der Schiedsgerichtsbarkeit Bundesrecht neben dem Recht der Einzelstaaten. Im Fall *Volt Information Services v. Board of Trustees of Stanford University*[23] hat der U.S. Supreme Court entschieden, daß das Recht des Einzelstaates, in dem das Schiedsverfahren stattfindet, anzuwenden ist, wenn das Bundesrecht keine Anwendung findet und das Recht des Einzelstaates den bundesrechtlichen ordre public nicht verletzt. Wenn das Bundesschiedsgesetz (FAA) anwendbar ist, gilt dieses statt des einzelstaatlichen Schiedsgesetzes[24].

b) Federal Arbitration Act und Uniform Arbitration Act

(1) Regelungsbereich

Der FAA findet gemäß § 1 auf alle Schiedsverfahren Anwendung, die sich aus gegenwärtigen oder auch künftigen Streitigkeiten im Bereich des zwischenstaatlichen Handels, des Seerechts oder des Handels zwischen den USA und dem Ausland ergeben[25]. Im zweiten Teil des FAA wurde 1970 das UN-Übereinkommen von 1958 über die Anerkennung und Vollstreckung ausländischer Schiedssprüche übernommen und damit in den USA innerstaatlich umgesetzt[26]. Bis zum Inkrafttreten des UN-Übereinkommens waren in der Praxis vorwiegend die Gerichte der Einzelstaaten mit der Anerkennung und Vollstreckbarkeitserklärung ausländischer Schiedssprüche befaßt. Aufgrund der Regelungsvielfalt der Einzelstaaten war es für den ausländischen Vollstreckungsgläubiger schwierig, die Erfolgsaussichten der Vollstreckung in den USA vorauszusehen. Für diese Fälle hat das UN-Übereinkommen hier erheblich mehr Klarheit geschaffen[27].

---

[21] Federal Arbitration Act, ch. 213, 43 Stat. 883 (1925) (zuletzt geändert in: 9 U.S.C. secs. 1-15 (1988)).

[22] Vgl. z.B. N.Y. C.P.L.R. secs. 7501-7514.

[23] *Volt Information Services v. Board of Trustees of Stanford University*, 489 U.S. 468 (1989).

[24] *Southland Corp. v. Keating*, 465 U.S. 1 (1984); vgl. hierzu auch *Field*, The Scope of Federal Common Law, 99 Harv. L. Rev. 881 (1986).

[25] 9 U.S.C. § 1.

[26] FAA, ch. 213, 43 Stat. 883 (1925) (zuletzt geändert in: 9 U.S.C. secs. 1-15 (1988)).

[27] *McLaughlin/Brill/Rostow*, International Arbitration Awards in New York, S. 137; *Borris*, Die internationale Handelsschiedsgerichtsbarkeit in den USA, S. 119.

(2) Die einzelstaatlichen Regelungen

In den Fällen, in welchen weder der Handel zwischen den Einzelstaaten berührt wird noch ein Außen- oder Seehandelsfall vorliegt, kommt nicht der FAA, sondern das Schiedsverfahrensrecht des betreffenden Einzelstaates zur Anwendung. Das Schiedsverfahrensrecht der meisten Einzelstaaten folgt dem von den "Commissioners on Uniform State Laws" erarbeiteten und von der American Bar Association empfohlenen "Uniform Arbitration Act (UAA)[28]" und dem "New York Arbitration Act[29]" . Diese sogenannten "modern arbitration statutes" lassen wie der FAA sowohl für gegenwärtige als auch für künftige Streitigkeiten wirksame und unwiderrufliche Schiedsvereinbarungen zu und folgen auch im übrigen im wesentlichen denselben Grundsätzen wie der FAA[30].

Der UAA dient der Regelung inneramerikanischer Schiedsverfahren und enthält, wie die Schiedsgesetze der Einzelstaaten, keine besonderen Vorschriften im Hinblick auf internationale Schiedsverfahren. Mitte der achtziger Jahre haben jedoch einige Einzelstaaten ihr Schiedsverfahrensrecht vollständig überarbeitet und neue Gesetze für internationale Schiedsverfahren erlassen, die entweder vollständig oder zumindest im wesentlichen auf dem UNCITRAL-Modellgesetz aufbauen. Bisher zählen zu diesen Staaten California[31], Colorado[32], Connecticut[33], Florida[34], Georgia[35], Hawaii[36], Maryland[37], North Carolina[38], Ohio[39], Oregon[40] und Texas[41]; es ist sehr wahrscheinlich, daß weitere Einzelstaaten ähnliche Gesetze in naher Zukunft verabschieden werden[42].

Grund dieser Entwicklung dürfte einerseits die beabsichtigte Erleichterung der Durchführung internationaler Handelsschiedsverfahren in diesen Bundesstaaten sein, um sich wirtschaftliche Vorteile zu verschaffen; denn bisher enthielten die

[28] vgl. *Smit/Pechota*, World Arbitration Reporter, Bd. 2A, 1987, S. 2814.
[29] N.Y. C.P.L.R. §§ 7501/7514.
[30] *Domke*, The Law and Practice of Commercial Arbitration, S. 29 ff.
[31] Cal. C.C.P. §§ 1297, 11 - 1297, 432.
[32] Colo. Rev. Stat. §§ 13-22-501 - 13-22-505.
[33] Publ. Act. No. 89-179, 1989 Conn. Legis. Serv. 261.
[34] Fla. Stat. Ann. §§ 684.01-35.
[35] Ga. Code Ann. §§ 7.201-7.214.
[36] Haw. Rev. Stat. §§ 658D 1-658D 9.
[37] Md. Cts & Jud. Proc. Code Ann. §§ 3-2B-01-3-2B-09.
[38] Chapter 1, Art. 45B N.C. Gen. Stats.
[39] Ohio Code Chapter 2712.
[40] H.B. 2381 (June 1991).
[41] Texas Rev. Civ. Stat. Ann. Arts. 249-1 - 249-43.
[42] *Smit/Pechota*, The World Arbitration Reporter, Vol. 2 B, S. 2913, 2914 (1994); zum jeweils neuesten Stand vgl. http://www.uncitral.org.

Schiedsgesetze dieser Einzelstaaten keine besonderen Vorschriften für internationale Schiedsverfahren. Hinzukommt, daß die USA bisher kein Interesse daran gezeigt haben, das UNCITRAL-Modellgesetz auf Bundesebene einzuführen und die Einzelstaaten ihren Beitrag zur einheitlichen Internationalisierung der Schiedsgerichtsbarkeit leisten wollten[43]. Da bundesrechtliche Vorschriften (ausserhalb der Staatsverträge) über die Anerkennung und Vollstreckung ausländischer Schiedssprüche fehlen[44], wenden die Bundesgerichte insoweit stets das materielle Recht des Staates an, in dem sie ihren Sitz haben[45]. Die meisten Schiedsgesetze - darunter auch der FAA - enthalten keine Regelung über die Vollstreckung von Schiedssprüchen, die in einem Schwesterstaat ergangen sind. Gängige Praxis ist es deshalb, ein Exequaturutteil im Erlaßstaat zu erwirken und dann dieses Urteil zu vollstrecken, obwohl heute überwiegend die unmittelbare Vollstreckung des Schiedsspruchs in einem Schwesterstaat möglich zu sein scheint[46].

c) American Arbitration Association

In Bezug auf Schiedsordnungen in den USA stellt die American Arbitration Association (AAA) die mit Abstand wichtigste Schiedsgerichtsinstitution dar. Ihre Funktion ist mit der Deutschen Intstitution für Schiedsgerichtsbarkeit e.V. (DIS) vergleichbar[47]. Aufgrund der Größe des Landes und dem wesentlich weiteren Anwendungsbereich der Schiedsgerichtsbarkeit in den USA hat die AAA gegenüber den deutschen Schiedsgerichtsinstitutionen eine wesentlich größere Anzahl von abgewickelten Schiedsgerichtsverfahren aufzuweisen. Obwohl die Zahl der internationalen gegenüber den nationalen Schiedsverfahren bei der AAA erheblich geringer ist, scheint auch diese Zahl sich zu erhöhen[48].

---

[43] vgl. *Garvey/Heffelfinger*, Toward Federalizing U.S. International Commercial Arbitration Law, 25 Int'l Law. 209, 211 (1991).

[44] Mit Ausnahme des FAA, welcher jedoch lediglich das UN-Übereinkommen in seinem zweiten Teil für die Anerkennung ausländischer Schiedssprüche übernommen hat, 9 U.S.C. secs. 1-15 (1988).

[45] vgl. z.B. *Island Territory of Curacao v. Solitron Devices Inc.*, 489 F.2d 1313, 1319 (2d Cir. 1973).

[46] *Borges*, Das Doppelexequatur von Schiedssprüchen, S. 303 ff., m.w.N.; *Borris*, Die internationale Handelsschiedsgerichtsbarkeit in den USA, S. 118.

[47] Der Deutsche Ausschuß für Schiedsgerichtswesen und das Deutsche Institut für Schiedsgerichtswesen haben sich mit Wirkung vom 1.1.1992 unter dem Namen „Deutsche Institution für Schiedsgerichtsbarkeit e.V. (DIS)" zusammengeschlossen. Die DIS fördert die Schiedsgerichtsbarkeit und dient der einheitlichen Betreuung der schiedsgerichtlichen Aufgaben in Deutschland.

[48] Vgl. hierzu *Böckstiegel*, Schiedsgerichtsbarkeit im deutsch-amerikanischen Wirtschaftsverkehr, 45, 51.

Insgesamt muß festgehalten werden, daß heutzutage die Schiedsgerichtsbarkeit wohl in keinem anderen Staat so verbreitet ist wie in den USA[49].

3. Staatsvertragliche Regelungen

a) Allgemeines

Die Wirkungserstreckung ausländischer Schiedssprüche ist weitgehend multilateral und bilateral staatsvertraglich geregelt. Die Internationalisierung der Anerkennung und Vollstreckbarerklärung von Schiedssprüchen und Schiedsvergleichen stellt ein wesentliches Element der rechtlichen Regelung von zwischenstaatlichen Handels- und Wirtschaftsbeziehungen dar[50].

Ein Grund hierfür ist vor allem darin zu sehen, daß die zwischenstaatlichen Verträge auf dem Gebiet der Schiedsgerichtsbarkeit ein wesentlich größeres territoriales Gebiet abdecken, als dies für Urteile staatlicher Gerichte zutrifft. Desweiteren erfassen sie viele Vertragsstaaten, die einer Anerkennung und Vollstreckung ausländischer Urteile staatlicher Gerichte ablehnend gegenüberstehen[51]. Dies trifft neben vielen Entwicklungsländern Afrikas, Asiens und Lateinamerikas auch teilweise, zumindest für die Vergangenheit, auf die USA zu[52].

Die Rechtsquellen, die für die internationale Schiedsgerichtsbarkeit in Deutschland und den USA gelten, sind nicht immer leicht zu finden. Neben den nationalen Gesetzen sind das UN-Übereinkommen vom 10.6. 1958 über die Anerkennung und Vollstreckung ausländischer Schiedssprüche[53], das Genfer Protokoll über die Schiedsklauseln vom 24. 9.1923[54], das Genfer Abkommen zur Vollstreckung ausländischer Schiedssprüche vom 26.9.1927[55], das Europäische Übereinkommen über die Handelsschiedsgerichtsbarkeit vom 21.4.1961[56] und zahlreiche bilaterale Verträge[57] zu beachten. Diese Verträge erweitern teilweise die Befugnisse der Parteien nach nationalem Recht, einen Rechtsstreit durch ein

---

[49] *Vetter*, Schiedsgerichtsbarkeit der American Arbitration Association, RIW 1993, 191.
[50] *Schütze/Tschernig/Wais*, Handbuch des Schiedsverfahrens, Anm. 11 und 555 m.w.N.
[51] *Henn*, Schiedsverfahrensrecht, S. 281.
[52] *Smit/Miller*, International Co-Operation in Civil Litigation, S. 31; *Svenska Handelsbanken v. Carlson*, 258 F. Supp. 448, 450 (D. Mass. 1966); Henn, a.a.O, S. 280.
[53] BGBl. 1961 II, 121.
[54] RGBl. 1925 II, 47.
[55] RGBl. 1930 II, 1068.
[56] BGBl. 1964 II, 425.
[57] Vgl. Übersicht bei *Bülow-Böckstiegel*, Internationaler Rechtsverkehr II, D III.

Schiedsgerichtsverfahren zu beenden und hierbei gegebenenfalls das Verfahren und den Ort des Gerichts frei zu wählen.

b) Das UN-Übereinkommen von 1958

Unter den zwischenstaatlichen Verträgen wird das UN-Übereinkommen vom 10. Juni 1958 über die Anerkennung und Vollstreckung zumeist als das wichtigste Abkommen auf dem Gebiet der internationalen Schiedsgerichtsbarkeit angesehen[58].

Dem UN-Übereinkommen vom 10. Juni 1958 über die Anerkennung und Vollstreckung ausländischer Schiedssprüche, welchem inzwischen 112 Vertragsstaaten[59] angehören, sind sowohl die USA als auch die Bundesrepublik Deutschland beigetreten[60]. Das Übereinkommen stellt ein internationales Vertragswerk für die wechselseitige Wirkungserstreckung von Schiedssprüchen im Verhältnis zu den einzelnen Vertragsstaaten zur Verfügung.

Seine große Bedeutung kommt dem UN-Übereinkommen deshalb zu, weil es zum einen gemäß Art. VII Abs. 2 UNÜ und nach Maßgabe dieser Vorschrift die beiden Genfer Staatsverträge[61] zwischen solchen Staaten ersetzt, die Vertragsstaaten des UN-Übereinkommens sind, und zum anderen, weil dieses Übereinkommen einen ungleich größeren und wichtigeren territorialen Anwendungsbereich hat als die Genfer Staatsverträge[62]. Hinzukommt, daß das UN-Übereinkommen gemäß dessen Art. VII Abs. 1 die sonstigen multilateralen und bilateralen Verträge unberührt läßt (sog. Meistbegünstigungsklausel).

Die Funktion der Meistbegünstigungsklausel besteht darin, die Anerkennung von Schiedssprüchen und Schiedsverträgen zu erleichtern[63]. Danach bleibt die

---

[58] *Van den Berg*, Recent Enforcement Problems under the New York and ICSID Conventions, 5 Arb. Int'l 2, 2 (1989); *Schwab/Walter*, Schiedsgerichtsbarkeit, S.367 ff.; *Schlosser*, Internationale Schiedsgerichtsbarkeit, Anm. 136, 137.

[59] Die aktuelle Zahl der Mitgliedsstaaten kann auf der International Trade Law Monitor Website (hosted by the Law Faculty of the University of Tromsø) abgefragt werden: http://itl.irv.uit.no/trade_law/status/un.arbitration.recognition.and.enforcement.convention.1958.status.html.

[60] Die Bundesrepublik ratifizierte das UN-Übereinkommen 1961 (BGBl. 1961 II, 121); die USA folgten 1970 (63 Dept. State Bull. 464 (1970)).

[61] Vgl. hierzu Unterabschnitt B.I.3.c).

[62] *Schwab/Walter*, Schiedsgerichtsbarkeit, S.398 ff.; *Schlosser*, Internationale Schiedsgerichtsbarkeit, Rn. 136, 137.

[63] Vgl. *Schlosser*, Internationale Schiedsgerichtsbarkeit, Rn. 123.

Gültigkeit multilateraler oder bilateraler Verträge, welche die Vertragsstaaten über die Anerkennung und Vollstreckung von Schiedssprüchen geschlossen haben, unberührt, falls diese anerkennungsfreundlicher sind. Auch ist es jeder Partei unbenommen, sich auf einen Schiedsspruch nach Maßgabe des innerstaatlichen Rechts oder der völkerrechtlichen Verträge des Landes, in dem er geltend gemacht wird, zu berufen[64]. Im Verhältnis zur ZPO a.F. bedeutete dies z.B., daß in allen Fällen, in denen das UN-Übereinkommen Anwendung findet, daneben auch eine Anerkennung nach § 1044 ZPO a.F. in Betracht kam, falls § 1044 a.F. ZPO für den Antragsteller günstiger war.

Nach der ZPO-Neuregelung findet das UN-Übereinkommen nunmehr gemäß § 1061 ZPO n.F. ebenso wie in den USA nach dem FAA direkte Anwendung für die Anerkennung ausländischer Schiedssprüche. Wegen identischer Regelungen des UN-Übereinkommens und der ZPO-Neuregelung entfaltet der Grundsatz der Meistbegünstigung insoweit keine Wirkung mehr. Das Meistbegünstigungsprinzip findet nach der ZPO-Neuregelung jedoch weiterhin gegenüber anderen bilateralen und multilateralen Abkommen Anwendung[65]. Dies wird auch durch § 1061 Abs.1 S. 2 ZPO n.F. klargestellt, wonach die Vorschriften anderer Staatsverträge über die Anerkennung und Vollstreckung von Schiedssprüchen unberührt bleiben.

Allerdings ist es nach dem Meistbegünstigungsprinzip nicht gestattet, sich aus dem jeweiligen nationalen Recht bzw. dem UN-Übereinkommen nur diejenigen Regelungen herauszusuchen, die jeweils anerkennungsfreundlicher sind[66]. Die Anerkennung ist vielmehr nach dem gesamten nationalen Recht und dem gesamten UN-Übereinkommen zu prüfen. Danach ist festzustellen, ob eines der beiden Regelungswerke insgesamt die Anerkennung gestattet[67].

Nach Art. III S.1 des UN-Übereinkommens erkennt jeder Vertragsstaat Schiedssprüche als wirksam an und läßt sie nach den Verfahrensvorschriften des Staates, in dem der Schiedsspruch geltend gemacht wird (Vollstreckungsstaat), zur Vollstreckung zu, sofern die Bedingungen des Artikels V UNÜ erfüllt sind, d.h. soweit die dort genannten Versagungsgründe[68] nicht vorliegen.

---

[64] Vgl. hierzu OLG Köln, RIW 1993, 499, 500.
[65] Vgl. BT-Dr 13/5274, S.62.
[66] OLG Frankfurt RIW 1989, 911; *Haas*, Zur formellen und materiellen Wirksamkeit des Schiedsvertrages, IPRax 1993, 450.
[67] OLG Köln ZZP 1991, 318, 320; *Schwab/Walter*, Schiedsgerichtsbarkeit, S. 397.
[68] Auf diese Versagungsgründe wird im weiteren Verlauf der Arbeit unter C. III.) noch näher eingegangen.

c) Die Genfer Staatsverträge

Dem UN-Übereinkommen ähnliche Vorschriften bestehen auch in den Genfer Staatsverträgen (dem Genfer Abkommen zur Vollstreckung ausländischer Schiedssprüche vom 26.9.1927 und dem Genfer Protokoll über die Schiedsklauseln vom 24.9.1923[69]). Ein wesentlicher Nachteil der Genfer Abkommen gegenüber dem UN-Übereinkommen besteht allerdings darin, daß grundsätzlich die Partei, die den Antrag auf Anerkennung des Schiedsspruches stellt, das Nichtvorliegen von Versagungsgründen zu beweisen hat, während nach dem UN-Übereinkommen die Beweislast beim Antragsgegner liegt[70].

Hinsichtlich der Genfer Staatsverträge ist zu beachten, daß diese beiden Abkommen nach Art. VII UN-Übereinkommen zwischen den Staaten, die Mitgliedsstaaten des UN-Übereinkommens sind, außer Kraft getreten sind. Dies gilt insbesondere auch für das Verhältnis zwischen Deutschland und den USA[71]. Die Genfer Verträge sind daher nur noch zwischen wenigen Staaten und der Bundesrepublik in Geltung. Sie behalten im übrigen allerdings interpretatorischen Wert[72].

d) Das Europäische Übereinkommen über die Handelsschiedsgerichtsbarkeit von 1961

Die Bundesrepublik ist dem Europäischen Übereinkommen über die Handelsschiedsgerichtsbarkeit vom 21.4.1961[73] beigetreten[74]. Es unterscheidet sich vom UN-Übereinkommen dadurch, daß es im wesentlichen Fragen des Schiedsvertrags, des Schiedsverfahrens und der Schiedssprüche regelt, während das UN-Übereinkommen sich mit der Anerkennung und Vollstreckung von Schiedssprüchen befaßt. Aus diesem Grund kommt eine Kollision zwischen den beiden Übereinkommen nur äußerst selten in Betracht[75].

Zu unterscheiden ist bei diesen Kollisionsfällen, ob das Europäische Übereinkommen zwischen den betreffenden Staaten vor oder nach dem UN-Überein-

---

[69] Vgl. Fn. 54 und 55.
[70] Vgl. *Schwab/Walter*, Schiedsgerichtsbarkeit, S. 491.
[71] *Schütze/Tschernig/Wais*, Handbuch des Schiedsverfahrens, Anm. 620; *Schwab/Walter*, Schiedsgerichtsbarkeit, S. 396.
[72] *Henn*, Schiedsverfahrensrecht, S. 281.
[73] BGBl. 1964 II, 425.
[74] Vgl. dazu *Baumbach-Lauterbach-Hartmann*, ZPO Kommentar, Einl. IV 3 Dc.
[75] *Schwab/Walter*, Schiedsgerichtsbarkeit, S.402; OLG Köln, IPRax 1993, 399, 400.

kommen in Kraft getreten ist[76]. Grundsätzlich gilt, daß das jeweils später in Kraft getretene Übereinkommen als lex posterior den Vorrang genießt; eine günstigere Regelung des älteren Abkommens kommt jedoch über eine Meistbegünstigungsklausel zur Anwendung.[77]

Zwar finden sich unter den Vertragsstaaten des Europäischen Übereinkommens auch Staaten außerhalb Europas[78]; die USA sind dem Europäischen Übereinkommen jedoch nicht beigetreten. Da das Europäische Übereinkommen nach Art. I Satz 1 a) des Abkommens nur zwischen Personen mit Sitz bzw. gewöhnlichem Aufenthalt in (verschiedenen) Vertragsstaaten anwendbar ist, findet es keine direkte Anwendung zwischen Deutschland und den USA. Es besteht jedoch die Möglichkeit, ein Schiedsverfahren nach dem Europäischen Übereinkommen in den USA durchzuführen, da das Europäische Übereinkommen auch dann zur Anwendung kommt, wenn das Schiedsverfahren in einem Nichtvertragsstaat stattfindet[79].

e) Das Deutsch-Amerikanische Freundschafts-, Handels- und Schiffahrtsabkommen

Zusätzlich zu den Mechanismen, die unter dem UN-Übereinkommen zur Verfügung stehen, bietet der deutsch-amerikanische Freundschafts-, Handels- und Schiffahrtsvertrag vom 29.10.1954[80] zwischen diesen zwei Staaten eine weitere Möglichkeit der gegenseitigen Anerkennung und Vollstreckung von Schiedssprüchen.

Voraussetzung für die Wirkungserstreckung ist das Vorliegen eines auf einer wirksamen Schiedsvereinbarung[81] zwischen Staatsangehörigen oder Gesellschaften der beiden Vertragsstaaten basierenden Schiedsspruchs, der nach den Gesetzen des Ortes, an dem er ergangen ist, endgültig und vollstreckbar geworden ist und nicht gegen den zweitstaatlichen ordre public verstößt[82]. Es entscheidet also das Recht des Schiedsgerichtssitzes. Aus diesem Grunde sollten die Parteien das Schiedsverfahren immer dem Recht des Landes unterstellen, in dem das Schiedsgericht seinen Sitz hat; denn sollten die Parteien für das

[76] *Stein-Jonas-Schlosser*, ZPO Kommentar, vor § 1044 ZPO Rn. 79; *Haas*, Zur formellen und materiellen Wirksamkeit des Schiedsvertrages, IPRax 1993, 382, 383.
[77] Art. X 7 Eu-Übereinkommen.
[78] Z.B. Kuba (BGBl. 1967 II, 2156).
[79] *Stein-Jonas-Schlosser*, ZPO-Kommentar, vor § 1044 Rn. 35.
[80] BGBl. 1956 II, 488, 763.
[81] Vgl. *Schlosser*, Internationale Schiedsgerichtsbarkeit, Rn. 799.
[82] Vgl. *Schütze/Tschernig/Wais*, Handbuch des Schiedsverfahrens, Anm. 634.

Schiedsverfahren die Anwendung des Rechts eines anderen Landes vereinbaren, so wird dennoch die Endgültigkeit und Vollstreckbarkeit nach dem Recht des Landes beurteilt, in welchem das Schiedsgericht seinen Sitz hat.

Fraglich ist, ob mit dem Begriff "vollstreckbar" neben dem Begriff "endgültig" die abstrakte Vollstreckungsfähigkeit gemeint ist oder ob der Schiedsspruch bereits im Heimatstaat für vollstreckbar erklärt worden sein muß. Offenbar sollte die zuletzt genannte Auffassung greifen; denn würde in dem Begriff "vollstreckbar" nur die abstrakte Vollstreckbarkeit gesehen werden, so ließe sich insoweit kein Unterschied zu dem Begriff "endgültig" feststellen. Es ist somit davon auszugehen, daß der Deutsch-Amerikanische Freundschaftsvertrag ein Doppelexequatur vorsieht, d.h. die Vollstreckbarerklärung sowohl im Heimatstaat als auch im Anerkennungs- und Vollstreckungsstaat voraussetzt[83].

Ähnlich dem UN-Übereinkommen versucht der Vertrag die Gründe, nach welchen die Anerkennung und Vollstreckung von Schiedssprüchen versagt werden könnte, zu limitieren[84]. So bestimmt Art. VI Abs. 2 des Vertrages, daß die Anerkennung eines in einem der beiden Vertragsstaaten gefällten Schiedsspruchs in dem anderen Vertragsstaat nicht allein deshalb versagt werden darf, weil sich der Sitz des Schiedsgerichts nicht im Anerkennungsstaat befindet, oder ein oder mehrere Schiedsrichter nicht die Staatsangehörigkeit des Anerkennungsstaates besitzen.

Im Verhältnis zum UN-Übereinkommen gilt grundsätzlich, daß diesem als lex posterior der Vorrang einzuräumen ist. Aus der Meistbegünstigungsklausel in Art. VII Abs. 1 des UN-Übereinkommens[85] folgt aber, daß der deutsch-amerikanische Freundschaftsvertrag anwendbar bleibt, wenn die Partei, welche die Anerkennung des Schiedsspruchs beantragt, sich auf den bilateralen Vertrag berufen kann und die Anerkennung nach dem UN-Übereinkommen nicht möglich wäre[86].

---

[83] Vgl. hierzu BGHZ 57, 153; ZZP 86, 46 mit Anm. von *Schlosser*.
[84] BGHZ 97, 269, 271.
[85] Vgl. hierzu oben unter B.I.3.b)
[86] *Schlosser*, Internationale Schiedsgerichtsbarkeit, Rn. 109, 137; *Schwab/Walter*, Schiedsgerichtsbarkeit, S. 514.

4. Das UNCITRAL[87]-Modellgesetz

a) Zweck der internationalen Harmonisierung

In der Resolution der Vollversammlung der Vereinten Nationen vom 11. Dezember 1985 wurde eine Empfehlung an die UN-Mitgliedsstaaten ausgesprochen, das UNCITRAL-Modellgesetz für die internationale Handelsschiedsgerichtsbarkeit bei künftigen Neugestaltungen des Schiedsverfahrensrechts zu berücksichtigen[88]. Diesem Anliegen, die nationalen Schiedsverfahrensrechte zu vereinheitlichen, sind zur Zeit bereits 23 Staaten nachgekommen, darunter u.a. Kanada, Australien, Hongkong, Schottland, die Russische Föderation, und innerhalb der USA einige Bundesstaaten[89].

In rechtspolitischer Hinsicht liegt ein Vorteil des UNCITRAL-Modellgesetzes darin, daß es international sowohl bekannt als auch anerkannt ist. Mit den Vorarbeiten zur Entstehung des Modellgesetzes befaßte sich nämlich eine Arbeitsgruppe, in die Experten aus allen bedeutenden westlichen und östlichen Ländern und aus vielen Entwicklungsländern sowie die maßgeblichen auf dem Gebiet des Schiedsgerichtswesens tätigen internationalen Organisationen wie die ICC (Internationale Handelskammer), ICCA (International Council for Commercial Arbitration), IBA (International Bar Association) und die ILA (International Law Association) ihren Sachverstand einbrachten[90]. Aus diesem Grunde entsprechen die Vorschriften des Modellgesetzes dem Standard, der für den internationalen Bereich durch völkerrechtliche Übereinkünfte gesetzt worden ist und in modernen internationalen Verfahrensordnungen seinen Niederschlag gefunden hat.

b) Der Inhalt des Modellgesetzes

Inhaltlich zeichnet sich das Modellgesetz dadurch aus, daß es ein übersichtlich gegliedertes, weitgehend vollständiges und in sich geschlossenes Regelungswerk darstellt. Durch zahlreiche dispositive Vorschriften wird auch im Falle feh-

---

[87] United Nations Commission on International Trade Law (UNCITRAL).
[88] UN Doc. A/CN.9/263, 19 March 1985.
[89] Vgl. hierzu *Labes/Lörcher*, Das neue deutsche Recht der Schiedsgerichtsbarkeit, MDR 5/1997, 420.
[90] Vgl. z.B. 1979 UN Commission Report, Doc. A/34/17, para. 81.

lender Parteivereinbarungen ein reibungsloser Ablauf des Schiedsgerichtsverfahrens zugunsten des Prinzips der Rechtssicherheit gewährleistet[91].

Hinsichtlich der Rechtsbehelfe gegen den Schiedsspruch und seine Vollstrekkung gibt es nach dem UNCITRAL-Modellgesetz zwei verschiedene Verfahren: eines zur Aufhebung inländischer Schiedssprüche nach Art. 34 und eines für die Vollstreckung inländischer und ausländischer Schiedssprüche nach Artt. 35-36. Dabei hält das Modellgesetz an dem durch das UN-Übereinkommen begründeten Prinzip fest, daß bei der Vollstreckung ausländischer Schiedssprüche nicht gleichzeitig eine Vollstreckbarerklärung im Erlaßstaat erforderlich ist[92].

Das UNCITRAL-Modellgesetz beschreibt die Aufhebungsgründe mit denselben Worten, wie das UN-Übereinkommen die Anerkennungsversagungsgründe beschreibt[93]. Diese Ähnlichkeit mit dem UN-Übereinkommen ist auf die Zielsetzung des Modellgesetzes hinsichtlich der Vollstreckung zurückzuführen, wonach die Verfahren mit dem UN-Übereinkommen harmonieren sollen, da die Anerkennung und Vollstreckung ausländischer Schiedssprüche bereits durch das UN-Übereinkommen eine weltweit geltende Regelung gefunden hat[94]. Gleichzeitig wirft die Existenz und der Erfolg des UN-Übereinkommens die Frage auf, weshalb überhaupt Vorschriften über die Anerkennung und Vollstreckung von Schiedssprüchen in das UNCITRAL-Modellgesetz aufgenommen werden sollten. Diese Frage wurde in der Arbeitsgruppe zum Entwurf des UNCITRAL-Modellgesetzes ausführlich diskutiert[95]. Im Hinblick auf ausländische Schiedssprüche wurde gesagt, daß zum einen das UN-Übereinkommen ausreichen würde, die Vollstreckung zu regeln, und zum anderen, daß Staaten, die das UN-Übereinkommen nicht ratifiziert hätten, zur Übernahme des Modellgesetzes wahrscheinlich ohnehin nicht bereit wären. Hinzukäme, daß - bezogen auf inländische Schiedssprüche - das Modellgesetz keine Vereinfachung der Vollstreckung brächte, da nationale Gesetze häufig sogar weniger strenge Anforderungen an die Vollstreckung stellten als das Modellgesetz selbst[96].

---

[91] Vgl. Diskussionsentwurf zur Neufassung des Zehnten Buchs der ZPO, S. 9.

[92] Vgl. *Holtzmann/Neuhaus*, UNCITRAL Model Law on International Commercial Arbitration, S. 1055-1062; *Granzow*, Das UNCITRAL-Modellgesetz über die Handelsschiedsgerichtsbarkeit, S. 212-214; First Draft, UN Doc. A/CN.9/WG.II/WP.38, 1982, Art. 36.

[93] Vgl. hierzu auch *Schlosser*, Bald neues Recht der Schiedsgerichtsbarkeit in Deutschland?, RIW 1994, 723, 726.

[94] Vgl. UN Doc. A/CN.9/207, 1981, para. 102-111.

[95] Vgl. z.B. First Working Group Report, UN Doc. A/CN.9/216, 1981, para. 103; Third Working Group Report, UN Doc. A/CN.9/233, 1983, para. 129.

[96] UN Doc. A/CN.9/246, 1984, para. 142.

Mit überzeugenden Argumenten hat sich die Mehrheit der Arbeitsgruppe gegen diese Auffassung ausgesprochen. Der wichtigste Aspekt ist hierbei, daß die Gleichbehandlung inländischer und ausländischer Schiedssprüche das Verfahren erleichtert und gleichzeitig die Bedeutung des Ortes des Schiedsverfahrens in internationalen Angelegenheiten abschwächt[97]. Hinzukommt, daß das Modellgesetz ohne Vorschriften zur Anerkennung und Vollstreckung von Schiedssprüchen unvollständig wäre[98]. Die Aufnahme der Vorschriften über die Anerkennung und Vollstreckung ist auch für die Vertragsstaaten des UN-Übereinkommens sinnvoll, da die Vorschriften auch gegenüber Schiedssprüchen aus anderen als Vertragsstaaten gelten, ohne die Anwendung des Übereinkommens zu beeinflussen[99]. Zuletzt dürften diejenigen Staaten, die das UN-Übereinkommen noch nicht ratifiziert haben, sich eher dazu entschließen, die Vorschriften des Modellgesetzes zur Anerkennung und Vollstreckung zu übernehmen, als sich völkerrechtlich an das UN-Übereinkommen zu binden[100].

Das UNCITRAL-Modellgesetz enthält im übrigen auch keine grundlegenden Abweichungen vom geltenden deutschen Recht, die mit dem Verständnis vom Wesen der Schiedsgerichtsbarkeit unvereinbar wären[101].

II. Die Bestimmung der Nationalität des Schiedsspruchs

Während die Zuordnung von Gerichtsurteilen zu einem bestimmten Staat problemlos vorgenommen werden kann, bereitet die Bestimmung, ob ein Schiedsspruch ausländisch ist und welcher Nationalität bzw. Herkunft er zuzuordnen ist, Schwierigkeiten.

Der Begriff des ausländischen Schiedsspruchs ist weder in den nationalen Schiedsgesetzen Deutschlands und der USA noch in den einschlägigen internationalen Abkommen klar definiert. Da einige Schiedsgesetze für die Anerkennung und Vollstreckung zwischen "ausländischen" bzw. "internationalen" und "inländischen" bzw. "nationalen" Schiedssprüchen differenzieren[102], erlangt die Bestimmung der Nationalität des Schiedsspruchs für die Anerkennung und Vollstreckung von Schiedssprüchen Bedeutung.

[97] UN Doc. A/CN.9/246, 1984, para. 3.
[98] UN Doc. A/CN.9/246, 1984, para. 2.
[99] Vgl. Art. 1 Abs. 1 UNCITRAL-Modellgesetz
[100] Summary Report, UN Doc. A/CN.9/SR.320, 1985, para. 37.
[101] Vgl. Diskussionsentwurf zur Neufassung des Zehnten Buchs der ZPO, S. 10.
[102] So auch das 10. Buch der ZPO a.F.; vgl. hierzu auch *Raeschke-Kessler*, Neuere Entwicklungen im Bereich der Internationalen Schiedsgerichtsbarkeit, NJW 1988, 3041.

Anders als bei der nationalen ordentlichen Gerichtsbarkeit, bei der in der Regel Parteien gleicher Nationalität aufeinandertreffen, welche einem gemeinsamen Prozeßrecht unterliegen, stehen sich bei internationalen Schiedsverfahren zwangsläufig Parteien aus verschiedenen Ländern und unterschiedlichen Rechtskreisen an einem fremden Schiedsort mit einem ihnen oftmals nicht bekannten Schiedsrecht gegenüber. Vor diesem Hintergrund ist es nachvollziehbar, daß das Interesse an einer Vereinheitlichung des internationalen Schiedsverfahrensrechts sehr groß ist.

1. Die verfahrensrechtliche Theorie der alten ZPO-Regelung

Während die meisten modernen Schiedsrechte für die Frage, ob ein Schiedsspruch ein inländischer oder ein ausländischer ist, an den Sitz des Schiedsgerichts (sog. „Territorialitätsgrundsatz") anknüpfen, vertrat die herrschende Meinung[103] zur alten ZPO-Regelung einen prozessualen Standpunkt.

a) Unterscheidung zwischen in- und ausländischem bzw. nationalem und internationalem Schiedsspruch

Nach dem prozessualen Standpunkt („verfahrensrechtliche Theorie") der herrschenden deutschen Auffassung zur alten ZPO-Regelung war ein Schiedsspruch ausländisch, wenn er ausländischem Verfahrensrecht unterstand; umgekehrt lag ein inländischer Schiedsspruch vor, wenn das Schiedsverfahren deutschem Recht unterlag[104]. Hierbei war nicht entscheidend, ob das Schiedsgericht zur Anwendung des betreffenden Verfahrensrechts verpflichtet war, sondern vielmehr, welches Verfahrensrecht es letztlich angewendet hat[105].

Für das Verfahrensrecht, das vom Schiedsgericht anzuwenden ist, war zunächst die Vereinbarung der Parteien maßgebend (§ 1034 II ZPO a.F.). Zu beachten ist, daß sich die Parteien in Deutschland auch nachträglich durch schlüssiges Handeln auf ein bestimmtes Verfahrensrecht einigen können[106]. Ein ausländischer

---

[103] BGHZ 21, 365 = NJW 1956, 1838; BGHZ 96, 41 = NJW 1986, 1436; BGH RIW 1988, 642; OLG Frankfurt a.M. RIW 1989, 912; *Schütze/Tschernig/Wais*, Handbuch des Schiedsverfahrens, Rdn. 616; *Schlosser*, Internationale Schiedsgerichtsbarkeit, Rdn. 783; *Bülow*, Das UN-Übereinkommen über die Anerkennung und Vollstreckung ausländischer Schiedssprüche, KTS 1959, 1ff; *Triebel /Petzold*, Grenzen der lex mercatoria in der internationalen Schiedsgerichtsbarkeit, RIW 1988, 245, 249.

[104] AaO.

[105] BGHZ 21, 365; BGH NJW 1988, 3090.

[106] BGH NJW 1986, 1436.

Schiedsspruch lag nach der verfahrensrechtlichen Theorie also auch dann vor, wenn sich der Sitz des Schiedsgerichts in Deutschland befand, aber das Schiedsgericht auf das Schiedsverfahren ausländisches Recht angewendet hat. Umgekehrt wurde ein Schiedsspruch selbst dann als deutscher Schiedsspruch angesehen, wenn der Sitz des Schiedsverfahrens im Ausland lag, wodurch es zu Kompetenzkonflikten zwischen deutschen und ausländischen Gerichten kommen konnte, wenn das ausländische Schiedsrecht dem Territorialitätsprinzip folgte[107].

Durch die Verwendung des Begriffs "ausländisch" in § 1044 ZPO a.F. fällt bezüglich der Wortwahl auf, daß das bisherige deutsche Recht lediglich die Unterscheidung zwischen in- und ausländischem und nicht diejenige zwischen internem und internationalem Schiedsspruch machte. Den Begriff des internationalen Schiedsspruchs kannte das bisherige deutsche Recht - im Gegensatz z.B. zum UNCITRAL Modellgesetz[108] - nicht[109]. Der einzige Unterschied zwischen den Worten „ausländisch" und „international" dürfte jedoch in diesem Zusammenhang in der Sichtweise zu finden sein. Während der Begriff „ausländisch" eine nationale Sichtweise ausdrückt, unter welche diejenigen Schiedssprüche fallen, die nicht deutsch sind bzw. welchen ein rein nationales Schiedsverfahren zugrundeliegt, ist der Begriff „international" neutraler und drückt lediglich aus, daß es sich um ein zwischenstaatliches, über den räumlichen Geltungsbereich einer nationalen Rechtsordnung hinausreichendes Schiedsverfahren handelt. Gemäß Art. 1 Abs. 3 des UNCITRAL-Modellgesetzes ist ein Schiedsverfahren international, wenn die Parteien im Zeitpunkt des Abschlusses der Schiedsvereinbarung ihre Niederlassung in verschiedenen Staaten haben, oder der Ort des Schiedsverfahrens, der Erfüllungsort oder der Ort, mit dem der Streitgegenstand die engste Verbindung aufweist, außerhalb des Staates liegt, in dem die Parteien ihre Niederlassung haben bzw. wenn die Parteien vereinbart haben, daß der Gegenstand der Schiedsvereinbarung Beziehungen zu mehr als einem Land aufweist.

Da das UNCITRAL Modellgesetz Anwendung für eine Vielzahl von Staaten finden soll, ist es zweckmäßig, zur Abgrenzung gegenüber rein „internen" Schiedssprüchen von „internationalen" Schiedssprüchen zu sprechen, während der Begriff „ausländischer" Schiedsspruch aus Sicht einer nationalen Rechtsordnung ein sinnvolles Abgrenzungskriterium gegenüber „inländischen" Schiedssprüchen ist.

---

[107] Vgl. hierzu *Berger*, Entstehungsgeschichte und Leitlinien des neuen deutschen Schiedsverfahrensrechts, in: Das neue Recht der Schiedsgerichtsbarkeit, S. 6.
[108] Vgl. Art. 1 Abs. 3 des UNCITRAL-Modellgesetzes.
[109] OLG Frankfurt, IPRax 1982, 149.

b) Stellungnahme

Gegen eine Anknüpfung der Nationalität des Schiedsspruches an den Sitz des Schiedsgerichts zur Bestimmung des anwendbaren Verfahrensrechts wird angeführt, der Sitz stelle eine reine Zufälligkeit dar und das Schiedsgericht könne auch an mehreren Orten in verschiedenen Staaten tagen[110]. Dem kann jedoch nicht zugestimmt werden. Nur der Sitz des Schiedsgerichts kann die von den Parteien gewollte Verbindung zu der Rechtsordnung und dem Umfeld eines bestimmten Staates herstellen[111]. Gerade in Fällen, in denen eine autonome Schiedsordnung Verfahrensgrundlage gewesen ist, ist es oft schwierig, das tatsächlich angewandte Verfahrensrecht zu bestimmen; denn internationale Schiedsverfahren werden oft ohne Bezugnahme auf ein anwendbares Verfahrensrecht, nur auf der Grundlage der von den Parteien vereinbarten und detaillierten Verfahrensbestimmungen institutioneller Schiedsordnungen durchgeführt, so daß sich die Anbindung des Schiedsverfahrens an ein bestimmtes nationales Schiedsrecht nach der verfahrensrechtlichen Theorie[112] nur schwierig bestimmen läßt[113].

Einfach ist es dagegen, den Sitz des Schiedsgerichts nach dem Territorialitätsgrundsatz[114] zu bestimmen, wenn man nicht auf den tatsächlichen Tagungsort, sondern den rechtlichen Bezugspunkt des Schiedsgerichtssitzes abstellt[115]. Bestimmt man - wie z.B. das neue schweizerische IPRG[116] - den Sitz des Schiedsgerichts als den Ort, der durch die Vereinbarung der Parteien oder in Ermangelung einer solchen durch Beschluß des Schiedsgerichtes gewählt worden ist, dürfte es keinesfalls problematisch sein, den Sitz des Schiedsgerichts festzustellen. Nach Informationen der ICC wird heute in über 80% der beim Schiedsgerichtshof anhängigen Schiedsfälle der Sitz des Schiedsgerichts von den Parteien schon in der Schiedsklausel oder spätestens zu Beginn des Hauptverfahrens festgelegt[117].

Der Ort des Schiedsverfahrens ist auch insofern von großer praktischer Relevanz, als nicht nur das dort geltende Recht ergänzend auf das Schiedsverfahren Anwendung findet, sondern insbesondere auch in der Regel die staatlichen Ge-

---

110 *Schütze/Tschernig/Wais*, Handbuch des Schiedsverfahrens, S. 334, 335.
111 Vgl. *Mann*, Zur Nationalität des Schiedsspruchs, FS Oppenhoff, S. 218.
112 Siehe oben unter B. II. 1. a).
113 Vgl. hierzu IHK-Schiedsspruch, No. 5505 YCA XIII (1988), 114.
114 Vgl. hierzu oben unter B. II. 1.).
115 *Henn*, Schiedsverfahrensrecht, S. 269, 270.
116 Art. 176 Abs. 1/3 des schweizerischen IPRG.
117 *Reiner*, ICC Schiedsgerichtsbarkeit, Ein Handbuch für die Praxis, S. 143.

richte am Schiedsort für die Unterstützung und Kontrolle (Hilfe bei der Beweisaufnahme, Ernennung und Ablehnung von Schiedsrichtern, Erlaß einstweiliger Anordnungen) des Schiedsgerichts zuständig sind[118]. Zugleich wird aber mit der Anbindung von Schiedsverfahren und Schiedsspruch an ein nationales Schiedsgesetz auch das zuständige Gericht bestimmt, welches für eine mögliche Anfechtungsklage gegen den Schiedsspruch zuständig wäre[119]. Dies garantiert mehr Rechtssicherheit, indem mit der territorialen Anknüpfung an ein Schiedsrecht zugleich auch die Kompetenz der Gerichte dieses Landes für das Aufhebungsverfahren eindeutig festgelegt wird.

2. Das Territorialitätsprinzip der ZPO-Neuregelung

Gemäß § 1025 I ZPO n.F. sind die Vorschriften des Zehnten Buchs anzuwenden, wenn der Schiedsverfahrensort in Deutschland liegt. In Anlehnung an das UNCITRAL-Modellgesetz[120] knüpft die ZPO-Neuregelung nunmehr ebenfalls an den Ort des Schiedsverfahrens an, der von den Parteien gemäß § 1043 I ZPO n.F. frei bestimmt, ansonsten vom Schiedsgericht festgelegt wird. Falls mangels Parteivereinbarung das Schiedsgericht zur Entscheidung berufen ist, so muß es nach § 1043 I 3 ZPO n.F. die Umstände des Falles einschließlich der Eignung des Ortes für die Parteien berücksichtigen. Damit spricht sich die ZPO-Neuregelung erfreulicherweise gegen die bisher in Deutschland vorherrschende verfahrensrechtliche Theorie[121] und für das international vorherrschende Territorialitätsprinzip[122] aus. Zu beachten ist auch die in § 1043 II ZPO n.F. eingeführte ausdrückliche Unterscheidung zwischen Ort (Sitz) des Schiedsgerichts und Tagungsort; denn hiernach muß das Schiedsgericht nicht notwendigerweise am Ort des Schiedsverfahrens tagen, sondern kann an jedem ihm geeignet erscheinenden Ort zusammentreten, wenn die Parteien nichts anderes vereinbaren.

3. Die US-amerikanische Lösung

Auch die USA - wie die meisten Staaten des anglo-amerikanischen Rechtskreises - bestimmen die Nationalität des Schiedsspruchs und das diesem zugrundeliegende Verfahrensrecht grundsätzlich nach dem Kriterium des Sitzes des Schiedsgerichts und damit nach dem Territorialitätsgrundsatz[123]. Dementspre-

---

[118] *Schwab/Walter*, Schiedsgerichtsbarkeit, S. 272.
[119] *Berger*, „Sitz des Schiedsgerichts" oder „Sitz des Schiedsverfahrens"?, RIW 1993, 8, 9.
[120] Art. 1 II des UNCITRAL Modellgesetzes.
[121] Vgl. hierzu oben unter B. II. 1. a).
[122] Vgl. hierzu oben unter B. II. 1.).
[123] *Bergesen v. Joseph Müller Corp.*,710 F.2d 928, 931 (2d Cir. 1983).

chend muß in den USA zum einen zwischen Schiedssprüchen, die in dem US-Bundesstaat ergangen sind, in welchem sie vollstreckt werden sollen, zum anderen zwischen Schiedssprüchen, die in einem anderen Bundesstaat ergangen sind, und "ausländischen" Schiedssprüchen unterschieden werden. Nur das Recht Floridas weicht vom Territorialitätsprinzip ab und erlaubt den Parteien, das Schiedsverfahren in Florida nach ausländischem Schiedsprozeßrecht zu führen[124].

Aus dem Wortlaut des UN-Übereinkommens in Art. I Abs. 1 UNÜ[125] kann nicht geschlossen werden, ob dem Territorialitätsprinzip gefolgt wird; denn Satz 1 des Art. I Abs. 1 deutet zwar auf das Territorialitätsprinzip hin, wird durch Satz 2 jedoch wieder gelockert. Während der Entwurfsphase des UN-Übereinkommens entstand zwischen den Common Law Staaten, die das Territorialitätsprinzip befürworteten, und den Civil Law Staaten, die sich zumindest teilweise für die verfahrensrechtliche Theorie[126] aussprachen, Streit darüber, wie die Nationalität des Schiedsspruchs nach dem UN-Übereinkommen bestimmt werden sollte[127]. Aus diesem Grunde wurde ein Kompromiß geschlossen, wonach die Nationalität des Schiedsspruchs nach Art. I Abs. 1 des UN-Übereinkommens grundsätzlich sowohl nach dem Territorialitätsprinzip als auch nach der verfahrensrechtlichen Theorie bestimmt werden durfte. Obwohl Art. I Abs. 1 Satz 2 UNÜ einem Staat erlaubt, einen im Inland erlassenen Schiedsspruch als ausländischen zu bezeichnen, weil z.B. das Schiedsverfahren ausländischem Verfahrensrecht unterlag[128], erscheint es nach dem Wortlaut des Art. I Abs. 1 Satz 2 UNÜ jedoch nicht erlaubt zu sein, einen im Ausland erlassenen Schiedsspruch als inländischen zu bezeichnen, selbst wenn das Verfahrensrecht dasjenige des Staates war, in welchem die Anerkennung und Vollstreckung begehrt wurde[129]. Hier erfährt also das grundsätzlich nach dem UN-Übereinkommen erlaubte Vorgehen nach der verfahrensrechtlichen Theorie[130] bereits seine Einschränkung.

---

[124] Fla. Stat. Ann. § 684.05.

[125] „This Convention shall apply to the recognition and enforcement of arbitral awards made in the territory of a State other than the State where the recognition and enforcement of such awards are sought, and arising out of differences between persons, whether physical or legal. It shall also apply to arbitral awards not considered as domestic awards in the State where their recognition and enforcement is sought".

[126] Siehe oben unter B. II. 1. a).

[127] vgl. hierzu ausführlich *Pryles*, Foreign Awards and the New York Convention, 9 Arb. Int'l 259, 260 (1993).

[128] Vgl. *Sanders*, Commentary of the New York Convention, YCA II, 254, 255 (1977).

[129] Vgl. hierzu auch *Schwab/Walter*, Schiedsgerichtsbarkeit, S. 382-384.

[130] Siehe oben unter B. II. 1. a).

Umgekehrt haben aber auch die USA ihr grundsätzlich geltendes Territorialitätsprinzip[131] in der Entscheidung *Bergesen v. Joseph Müller Corp.*[132] gelockert. Vor dieser Entscheidung hatte man offenbar nicht bedacht, daß Art. I Abs. 1 Satz 2 UNÜ für die USA Bedeutung haben könnte[133]. Aufgrund der erstmaligen ausführlichen Auseinandersetzung mit diesem Problem kommt dem Fall *Bergesen v. Müller Corp.* Präjudizwirkung zu. In der Begründung dieser Entscheidung wird zunächst festgestellt, daß es sich bei dem in New York ergangenen Schiedsspruch nicht um einen "ausländischen" Schiedsspruch iSd. Art. I Abs.1 Satz 1 UNÜ handele. Daß es sich im Sinne von Satz 2 dennoch nicht um einen „inländischen" Schiedsspruch handelte, wurde damit begründet, daß der Schiedsspruch im Einklang mit ausländischem Recht gefällt wurde und die Parteien des Rechtsstreits außerhalb der USA lebten und arbeiteten[134]. Im übrigen verlangte der Zweck des UN-Übereinkommens eine weite Auslegung, und deshalb sei der vorliegende Schiedsspruch nicht als "inländischer" anzusehen[135].

Die Entscheidung ist insbesondere für Fälle von Bedeutung, die abgesehen von der Durchführung des Schiedsverfahrens geringe oder gar keine Bezüge zu den USA aufweisen[136]. Häufig dürfte hier nämlich sonst nicht Bundesrecht, sondern für Ausländer nur schwer überschaubares einzelstaatliches Recht gelten. Die *Bergesen* Entscheidung wurde 1997 bestätigt[137]. Bisher war allerdings zweifelhaft, ob die Auflockerung des Territorialitätsgrundsatzes auch für Fälle gilt, in denen eine US-amerikanische Partei beteiligt ist[138]. In der ebenfalls 1997 gefällten Entscheidung *Lander Company, Inc. v. MNP Investments Inc.*[139] wurde die Bergesen-These aber auch auf den Fall angewandt, in welchem nur eine Partei ausländisch und die andere US-amerikanisch war. Nach diesen beiden Entscheidungen dürfte kein Zweifel mehr darüber bestehen, daß solche Schiedssprüche nach dem UN-Übereinkommen in den USA vollstreckt werden können.

---

[131] siehe oben unter B. II. 1.

[132] 710 F.2d 928, 931 (2d Cir. 1983).

[133] Vgl. *McMahon*, Implementation of the United Nations Convention of Foreign Arbitral Awards in the United States, 2 J. Mar. L. and Com. 735, 740 (1971).

[134] 710 F.2d 928, 931, 932.

[135] A.a.O., ebenda.

[136] Vgl. hierzu auch *Mezger*, Anm. zu BGH Urt. v. 10.05.1984, RIW 1984, 647, 649.

[137] Vgl. die Entscheidung *Transchemical Ltd. v. China National Machinery Import and Export Corp.*, 978 F.Supp. 266 (SD Texas 1997), in welcher ebenfalls zwei ausländische Parteien beteiligt waren.

[138] *Feldman*, An Award Made in New York Can Be a Foreign Arbitral Award, 39 Arb. J. 14 (1984).

[139] 107 F.3d 476 (7th Cir. 1997).

III. Anerkennungsfähige Schiedssprüche

Ausländische Schiedssprüche bedürfen im Gegensatz zu inländischen zu ihrer Wirkungsentfaltung in Deutschland der Anerkennung. Die Anerkennung entfaltet sämtliche Wirkungen des ausländischen Schiedsspruchs mit Ausnahme der Vollstreckbarkeit. Für die Vollstreckbarkeit ist wiederum die Vollstreckbarerklärung durch das staatliche Gericht erforderlich. Diese setzt aber die Anerkennung voraus[140].

Auch nach US-amerikanischem Recht ist ein Schiedsspruch als solcher nicht ein Vollstreckungstitel. Die Zwangsvollstreckung setzt vielmehr ebenfalls die Entscheidung eines staatlichen Gerichts voraus. Die Entscheidung des Gerichts (sog. „judgment upon the award") beinhaltet eine Bestätigung („confirmation") des Schiedsspruchs und bildet die Grundlage der Zwangsvollstreckung.

1. Nach US-amerikanischem Recht

Im Unterschied zum deutschen Recht ist es im US-amerikanischen Recht allerdings sowohl für die in einem Schwesterstaat ergangenen als auch für ausländische Schiedssprüche die Regel, daß ein Schiedsspruch im kontradiktorischen Verfahren durch ein Exequaturürteil bestätigt wird[141]. Dies hat zur Folge, daß der bestätigte Schiedsspruch einem Gerichtsurteil gleichsteht. Nach der "doctrine of merger"[142] geht der Schiedsspruch in dem gerichtlichen Bestätigungsurteil auf, so daß nach US-amerikanischer Ansicht lediglich noch das Gerichtsurteil, nicht mehr der Schiedsspruch selbst zu vollstrecken ist[143].

Es gibt grundsätzlich zwei Möglichkeiten, aus einem Schiedsspruch eines US-amerikanischen Bundesstaates in einem anderen Bundesstaat die Vollstreckung zu betreiben. Einerseits besteht die Möglichkeit, den Schiedsspruch als solchen direkt für vollstreckbar erklären zu lassen. Andererseits kann der Schiedsspruch – wie oben bereits dargestellt - auch zunächst im Ursprungsstaat bestätigt werden, und sodann kann im Wege des „Doppelexequatur" in dem anderen Bundesstaat aus diesem Urteil die Vollstreckung betrieben werden[144].

---

[140] *Schütze/Tschernig/Wais*, Handbuch des Schiedsverfahrens, Rn. 611.

[141] *Borges*, Das Doppelexequatur von Schiedssprüchen, S. 289 ff; *Borris*, Die internationale Handelsschiedsgerichtsbarkeit in den USA, S. 118.

[142] *Domke*, The Law and Practice of Commercial Arbitration, § 39.03; *Holtzmann*, National Report: United States, YCA II (1977), 116, 135 f.

[143] *Domke*, The Law and Practice of Commercial Arbitration, § 41.00.

[144] vgl. hierzu auch ausführlich *Borges*, Das Doppelexequatur von Schiedssprüchen, S. 289 ff.

Auch bei einem aus amerikanischer Sicht ausländischen Schiedsspruch besteht sowohl die Möglichkeit, den Schiedsspruch unmittelbar für vollstreckbar erklären zu lassen, als auch diesen im Ausland für vollstreckbar erklären zu lassen, um dann die Exequaturentscheidung des ausländischen Gerichts in den USA im Wege des „Doppelexequatur" als Urteil für vollstreckbar erklären zu lassen[145]. Der ursprüngliche Begriff des „Doppelexequatur" meint zwar denjenigen Fall, daß der Schiedsspruch zunächst in seinem Erlaßstaat für vollstreckbar erklärt und sodann in einem anderen Staat zum Zwecke einer dortigen Vollstreckung erneut für vollstreckbar erklärt wird[146]. Daneben wird der Begriff „Doppelexequatur" jedoch auch wie oben dargestellt verwendet, wenn es um die Vollstreckbarerklärung eines ausländischen Exequatururteils geht, auch wenn es hierbei nicht um ein zweifaches Exequatur desselben Titels, sondern um zwei hintereinandergeschaltete Exequaturverfahren geht[147].

Die Vollstreckung ausländischer Schiedssprüche regeln die meisten Schiedsgesetze der US-Einzelstaaten nicht. Bis zum Inkrafttreten des UN-Übereinkommen waren überwiegend einzelstaatliche Gerichte mit entsprechenden Vollstrekkungsgesuchen befaßt[148]. Gemäß § 201 des FAA obliegt die Durchsetzung des UN-Übereinkommens den Bundesgerichten. Dadurch wurde aber die Zuständigkeit der einzelstaatlichen Gerichte bezüglich Schiedssprüchen, die dem UN-Übereinkommen unterfallen, nicht ausgeschlossen[149].

In der Regel richten sich die Anerkennung und Vollstreckung ausländischer Schiedssprüche in den USA nach dem UN-Übereinkommen. Es ist jedoch derzeit noch nicht eindeutig überschaubar, inwieweit sich die US-amerikanische Rechtsprechung bei der Auslegung der Anerkennungshindernisse des Art. V UNÜ an den Aufhebungsgründen nach autonomem Recht orientiert[150].

Soweit das UN-Übereinkommen keine Anwendung findet, werden die US-Bundesgerichte mit der Vollstreckung ausländischer Schiedssprüche nur selten be-

---

[145] *Kennedy*, Enforcing International Commercial Agreements and Awards, 23 Va. J. Int'l. L. 75, 99 (1982).

[146] Vgl. *Strub*, Resisting Enforcement of Foreign Arbitral Awards, 68 Tex. L. Rev. 1031, 1045 (1990).

[147] *Borges*, Das Doppelexequatur von Schiedssprüchen, S. 6.

[148] *Borris*, Die internationale Handelsschiedsgerichtsbarkeit in den USA, S.119.

[149] *Feldman*, An Award Made in New York Can Be a Foreign Arbitral Award, 39 Arb. J. 14, 20 (1984); *Lange*, Der Zivilprozeß in den Vereinigten Staaten, S. 134.

[150] Vgl. hierzu noch die ausführliche Auswertung der US-amerikanischen Rechtsprechung im weiteren Verlauf der Arbeit, sowie *Borris*, Die internationale Handelsschiedsgerichtsbarkeit in den USA, S. 119.

faßt; hier liegt die Kompetenz meistens bei den einzelstaatlichen Gerichten[151]. Der Grund dafür ergibt sich daraus, daß den Bundesgerichten die Zuständigkeit fehlt, wenn keine der Parteien Amerikaner ist[152] und es nicht - wie zumeist bei einem ausländischen Schiedsspruch - um eine spezifisch bundesrechtliche Frage geht.

2. Das Problem des Doppelexequatur nach bisherigem deutschen Recht

Aufgrund der oben dargestellten Möglichkeit, in den USA einen Schiedsspruch durch Exequatururteil bestätigen zu lassen, stellt sich die Frage, ob diese Entscheidung ihrerseits als Urteil in der Bundesrepublik anerkannt und für vollstreckbar erklärt werden kann.

Über die Behandlung des Doppelexequatur von Schiedssprüchen läßt sich weder im deutschen internationalen Zivilverfahrensrecht noch in einem der internationalen Abkommen eine Regelung finden. Zu untersuchen ist somit, ob neben der Möglichkeit, den Schiedsspruch als solchen in Deutschland für vollstreckbar erklären zu lassen, zusätzlich die Möglichkeit besteht, das ausländische Exequatururteil als Urteil nach dem in §§ 722 f. ZPO geregelten Verfahren bzw. nach den Vorschriften eines entsprechenden internationalen Abkommens für vollstreckbar erklären zu lassen[153].

Bei einem ausländischem Schiedsspruch, welcher in einem kontradiktorischen Verfahren durch Gerichtsurteil bestätigt worden ist (Exequatururteil), gingen Rechtsprechung und Lehre in Deutschland ursprünglich[154] davon aus, daß nicht das Exequatururteil, sondern der Schiedsspruch selbst unabhängig von der vorherigen Vollstreckbarerklärung im Ausland nach § 1044 ZPO a.F. anzuerkennen und für vollstreckbar zu erklären sei. Als Begründung wurde angegeben, daß der Schiedsspruch auch durch die Vollstreckbarerklärung im Ausland nicht zu einem Urteil werde, da die Vollstreckbarerklärung ihrerseits kein Urteil darstelle und deshalb im Inland nicht vollstreckt werden könne[155]. Seit zwei anderslauten-

---

[151] Vgl. z.B.: *Oilcakes & Oilseeds Trading Co. Inc. v. Sinason-Teicher Inter-American Grain Corp.*, 170 N.Y.S. 2d 378 (1960).

[152] Sog. "diversity of citizenship".

[153] Vgl. hierzu ausführlich *Borges*, Das Doppelexequatur von Schiedssprüchen, S. 6 ff.

[154] Vgl. RGZ 5, 397; 30, 368; *Geimer/Schütze*, Internationale Urteilsanerkennung, Bd.I, 2, 1984, S. 1692.

[155] RGZ 5, 397, 400.

den BGH-Entscheidungen aus dem Jahre 1984[156] ist diese Frage allerdings heftig umstritten[157].

a) Die Auffassung des BGH

Der Bundesgerichtshof[158] vertritt nunmehr die Auffassung, daß der Gläubiger eines exequierten Schiedsspruchs ein Wahlrecht habe, ob er den ausländischen Schiedsspruch für vollstreckbar erklären läßt, oder ob er das ausländische Exequaturuurteil anerkennen und für vollstreckbar erklären lassen will (§§ 722, 723 ZPO). Handelt es sich um einen ausländischen Schiedsspruch, der nach dem UN-Übereinkommen formlos anzuerkennen ist[159], so kann der Gläubiger des Schiedsverfahrens darüberhinaus wählen, ob er sich auf das UN-Übereinkommen berufen oder ob er die Vollstreckbarerklärung nach der ZPO betreiben will[160]. Ihm stehen damit drei verschiedene Verfahren zur Verfügung, um die Vollstreckbarkeit eines ausländischen Schiedsspruchs in der Bundesrepublik zu erreichen.

Diese Auffassung begründet der BGH ausdrücklich mit der Besonderheit des US-amerikanischen Bestätigungsurteils, welches er als Leistungsurteil qualifiziert: das Bestätigungsurteil beschränke sich nicht auf die Bestätigung des Schiedsspruchs, sondern enthalte eine selbständige Verurteilung zur Zahlung einer Geldsumme[161]. Nach der „doctrine of merger" des US-amerikanischen Rechts gehe der Schiedsspruch in dem Bestätigungsurteil auf und dies habe zur Folge, daß das gerichtliche Urteil für vollstreckbar erklärt werden könne[162]. Das Wahlrecht zwischen der Vollstreckbarerklärung des Bestätigungsurteils und der des zugrundeliegenden Schiedsspruchs begründet der BGH damit, daß die Inkorporation des Schiedsspruchs in das Bestätigungsurteil die Vollstreckbarerklärung des Schiedsspruchs nach § 1044 ZPO a.F. nicht ausschließen könne[163].

---

[156] BGH RIW 1984, 557; BGH RIW 1984, 644.
[157] Vgl. hierzu auch *Borges*, Das Doppelexequatur von Schiedssprüchen, m.w.N., S. 6 ff.
[158] BGH NJW 1984, 2763, 2765 m.w.N.; BGH RIW/AWD 1984, 557; 1984, 644, 645; vgl. auch OLG Hamburg, RIW 1992, 939, 940.
[159] *Schütze/Tscherning/Wais*, Handbuch des Schiedsverfahrens, S. 353.
[160] BGH NJW 1984, 2763, 2764.
[161] BGH RIW 1984, 557, 558.
[162] BGH RIW 1984, 557, 558.
[163] BGH RIW 1984, 644, 645.

b) Die Auffassung des Schrifttums

Die Auffassung des BGH, dem Gläubiger eines US-amerikanischen Exequatur-Urteils ein Wahlrecht darüber einzuräumen, ob er den Schiedsspruch oder das Exequaturrurteil vollstrecken lassen will, stößt in der Literatur[164] teilweise auf Kritik. Zu der Besonderheit des US-amerikanischen Rechts der „doctrine of merger“ wird hierbei jedoch kaum Stellung genommen. So wird zum einen ganz allgemein das Problem des Schuldnerschutzes bei einer möglichen Doppelvollstreckung angesprochen, falls der Gläubiger des Schiedsspruchs versuchen sollte, sowohl den Schiedsspruch als auch das diesen bestätigende Exequaturrurteil für vollstreckbar erklären zu lassen[165]. Zum anderen wird eingewendet, die Anerkennungsversagungsgründe des § 328 ZPO seien weniger streng als die des § 1044 ZPO a.F., so daß gegebenenfalls die Rechtsunwirksamkeit eines Schiedsspruchs wegen mangelhafter Schiedsvereinbarung gegenüber einem Urteil nicht mehr geltend gemacht werden könne[166]. Weiterhin wird darauf verwiesen, daß im Falle eines Doppelexequatur die eigenen Regelungen über die Anerkennung zugunsten der Regeln eines anderen Staates aufgegeben würden[167]. Schließlich sei die Argumentation des BGH hinsichtlich der Wahlmöglichkeit für den Fall, daß der Schiedsspruch nach dem Recht des Urteilsstaates in dem Exequaturrurteil aufgeht, widersprüchlich, da der BGH in dem Erlöschen des Schiedsspruchs den wesentlichen Grund für die Anerkennungsfähigkeit des Bestätigungsurteils sehe; für diesen Fall könne aber der Schiedsspruch keinen vollstreckungsfähigen Inhalt mehr haben[168].

c) Stellungnahme

Dem teilweise von der Lehre angeführten Argument einer möglichen Doppelvollstreckung kann entgegengehalten werden, daß es für den gestellten Antrag bzw. die später erhobene Klage am Rechtsschutzbedürfnis fehlt[169]. Hinsichtlich der geringeren Strenge des § 328 ZPO läßt sich sagen, daß solche unterschiedli-

---

[164] *Kegel*, Exequatur sur exequatur ne vaut, FS Müller-Freienfels, S. 377, 384; *Schütze*, Anm. zu BGH Urt v. 27.03.1984, RIW 1984, 735; *Mezger*, Anm. zu BGH Urt. v. 10.05.1984, RIW 1984, 648; *Schwab/Walter*, Schiedsgerichtsbarkeit, S. 274, 275; a.A. *Schlosser*, Doppelexequatur zu Schiedssprüchen, IPRax 1985, 141 ff.

[165] *Schütze*, Anm. zu BGH Urt. v. 27.03.1984, RIW 1984, 735.

[166] *Schütze*, Anm. zu BGH Urt. v. 27.03.1984, RIW 1984, 735.

[167] *Kegel*, Exequatur sur exequatur ne vaut, FS Müller-Freienfels, S. 377, 378.

[168] *Schütze*, Deutsches Internationales Zivilprozeßrecht, S. 219.

[169] So schon früher: OLG Hamburg, YCA IV (1979) 266; *Borris*, Die internationale Handelsschiedsgerichtsbarkeit in den USA, S. 117.

chen Ergebnisse bei der Anwendung der verschiedenen Anerkennungsvorschriften äußerst selten vorkommen[170].

Hinzukommt, daß diesen dogmatischen Bedenken gegenüber der praktische Nutzen des vom BGH eingeführten Wahlrechts überwiegt. Zum einen haben staatliche Exequatur-Urteile - im Gegensatz zu den zugrunde liegenden Schiedssprüchen - meistens nur sehr kurze Begründungen, so daß im Falle der Vollstreckung des ausländischen Exequatur-Urteils ggf. erhebliche Übersetzungskosten gespart werden können[171]. Zum anderen kann ein ausländisches Exequatur-Urteil auch einen Zinsanspruch beinhalten, welcher sodann anzuerkennen und zu vollstrecken wäre, obwohl dies im Wege der direkten Anerkennung nach § 1044 ZPO a.F. nicht möglich gewesen wäre[172]. Schließlich wird durch das vom BGH erlaubte Wahlrecht die Anerkennung und Vollstreckung ausländischer Schiedssprüche, die durch ein Exequatur-Urteil bestätigt wurden, weiter erleichtert, und Deutschland kann damit zeigen, daß es ausländischen Schiedsgerichtsverfahren sehr offen gegenübertritt.

Unterstützt wird die hier vertretene Auffassung auch dadurch, daß viele Rechtsordnungen mit der Rechtsprechung des BGH im Ergebnis übereinstimmen. So wird sowohl in Frankreich als auch in Italien und Brasilien das Doppelexequatur von Schiedssprüchen als zusätzliche Möglichkeit der Vollstreckung ausländischer Schiedssprüche akzeptiert[173]. In den USA, wo das Doppelexequatur allgemein anerkannt ist[174], ist diese Vorgehensweise sogar gängige Praxis[175]. Die Rechtsprechung des BGH fördert somit insbesondere im Verhältnis zu den USA den internationalen Entscheidungsklang.

3. Nach der ZPO-Neuregelung und dem UNCITRAL-Modellgesetz

Die Anerkennung und Vollstreckung ausländischer Schiedssprüche ist heute weltweit durch das UN-Übereinkommen geregelt. Auch das UNCITRAL-Modellgesetz gibt die in Art. V des UN-Übereinkommens enthaltenen Anerkennungsversagungsgründe nahezu wörtlich wieder[176]. Das UN-Übereinkommen verzichtet ganz bewußt nach dem Willen der Verfasser auf die vorherige Voll-

---

[170] Vgl. *Schwab/Walter*, Schiedsgerichtsbarkeit, S. 275.
[171] *Schlosser*, Doppelexequatur zu Schiedssprüchen, IPRax 1985, 141, 143.
[172] Vgl. OLG Hamburg, RIW 1992, 939, 940.
[173] *Fouchard*, L'arbitrage commercial international, Rdn. 753; Corte di Cassazione, YCA VII 333 (1982); *Schlosser*, Doppelexequatur zu Schiedssprüchen, IPRax 1985, 141, 142.
[174] Vgl. oben unter B. III. 1.).
[175] vgl. hierzu auch *Borges*, Das Doppelexequatur von Schiedssprüchen, S. 276 ff, m.w.N.
[176] Art. 36 UNCITRAL Modellgesetz.

streckbarerklärung des Schiedsspruchs im Ursprungsland[177]. Die auf diese Weise erreichte Überwindung des Doppelexequatur wird als eine der wichtigsten Errungenschaften des UN-Übereinkommens angesehen[178]. Sowohl die USA als auch Deutschland haben jedoch gemäß Art. I Abs. 3 Satz 1 des UN-Übereinkommens einen Vertragsstaatenvorbehalt eingelegt, nach welchem das UN-Übereinkommen nur auf Schiedssprüche anwendbar ist, die in einem Vertragsstaat erlassen wurden[179]. Dadurch unterfallen nicht alle ausländischen Schiedssprüche dem UN-Übereinkommen.

Wegen dieses Problems wurde der Regierung der Bundesrepublik seitens der Kommission zur Neuordnung des Schiedsverfahrensrechts empfohlen, den Vertragsstaatenvorbehalt zurückzuziehen[180]. Dann würden alle ausländischen Schiedssprüche in Deutschland dem UN-Übereinkommen unterfallen und es bedürfte keiner besonderen Rechtsgrundlage für die Anerkennung und Vollstreckung ausländischer Schiedssprüche mehr.

Da der Vertragsstaatenvorbehalt zum Zeitpunkt des Inkrafttretens der ZPO n.F. noch nicht zurückgezogen wurde, macht diese Neuregelung auch weiterhin die Unterscheidung zwischen inländischen (§ 1060 ZPO n.F.) und ausländischen Schiedssprüchen (§ 1061 ZPO n.F.). Allerdings richtet sich die Anerkennung und Vollstreckung gemäß § 1061 Abs. 1 ZPO n.F. primär nach dem UN-Übereinkommen, so daß es naheliegend war, den Vertragsstaatenvorbehalt zurückzuziehen. Dementsprechend wurde inzwischen auch der Vertagsstaatenvorbehalt zurückgezogen[181], so daß sämtliche ausländischen Schiedssprüche in Deutschland nunmehr dem UN-Übereinkommen unterfallen.

Die Anerkennungsversagungsgründe des Art. 36 UNCITRAL-Modellgesetz stimmen mit denen des Art. V UN-Übereinkommen überein. Eine andere Lösung wäre demnach die Übernahme des Wortlauts der Artt. 35, 36 des UNCITRAL-Modellgesetzes ohne das Erfordernis der Gegenseitigkeit gewesen. Dies hätte dazu geführt, daß trotz des Vertragsstaatenvorbehalts alle ausländischen Schiedssprüche diesen Regelungen und nicht nationalem Recht unterlegen hätten. Der Vertragsstaatenvorbehalt hätte dann aber seine Wirkung nicht mehr entfalten können; ein Ergebnis, welches von der Regierung sicherlich nicht

---

[177] *Smedresmann*, Conflict of Laws in International Arbitration, 7 Cal. W. Int. L. J. 273, 317 f. (1977).

[178] *Smedresmann*, aaO.

[179] Vgl. die Bekanntmachung v. 23.3.1962, BGBl. 1962 II, S. 102.

[180] Diskussionsentwurf zur Neufassung des Zehnten Buchs der ZPO, S. 207.

[181] Vgl. BB 1999, Beilage 4, S. 13 = BGBl. 1999 II 7.

gewollt war. Aus diesem Grunde schied diese Lösung für die Kommission zur Neuregelung des Schiedsverfahrensrechts aus[182].

Eine Übernahme des Art. 36 UNCITRAL-Modellgesetz in nationales Recht war von den Verfassern des Modellgesetzes vor allem für Nichtvertragsstaaten des UN-Übereinkommens gedacht[183]. Auch von ihnen wurde somit beabsichtigt, das UN-Übereinkommen unter Aufgabe des Vertragsstaatenvorbehalts auf alle ausländischen Schiedssprüche anzuwenden.

IV. Die Bestimmung des Schiedsvertragsstatuts

1. Allgemeines

In der Schiedsgerichtsbarkeit taucht die Frage des anwendbaren Rechts jeweils hinsichtlich des Schiedsvertrags, des Schiedsverfahrens und des materiell anwendbaren Rechts auf.

Nach Art. V Abs. 1 a des UN-Übereinkommens bildet die Unwirksamkeit des Schiedsvertrages einen Hinderungsgrund für die Anerkennung und Vollstrekkung. Das Vorliegen von Willensmängeln beim Abschluß des Schiedsvertrages und deren rechtliche Folgen beurteilen sich nach dem Schiedsvertragsstatut, das insofern auch eine wichtige Rolle für die Anerkennung und Vollstreckung spielt.

2. Die Bestimmung des Schiedsvertragsstatuts nach dem UN-Übereinkommen

a) Unabhängige Anknüpfung

Welches Recht in der internationalen Schiedsgerichtsbarkeit auf die Schiedsgerichtsvereinbarung Anwendung findet, wird in Art. V Abs. 1 a UNÜ bestimmt. Die Wirksamkeit der Schiedsvereinbarung wird "nach dem Recht, dem die Parteien sie unterstellt haben, oder, falls die Parteien hierüber nichts bestimmt haben, nach dem Recht des Landes, in dem der Schiedsspruch ergangen ist", beurteilt.

---

182 Vgl. hierzu *Schlosser*, Bald neues Recht der Schiedsgerichtsbarkeit in Deutschland, RIW 1994, 723, 726.

183 Diskussionsentwurf zur Neufassung des Zehnten Buchs der ZPO, S. 207.

Damit hat das UN-Übereinkommen die freie Rechtswahl für die Schiedsgerichtsvereinbarung anerkannt. Gleichzeitig ist es der erste internationale Vertrag, der den Parteien eine solche Befugnis eingeräumt hat[184]. Eine Vereinbarung über das auf die Schiedsgerichtsvereinbarung anwendbare Recht findet man in der Schiedsgerichtspraxis jedoch nur selten. Von den Parteien wird regelmäßig das materielle Recht des Hauptvertrages und häufig auch das Schiedsprozeßrecht, aber grundsätzlich nicht das Recht der Schiedsgerichtsvereinbarung ausdrücklich gewählt. In diesen Fällen entscheidet nach der Regelung des UN-Übereinkommens in Art. V Abs. 1 a UNÜ subsidiär das Recht des Landes, in welchem der Schiedsspruch ergangen ist.

Mit dieser Regelung hat das UN-Übereinkommen klargestellt, daß für die Bestimmung des auf die Schiedsvereinbarung anwendbaren Rechts weder das Recht des Hauptvertrages noch das Schiedsverfahrensrecht entscheidend ist.

b) Stellungnahme

Dieser Regelung ist zuzustimmen. Eine Anknüpfung an das Recht des Hauptvertrages bietet sich schon deshalb nicht an, weil der Schiedsvertrag vom Hauptvertrag rechtlich unabhängig ist. Die Auffassung von der Unabhängigkeit der Schiedsgerichtsklausel ist zu einem in der internationalen Schiedsgerichtsbarkeit allgemein herrschenden Rechtsgrundsatz entwickelt worden (sog."doctrine of separability or autonomy of the arbitration clause“) und findet sich inzwischen auch in Art. 16 Abs. 1 Sätze 2 und 3 des UNCITRAL-Modellgesetzes. Als Begründung ist zum einen anzuführen, daß der Hauptvertrag ein rein materiellrechtlicher Vertrag ist, während der Schiedsvertrag einen Prozeßvertrag darstellt und deshalb beide Verträge als selbständige Verträge mit eigenen Zwecken angesehen werden müssen[185]. Die Schiedsgerichtsvereinbarung ist damit weder formell noch materiell Teil des Hauptvertrages. Zum anderen sollte auch der in der Vertragsgestaltung zum Ausdruck kommende Wille der Parteien, den Schiedsrichtern jeweils auch die Kompetenz zur Entscheidung über die Wirksamkeit des Hauptvertrages zu geben, berücksichtigt werden.

---

[184] *Schwab/Walter*, Schiedsgerichtsbarkeit, S. 405.

[185] So auch die deutsche herrschende Meinung: *Thomas-Putzo*, ZPO Kommentar, § 1025 Rdn. 2d); *Schwab/Walter*, Schiedsgerichtsbarkeit, S. 39; OLG Frankfurt OLGZ 1967, 435; BGH JZ 1970, 739 mit Anm. v. *Schlosser*; BGH NJW 1978, 212.

3. Regelung außerhalb des UN-Übereinkommens

a) Allgemeines

Der Grundsatz des Vorrangs der freien Rechtswahl der Parteien hinsichtlich der Bestimmung des auf den Schiedsvertrag anwendbaren Rechts ist allen Rechtsordnungen und damit auch der deutschen und der US-amerikanischen gemein[186].

Obwohl das Zehnte Buch der ZPO keine ausdrückliche Kollisionsnorm enthält, besteht nach der herrschenden Meinung im deutschen Recht eine ungeschriebene Kollisionsregel, die die freie Rechtswahl der Parteien für die Schiedsvereinbarung erlaubt[187]. Ebenso wird auch im US-amerikanischen Recht diese Frage vom Grundsatz der Parteiautonomie beherrscht[188].

Unterschiede ergeben sich zwischen den beiden Rechtsordnungen nur, sobald die Parteien keine Rechtswahl hinsichtlich des Schiedsvertrags getroffen haben.

b) Problemlösung nach US-amerikanischem Recht

In den USA hat die Rechtsprechung lange Zeit das Recht der Schiedsvereinbarung dem Verfahrensrecht und damit im Prinzip der lex fori zugeordnet[189]. Daran konnte auch das Inkrafttreten schiedsfreundlicher Gesetze nichts ändern; dem forum shopping waren dadurch keine Grenzen gesetzt[190].

Inzwischen ist die Rechtsprechung jedoch überwiegend vom lex fori Ansatz abgerückt und knüpft die Schiedsvereinbarung nach international-vertragsrechtli-

---

[186] *Hoellering*, in: Schiedsgerichtsbarkeit im deutsch-amerikanischen Wirtschaftsverkehr, 11, 12; *Haas*, Die Anerkennung und Vollstreckung ausländischer und internationaler Schiedssprüche, S. 69; *van den Berg*, The New York Arbitration Convention of 1958, S. 292; *Schwab/Walter*, Schiedsgerichtsbarkeit, S. 407.

[187] BGHZ 40, 320, 322; BGH AWD 1970, 418; *Mezger*, Schiedsvereinbarungen in internationalen Verträgen, AWD 1964, 201; *Schlosser*, Internationale Schiedsgerichtsbarkeit, Rdn. 230 ff.

[188] *Hoellering*, in: Schiedsgerichtsbarkeit im deutsch-amerikanischen Wirtschaftsverkehr, 11, 12.

[189] *Red Cross Line v. Atlantic Fruit Co.*, 264 U.S. 109, 124 (1923); *Vitaphone Corp. v. Electrical Research Products Inc.*, 167 A. 845 (Ch.Del. 1933); *Short v. Grange Mutual Casualty Co.*, 307 F.Supp. 768, 771 (S.D.W.Va. 1969); *I.S. Joseph Co. v. Toufic Aris & Fils*, 388 N.Y.S.2d 1,3 (1976).

[190] Vgl. *Smedresman*, Conflict of Laws in International Commercial Arbitration, 7 Cal. W. Int. C. J. 263, 264 f. (1977).

chen Grundsätzen an[191]. Das Restatement 2d, Conflict of Laws, verweist in § 218 für die Gültigkeit der Schiedsvereinbarung auf das Recht, welches nach den Kollisionsnormen für internationale Verträge anwendbar ist, und damit zunächst auf das von den Parteien gewählte. In Ermangelung einer Rechtswahl verweist es auf dasjenige Recht, zu welchem die engsten Beziehungen bestehen. Allerdings unterscheidet die Rechtsprechung oftmals sprachlich nicht sauber zwischen dem auf die Schiedsvereinbarung und dem auf das Schiedsverfahren anwendbaren Recht[192]. Fest steht jedoch, daß auch im US-amerikanischen Recht die Schiedsvereinbarung - selbst wenn sie formell Bestandteil des Hauptvertrages, also eine sog. Schiedsklausel ist - so behandelt wird, als ob sie ein abtrennbarer Vertrag wäre, unabhängig vom Hauptvertrag[193]. In Ermangelung einer Rechtswahl wird deshalb nicht an das Recht des Hauptvertrages angeknüpft, sondern es wird zumeist von der Wahl des Schiedsortes auf die stillschweigende Wahl des insgesamt maßgeblichen Rechts geschlossen[194].

Während aufgrund des Wortlauts von § 2 FAA[195] mittlerweile weitgehend Einigkeit besteht, daß für Zulässigkeit und Rechtswirkungen einer Schiedsvereinbarung Bundesrecht maßgeblich ist, hat die Rechtsprechung bezüglich der vertragsrechtlichen Widerrufsgründe teilweise auf das - zur Rechtsetzungskompetenz der Einzelstaaten gehörende - allgemeine Vertragsrecht[196] zurückgegriffen und ein "Federal Common Law"[197] entwickelt. Zur Begründung wird darauf hingewiesen, daß man mit der Schaffung des FAA Schiedsvereinbarungen wie jeden anderen Vertrag behandeln wollte. Nur solche Unwirksamkeitsgründe im Recht der Einzelstaaten sollten beseitigt werden, die speziell auf den schiedsrechtlichen Charakter abstellen[198]. Demgegenüber spricht für die Entwicklung von „Federal Common Law" im Rahmen des FAA der dem FAA zugrundelie-

---

[191] *Lummus Co. v. Comonwealth Oil Refining Co.*, 280 F.2d 915, 924 f. (1st Cir. 1960); *Nordenstrom v. Swedberg*, 143 N.W.2d 848 (N. Dakota 1966); *Splosna Plovba of Piran v. Agrelak Steamship Corp.*, 381 F. Supp. 1368, 1370 (S.D.N.Y. 1974); Comment, 47 Wash. L. Rev. 441, 465 FN. 467 (1977).

[192] Vgl. *Splosna Plovba of Piran v. Agrelak Steamship Corp.*, 381 F.Supp. 1368, 1370 (S.D.N.Y. 1974).

[193] Vgl. *Prima Paint Corp. v. Flood & Conklin MfG. Co.*, 388 U.S. 395 (1967); *Weinrott v. Carp.*, 32 N.Y.2d 190 (1973); *In re Oil Spill by Amoco Cadiz Off Coast of France*, 659 F.2d 789, 794 (7th Cir. 1981).

[194] Vgl. Restatement 2d, Conflict of Laws, § 218 Comment b.

[195] „A ... provision ... shall be valid, irrevocable, and enforceable, save upon such grounds as exist at law or in equity for the revocation of any contract".

[196] *Litton FCS Inc. v. Pennsylvania Turnpike Comm.*, 376 F.Supp. 579, 590 (E.D.Pa. 1974); *Duplan Corp. v. W.B. David Hosiery Mills Inc.*, 442 F.Supp. 86, 88 (S.D.N.Y. 1977).

[197] *Becker Autoradio USA Inc. v. Becker Autoradioweerk GmbH*, 585 F.2d 39, 43 (3rd Cir. 1978); *Beromum A.G. v. Societa, etc.*, 471 F. Supp. 1163, 1169 (S.D.N.Y. 1979).

[198] *Prima Paint v. Flood & Conklin MfG. Co.*, 388 U.S. 395, 404 (1967).

gende Vereinheitlichungszweck[199]. Da aber keine bedeutenden Unterschiede zwischen bundes- und einzelstaatlichem Recht hinsichtlich der allgemeinen Grundsätze des Vertragsrechts bestehen, kommt diesem Streit keine große praktische Bedeutung zu.

c) Problemlösung nach deutschem Recht

In Deutschland wird in Ermangelung einer Rechtswahl zunächst erforscht, ob hinsichtlich der Interessen der Parteien ein enger Zusammenhang zwischen dem Schiedsvertragsstatut und dem Recht des Schiedsverfahrens oder des Hauptvertrages besteht[200]. Hierbei wird jedoch nicht wie im US-amerikanischen Recht in erster Linie auf den Schiedsgerichtsort abgestellt[201]. Vielmehr wird in den Fällen, in welchen die Parteien für das Hauptvertragsverhältnis insgesamt eine ausdrückliche Rechtswahl getroffen haben, davon ausgegangen, daß auch die Gültigkeit der Schiedsvereinbarung nach diesem Recht beurteilt werden soll[202]. Haben die Parteien den Schiedsvertrag zusammen mit dem Hauptvertrag und sogar in einer Urkunde abgefaßt, so spreche viel dafür, auch den Schiedsvertrag dem Recht des Hauptvertrages zu unterstellen[203]. Wenn die Gerichtsstandsvereinbarung vor dem Prozeß als Teil eines materiell-rechtlichen Vertrages getroffen wird, so erscheint es nach Ansicht des BGH sachgerecht, das Schiedsvertragsstatut derjenigen Rechtsordnung zu unterstellen, nach der sich auch das zugehörige, den Inhalt des gesamten Vertrages bildende materielle Rechtsverhältnis der Parteien richtet[204].

d) Stellungnahme

Selbst wenn in den Fällen, in welchen die Parteien für den Vertrag die Geltung eines bestimmten Rechts vereinbart haben, häufig vom Willen der Parteien ausgegangen werden kann, den gesamten Vertragsinhalt diesem Recht zu unterstellen, sollte dies meines Erachtens nicht als allgemeine Regel aufgefaßt werden. Die vorrangige Anknüpfung an das Recht des Hauptvertrages widerspricht

---

[199] Vgl. *Robert Laurence Co. v. Devonshire Fabrics Inc.*, 271 F.2d 402, 406 (2d Cir. 1959).
[200] *Schwab/Walter*, Schiedsgerichtsbarkeit, S.409; *Schlosser*, Internationale Schiedsgerichtsbarkeit, Rdn. 239, 243.
[201] Vgl. jedoch BGH NJW 1998, 2452, wo von dem gewählten Schiedsort Bremen auf ein deutsches Schiedsvertragsstatut geschlossen wird.
[202] Vgl. *Lörcher*, Wie zwingend sind in der internationalen Handelsschiedsgerichtsbarkeit zwingende Normen einer "dritten Rechtsordnung?, BB Beilage 17/1993, 3, 4.
[203] *Schwab/Walter*, Schiedsgerichtsbarkeit, S. 409.
[204] BGHZ 59, 23 27.

dem allgemein anerkannten Grundsatz der Unabhängigkeit des Schiedsvertrages vom Hauptvertrag. Selbst wenn die Schiedsgerichtsklausel in den Hauptvertrag mit aufgenommen wurde, so bleibt die Schiedsvereinbarung doch rechtlich vollends unabhängig vom Hauptvertrag.

Eine Anknüpfung an den von den Parteien gewählten Ort des Schiedsgerichts bzw. Schiedsgerichtssitzes - wie im US-amerikanischen Recht - erscheint in aller Regel eher den Interessen der Parteien zu entsprechen. Mit der Wahl des Schiedsortes machen sich die Parteien bereits bewußt, daß es zu einem Schiedsverfahren kommen kann und sich diese Wahl direkt auf das bevorstehende Schiedsverfahren bezieht. Die Rechtswahl des Hauptvertrages bezieht sich dagegen nur auf das Rechtsverhältnis der Parteien während der Vollziehung ihres Vertrages, ohne daß ein Schiedsverfahren im Raum steht.

In allen Fällen, insbesondere auch in den Fällen des Fehlens einer Rechtswahl des Hauptvertrages, sollte aber zugleich der mutmaßliche Parteiwille unter Berücksichtigung der "engsten Verbindung" iSd. Art. 28 Abs. 1 Satz 1 EGBGB ermittelt werden[205]. Ergibt sich, daß ein Vertragsschwerpunkt auf ein bestimmtes Recht hinweist, so sollte auch an dieses Recht angeknüpft werden, da es am ehesten dem Parteiwillen entsprechen dürfte.

V. Die Bestimmung des Schiedsverfahrensstatuts

Grundsätzlich gilt auch für die Wahl des Schiedsverfahrensrechts der Grundsatz der Parteiautonomie in den beiden Rechtsordnungen. Im einzelnen ergeben sich jedoch durchaus Unterschiede.

1. Nach dem UN-Übereinkommen

a) Die umstrittene Regelung des Art. V Abs. 1 d UNÜ

Nach Art. V Abs. 1 d UNÜ ist die Anerkennung und Vollstreckung des Schiedsspruchs zu versagen, wenn dieser nicht nach dem von den Parteien bestimmten Verfahren ergangen ist. Lediglich wenn die Parteien keine Rechtswahl getroffen haben, ist nach dem UN-Übereinkommen das Recht des Staates anzuwenden, in dem das Schiedsverfahren stattgefunden hat. Nach dieser Regelung kommt der

---

[205] Vgl. hierzu *Schwab/Walter*, Schiedsgerichtsbarkeit, S. 409; *Schlosser*, Internationale Schiedsgerichtsbarkeit, Rdn. 243 ff.

Parteiautonomie im Rahmen des UN-Übereinkommens somit eindeutig der Vorrang zu. Nur soweit die Parteien keine Vereinbarung getroffen haben, kommt folglich subsidiär das Schiedsprozeßrecht des Schiedsgerichtssitzes zur Anwendung. Trotz dieses klaren Wortlauts ist die Vorschrift sehr umstritten[206].

In erster Linie gilt dies für die Frage, ob den Parteien über die Rechtswahl hinaus auch die Freiheit gewährt wird, das Verfahren völlig unabhängig von der Rechtsordnung eines Landes zu regeln, z.B. durch die ausschließliche Verweisung auf die Schiedsordnung einer Schiedsgerichtsorganisation. Anfangs wurde die Rechtswahl einer Schiedsgerichtsordnung überwiegend mit dem Argument abgelehnt, daß Schiedssprüche, die an kein nationales Prozeßrecht gebunden sind, international oder "a-national" seien und die staatliche Souveränität mit dem internationalen Schiedswesen nichts zu tun habe[207]. Demgegenüber sprechen sich die Anhänger der weiten Auslegung des Art. V Abs. 1 d UNÜ[208], die inzwischen die herrschende Meinung darstellen dürften, für eine Lösung vom nationalen Prozeßrecht aus und wollen damit eine weitere Denationalisierung der internationalen Schiedsgerichtsbarkeit erreichen.

b) Stellungnahme

Im Zuge der stetigen Internationalisierung der Schiedsgerichtsbarkeit erscheint es schon aus praktischen Gründen sinnvoll, sich der weiten Auslegung anzuschließen und nicht zu stark an den nationalen Gesetzgebungen festzuhalten. Hinzukommt, daß Wortlaut und Systematik des Art. V Abs. 1 UNÜ ebenfalls für eine weite Auslegung sprechen. Während in Art. V Abs. 1 a UNÜ von dem Recht gesprochen wird, dem die Parteien die Schiedsvereinbarung unterstellt haben, und Art. V Abs. 1 e UNÜ von der Behörde des Landes spricht, in dem oder nach dessen Recht der Schiedsspruch ergangen ist, fehlt ein solcher Zusatz in Art. V 1 d UNÜ. Die Vorschrift spricht insoweit nur von der Vereinbarung der Parteien, der das Schiedsverfahren unterstellt war[209]. Es ist also davon auszugehen, daß die Rechtswahl der Parteien hinsichtlich des Schiedsverfahrens nicht an ein genauer bestimmtes Recht gebunden sein sollte, sondern diese Rechtswahl sich auch auf eine Schiedsordnung beziehen darf.

---

[206] Vgl. *Schlosser*, Internationale Schiedsgerichtsbarkeit, Rdn. 448 m.w.N.; *Schwab/Walter*, Schiedsgerichtsbarkeit, S. 451-453.

[207] *Bülow*, in: Arbitrage Commercial, Essays in memoriam Eugenio Minoli 1974, S. 81 ff.

[208] Vgl. *Schlosser*, Internationale Schiedsgerichtsbarkeit, Rdn. 448; *Münzberg*, Die Schranken der Parteivereinbarungen in der internationalen Schiedsgerichtsbarkeit, S. 101 ff; *Schwab/Walter*, Schiedsgerichtsbarkeit, S. 452; *Blessing*, The ICC Arbitral Process, Part III, in: ICC Bulletin 1992, Vol.3, No.2, S. 20.

[209] Vgl. hierzu auch *Schwab/Walter*, Schiedsgerichtsbarkeit, S. 451.

Zu beachten ist bei dieser Diskussion, daß auch die vom nationalen Prozeßrecht losgelösten Parteivereinbarungen nicht von sämtlichen Schranken befreit sind. Vielmehr muß das Schiedsgericht nach herrschender Auffassung immer die zwingenden Schiedsprozeßnormen am Sitz des Schiedsgerichts beachten, wenn es die Vollstreckbarkeit des Schiedsspruches sichern will[210]. Denn falls das Schiedsgericht gegen zwingendes Prozeßrecht am Schiedsgerichtssitz verstößt, kann das Schiedsgerichtsurteil im Wege der Aufhebungsklage nach allen nationalen Prozeßrechten angegriffen werden[211].

Darüberhinaus kann auch nach Art. V Abs. 1 b bzw. Art. V Abs. 2 b des UN-Übereinkommens die Anerkennung oder Vollstreckung versagt werden, wenn den Parteien nicht ausreichend rechtliches Gehör gewährt wurde oder wenn die Anerkennung und Vollstreckung des Schiedsspruches gegen den ordre public des Vollstreckungsstaates verstößt[212]. Unter die Verletzung des ordre public dürfte dabei auch die Verletzung von Verfahrensvorschriften fallen, die zu den rechtsstaatlichen Grundlagen des Verfahrens zählen[213]. Absolute Parteiautonomie besteht also für die Wahl des Prozeßrechts ohnehin nicht.

2. Bestimmung des Schiedsverfahrensstatuts außerhalb des UN-Übereinkommens

Fraglich ist, ob auch außerhalb des UN-Übereinkommens den Parteien die Freiheit eingeräumt wird, das auf das Verfahren anwendbare Recht frei zu wählen bzw. das Verfahren selbst zu regeln.

a) In den USA

In den USA ist in erster Linie die Vereinbarung der Parteien maßgeblich[214]. Die Schiedsgesetze enthalten im allgemeinen keine Vorschriften über das schiedsgerichtliche Verfahren. Für die Gestaltung des Verfahrens besteht lediglich ein sehr weitgesteckter zwingender Rahmen. Gesetzliche Vorschriften greifen kaum

---

210 OLG Frankfurt IPRax 1982, 149, 150; OLG Frankfurt IPRax 1984, 400; *Böckstiegel*, Zur Vollstreckung eines Schiedsspruchs, IPRax 1982, 137.

211 Vgl. Art. 34 II a) Ziff. IV UNCITRAL-Modellgesetz; § 1041 I 1 ZPO a.F.; § 1059 II 1 b-d) ZPO n.F.

212 Vgl. *Schlosser*, Internationale Schiedsgerichtsbarkeit Rdn. 449.

213 Vgl. *Schwab/Walter*, Schiedsgerichtsbarkeit, S. 453.

214 Vgl. *Shalit*, Procedural Aspects of International Commercial Arbitration, 2 Int. Law Bulletin, 53, 54 ff. (1963); *Hoellering*, Schiedsgerichtsbarkeit im deutsch-amerikanischen Wirtschaftsverkehr, S. 5.

regelnd ein, und die Schiedsordnungen beschränken sich in der Regel auf elementare Anweisungen[215]. Fehlt es an einer Vereinbarung der Parteien zur Bestimmung des Schiedsverfahrens, so bleiben die verfahrensrechtlichen Entscheidungen im Ermessen des Schiedsgerichts[216].

Eine Grenze findet die freie Rechtswahl bzw. das Ermessen des Schiedsgerichts daran, daß ein "faires" Verfahren gewährleistet sein muß[217]. Hierbei spielt die Gewährung rechtlichen Gehörs die wichtigste Rolle. Parteilichkeit und prozessuales Fehlverhalten eines Schiedsrichters stellen ebenfalls einen Aufhebungsgrund dar[218].

Bei der Beurteilung, ob ein "faires" Verfahren vorliegt, sind die Besonderheiten des US-amerikanischen Prozeßrechts, wie "discovery" und "cross examination" zusätzlich zu berücksichtigen[219]. "Discovery" werden Schiedsgerichte zur Unterstützung des Verfahrens aber in den meisten Fällen nicht anordnen, es sei denn, ein besonderes Bedürfnis wird hierfür überzeugend dargelegt[220]. Die gerichtliche Kontrolle, die in der Regel erst nach Erlaß des Schiedsurteils stattfindet, beschränkt sich auf offensichtliche und fundamentale Verstöße gegen die Grundsätze eines fairen Verfahrens[221].

b) Nach der ZPO-Regelung a.F.

Für das Verfahrensrecht, das vom Schiedsgericht anzuwenden war, war gemäß § 1034 Abs. 2 ZPO a.F. zunächst die autonome Parteivereinbarung maßgebend. Es wurde jedoch bestritten, daß die freie Rechtswahl der Parteien auf diese Norm gestützt werden kann, da § 1034 Abs. 2 ZPO a.F. die Anwendung deutschen Verfahrensrechts voraussetze und deshalb keine Kollisionsnorm sei[222]. Aber auch die Anhänger dieser Auffassung schließen aus dem Umstand, daß den

---

215 *Stein/Wotmann*, International Commercial Arbitration in the 1980s, 38 Bus. Law. 1685 ff. (1983).
216 *Holtzmann*, National Report: United States, YCA, Vol. II (1977), 116, 127.
217 Vgl. *Grovner v. Georgia-Pacific Corp.*, 625 F. 2d 1289, 1290 (5th Cir. 1980).
218 Vgl. FAA § 10 a)-c); UAA § 12 a).
219 *Stein/Wotmann*, International Commercial Arbitration in the 1980s, 38 Bus. Law. 1705 ff (1983); *de Vries*, International Commercial Arbitration, 1 J. Int. Arb. 7, 14 (1984).
220 *Carbonneau*, National Law and the Judicialization of Arbitration In The 21st Century, S. 115; *Hoellering*, Schiedsgerichtsbarkeit im deutsch amerikanischen Wirtschaftsverkehr, S. 5.
221 Vgl. *Cobec Brazilian Trading and Warehousing Corp. of U.S. v. Isbrandtsen*, 524 F.Supp. 7, 10 (D.C.N.Y. 1981).
222 *Schlosser*, Internationale Schiedsgerichtsbarkeit, Rdn. 459; *Schwab/Walter*, Schiedsgerichtsbarkeit, S. 457.

Parteien die Auswahl der Schiedsrichter und die Bestimmung des Verfahrensorts zustand, daß sie ebenso unmittelbar das Recht für das anzuwendende Verfahren bestimmen konnten[223].

Unbestritten stand es den Parteien gemäß § 1034 Abs. 2 ZPO a.F. auch zu, sich auf die Schiedsordnung eines institutionellen Schiedsgerichts zu einigen[224]. Da eine ausdrückliche Bezugnahme auf die stillschweigende Unterwerfung unter die institutionelle Verfahrensordnung nicht notwendig ist, ist es ohne Bedeutung, ob die Parteien bei Abschluß der Schiedsvereinbarung von den einzelnen Bestimmungen der Verfahrensordnung Kenntnis hatten[225]. Nach der ZPO a.F. konnten die Parteien mithin sowohl ein ausländisches nationales Verfahrensrecht als auch eine institutionelle Verfahrensordnung wählen.

Die Rechtswahl der Parteien fand auch nach der alten Fassung der ZPO ihre Grenzen an den zwingenden Vorschriften. Zentrale Vorschrift war hierbei § 1034 Abs. 1 ZPO a.F. Zwingendes Recht waren nach dieser Bestimmung das rechtliche Gehör, die Vertretung durch Rechtsanwälte und die richterliche Frage- und Aufklärungspflicht gemäß § 139 ZPO. Es gab aber auch noch andere Vorschriften, von denen die Parteien und die Schiedsrichter nicht abweichen durften. Hierunter waren z.B. die Vorschriften der §§ 1041 Abs. 1 Nr. 2 und 1044 a Abs. 2 ZPO a.F. zu zählen, nach welchen sittenwidrige und gegen die öffentliche Ordnung verstoßende Vereinbarungen verboten waren, sowie § 1037 ZPO a.F., der bestimmte, daß die Schiedsrichter das Verfahren fortsetzen konnten, auch wenn die Unzulässigkeit des schiedsrichterlichen Verfahrens behauptet wird. Aus der Vielzahl dieser zwingenden Vorschriften wird deutlich, daß die alte Fassung der ZPO den Parteien weniger Parteiautonomie zusprach als das in dieser Hinsicht liberalere US-amerikanische Recht.

Hatten die Parteien keine Rechtswahl in bezug auf das Schiedsverfahren getroffen, so wurde der hypothetische Parteiwille anhand der Kriterien des Schiedsgerichtsortes, des Wohnsitzes und der Nationalität der Schiedsrichter bestimmt[226]. Wenn diese Kriterien keinen Aufschluß über den hypothetischen Parteiwillen gaben, wurde die Auswahl des Verfahrensrechts in das Ermessen der Schiedsrichter gestellt[227].

---

[223] *Schwab/Walter*, Schiedsgerichtsbarkeit, S. 457.

[224] *Raeschke-Kessler*, Neuere Entwicklungen im Bereich der Internationalen Schiedsgerichtsbarkeit, NJW 1988, 3041, 3047.

[225] Vgl. BGH WM 1986, 689 mwN.

[226] Vgl. OLG Hamburg KTS 1961, 174.

[227] *Schwab/Walter*, Schiedsgerichtsbarkeit, S. 458.

c) Nach der ZPO-Neuregelung und dem UNCITRAL-Modellgesetz

(1) Anlehnung der neuen ZPO-Regeln an das UNCITRAL-Modellgesetz

Während § 1034 ZPO a.F. nur wenige allgemeine Prinzipien zum Schiedsverfahrensrecht festlegte und im übrigen die Verfahrensgestaltung der Parteivereinbarung oder dem Ermessen des Schiedsgerichts überließ, regeln die §§ 1042-1050 der ZPO n.F. ausführlich die Durchführung des schiedsrichterlichen Verfahrens.

Die §§ 1042-1050 ZPO n.F. behandeln im einzelnen Ort und Beginn des Schiedsverfahrens sowie weitere Einzelheiten einschließlich der Beweisaufnahme. Die detaillierte Regelung des schiedsrichterlichen Verfahrens folgt weitgehend dem Muster des UNCITRAL-Modellgesetzes. Dabei werden die Vorschriften des V. Kapitels des UNCITRAL-Modellgesetzes zum größten Teil wörtlich übernommen[228].

Obwohl das schiedsrichterliche Ermessen durch diese ausführliche Regelung gegenüber der alten Fassung der ZPO eingeschränkt wird, gewährleistet die Neuregelung eine wesentlich größere Rechtssicherheit des Verfahrensablaufs in den Fällen, in denen die Parteien keine eigenen Verfahrensvorschriften bestimmt haben[229]. Diese Regelung ist positiv zu bewerten, da nur so ein reibungsloser und für die Parteien vorhersehbarer Ablauf des schiedsrichterlichen Verfahrens garantiert werden kann. Hinzukommt, daß auch die ZPO-Neuregelung den Parteien weitgehende Freiheit bei der Gestaltung des Verfahrens, vorbehaltlich der zwingenden Vorschriften des Zehnten Buchs der ZPO, gewährt[230].

(2) Die zwingenden Vorschriften im einzelnen

Das UNCITRAL-Modellgesetz enthält eine Reihe zwingender Vorschriften. Deshalb wird in Art. 19 des UNCITRAL-Modellgesetzes ausgesprochen, daß die Parteiautonomie ausdrücklich nur vorbehaltlich der Bestimmungen dieses Gesetzes zugelassen wird. Zwingendes Recht für das Verfahren ist in den Artt. 18 (Gebot der Gleichbehandlung und des rechtlichen Gehörs), 24 (Informationspflichten), Art. 30 (Schiedsvergleich) und Art. 32 (Beendigung des Schieds-

---

[228] Vgl. Art. 18-27 des UNCITRAL-Modellgesetzes.

[229] Vgl. hierzu *Weigand*, Das neue deutsche Schiedsverfahrensrecht: Umsetzung des UNCITRAL-Modellgesetzes, WiB 24/1997, 1273, 1276.

[230] § 1042 Abs. 3 ZPO n.F.

gerichtsverfahrens, Klagerücknahme) des UNCITRAL-Modellgesetzes enthalten.

Zu den zwingenden Vorschriften des Zehnten Buchs der ZPO gehören vor allem auch die Absätze 1 und 2 des § 1042 ZPO n.F., wobei Absatz 1 die wichtigsten Verfahrensgrundsätze der Gleichbehandlung der Parteien und des Anspruchs auf rechtliches Gehör enthält.

Bei den übrigen zwingenden gesetzlichen Vorschriften des Zehnten Buchs der ZPO handelt es sich um diejenigen Bestimmungen, welche ihrerseits weder ausdrücklich noch nach ihrem Sinn und Zweck unter dem Vorbehalt anderweitiger Parteivereinbarungen stehen[231]. Die Gebote der Gleichbehandlung, des rechtlichen Gehörs und der Vertretungsmöglichkeit durch Rechtsanwälte[232] stimmen mit der ZPO a.F. überein. Diese Grundsätze sind durch das Schiedsgericht in jeder Lage des Verfahrens zu beachten und qualifizieren das Schiedsverfahren als eine dem Verfahren vor den staatlichen Gerichten äquivalente Rechtsschutzmöglichkeit[233]. Eine Verletzung dieser Prinzipien stellt einen Aufhebungsgrund bzw. einen Grund für die Versagung der Anerkennung und Vollstreckung dar[234].

§ 1042 Abs. 3 ZPO n.F. erlaubt den Parteien ausdrücklich die Vereinbarung einer schiedsgerichtlichen Verfahrensordnung wie z.B. die der Deutschen Institution für Schiedsgerichtsbarkeit (DIS) oder der Internationalen Handelskammer (ICC). Es steht den Parteien aber nicht zu, abweichend vom Territorialitätsprinzip insgesamt das Verfahrensrecht einer ausländischen Rechtsordnung zu wählen. Nur im Rahmen der dispositiven Bestimmungen können einzelne Regelungen ausländischer Verfahrensrechte in der Schiedsvereinbarung festgelegt werden[235]. Dies schließt aus Gründen des ordre public auch aus, daß etwa die weitgehenden Möglichkeiten der vorgerichtlichen oder späteren Discovery des US-amerikanischen Rechts vor deutschen Schiedsgerichten Anwendung finden[236].

Soweit weder eine zwingende Vorschrift zu beachten ist noch eine Parteivereinbarung vorliegt und das Gesetz auch keine dispositive Regelung enthält, kann das Verfahren nach § 1042 Absatz 4 Satz 1 ZPO n.F. vom Schiedsgericht nach

---

[231] BT-Dr. 13/5274, S. 46; Diskussionsentwurf zur Neufassung des Zehnten Buchs der ZPO, S. 143.

[232] Vgl. hierzu § 1042 Abs. 2 ZPO n.F.; Unter "Rechtsanwälten" sind dabei sowohl inländische als auch ausländische Rechtsanwälte zu verstehen, vgl. BT-Dr. 13/5274, S. 46.

[233] Diskussionsentwurf zur Neufassung des Zehnten Buchs der ZPO, S. 142.

[234] Vgl. § 1059 Abs. 2 Nr. 1b) und d) und Nr. 2b) ZPO n.F.

[235] Vgl. die in § 1025 Abs. 1 ZPO n.F. festgelegte zwingende Geltung der lex fori; vgl. hierzu auch BT-Dr. 13/5274, S.31.

[236] *Weigand*, Discovery in der internationalen Schiedsgerichtsbarkeit, RIW 1992, 361.

freiem Ermessen bestimmt werden. Nach Satz 2 dieser Vorschrift[237] gehört es auch zu den Befugnissen des Schiedsgerichts, über die Zulässigkeit von Beweismitteln zu entscheiden, eine Beweiserhebung durchzuführen und das Ergebnis frei zu würdigen. Zwar ist diese Vorgehensweise nach deutschem Recht selbstverständlich. Die Bestimmung erklärt sich aber aus der entgegengesetzten Vorgehensweise nach Common Law, nach welchem es sowohl vor staatlichen Gerichten als auch vor Schiedsgerichten üblich ist, daß die Parteien Zeugen und Sachverständige zur Verhandlung mitbringen und selbst befragen[238].

(3) Zusammenfassung

Aus der Systematik der Absätze 1 bis 4 des § 1042 ZPO n.F. ergibt sich somit folgende Normenhierarchie:

- An erster Stelle sind Vorschriften mit zwingendem Charakter wie das Gebot des rechtlichen Gehörs zu beachten.
- An zweiter Stelle ist eine wirksame Parteivereinbarung zu berücksichtigen.
- Danach folgt das dispositive Gesetzesrecht und erst dann das schiedsrichterliche Ermessen bei der Verfahrensgestaltung.

Diese Hierarchie entspricht zumindest der Sache nach dem bisherigen Recht[239].

Zusammenfassend läßt sich hierzu sagen, daß die ZPO-Neuregelung für internationale Verfahren einen besonders weiten Prozeßrechtsrahmen festlegt, dessen Ausfüllung der Privatautonomie der Parteien überlassen wird. Hierdurch dürfte dem Zweck der internationalen Schiedsgerichtsbarkeit, den Parteien die Möglichkeit zu verschaffen, ihre unterschiedlichen Vorstellungen aus verschiedenen Rechtskreisen gegenseitig zu berücksichtigen und anzugleichen, genügt werden.

VI. Das materiell anwendbare Recht

Gerade für internationale Schiedsverfahren ist die Frage, welches materielle Recht der Entscheidung des Rechtsstreits zugrundezulegen ist, von besonderer Bedeutung.

---

[237] § 1042 Abs. 4 S. 2 entspricht Art. 19 Abs. 2 S. 2 des UNCITRAL-Modellgesetzes.
[238] Vgl. Entwurf zur Neufassung des Zehnten Buchs der ZPO, S. 143.
[239] Vgl. BT-Dr. 13/5274, S. 47.

1. Grundsatz der freien Rechtswahl

Der Grundsatz der Parteiautonomie bei der Wahl des anwendbaren materiellen Rechts wird - zumindest in allen westeuropäischen und nordamerikanischen Rechtsordnungen - allgemein anerkannt[240]. Bei dieser Rechtswahl hat die Parteiautonomie demgemäß sowohl in der autonomen Gesetzgebung vieler Staaten als auch in internationalen Abkommen die größte Bedeutung[241].

a) Zur freien Rechtswahl in internationalen Abkommen

Für das internationale Schiedsverfahren in Handelssachen ist das Recht der Parteien zur Vereinbarung des in der Hauptsache anzuwendenden Rechts ausdrücklich in Art. VII Abs. 1[242] des Europäischen Übereinkommens über die internationale Handelsschiedsgerichtsbarkeit von 1961 festgelegt. Ebenso erkennt das UN-Übereinkommen nach Art. V Abs. 1 a die Parteiautonomie hinsichtlich der freien Rechtswahl des materiell anwendbaren Rechts an. Zu beachten ist auch Art. 28 Abs. 1 des UNCITRAL-Modellgesetzes, der nahezu völlig dem Art. VII Europäischen Übereinkommens entspricht.

b) Zur freien Rechtswahl nach deutschem Recht

In der ZPO a.F. war die freie Rechtswahl der Parteien zwar nicht ausdrücklich geregelt, diese Möglichkeit wurde aber den allgemeinen IPR-Grundsätzen, insbesondere dem Art. 27 EGBGB entnommen[243]. Gemäß § 1051 Abs. 1 S. 1 der ZPO n.F. hat das Schiedsgericht die Streitigkeit in Übereinstimmung mit den Rechtsvorschriften zu entscheiden, die von den Parteien als auf den Inhalt des Rechtsstreits anwendbar bezeichnet worden sind. Die Neuregelung in § 1051 Abs. 1 Satz 2 ZPO n.F. stellt klar, daß jede Bestimmung der Parteien mangels anderer ausdrücklicher Vereinbarung als eine Verweisung auf das Sachrecht und

---

[240] *Redfern/Hunter*, Law and Practice of International Commercial Arbitration, S. 72, 73; *Schlosser*, Internationale Schiedsgerichtsbarkeit, Rdn. 731;

[241] *Lörcher*, Wie zwingend sind in der internationalen Handelsschiedsgerichtsbarkeit zwingende Normen einer „dritten" Rechtsordnung?, BB, Beilage 17 1993, 3, 4.

[242] Der Grundsatz ist in Art. 3 I des Europäischen Übereinkommens sehr deutlich formuliert worden: „Der Vertrag unterliegt dem von den Parteien gewählten Recht. Die Rechtswahl muß ausdrücklich sein oder sich mit hinreichender Sicherheit aus den Bestimmungen des Vertrages oder aus den Umständen des Falles ergeben."

[243] *Haas*, Anerkennung und Vollstreckung ausländischer und internationaler Schiedssprüche, S. 87.

nicht auf die kollisionsrechtlichen Bestimmungen einer Rechtsordnung zu verstehen ist.

Die Rechtswahl wurde nunmehr aus Gründen der Klarheit ausdrücklich geregelt. Daß die Parteien die maßgeblichen "Rechtsvorschriften" wählen können, stellt darüberhinaus klar, daß die Parteien nicht auf die Wahl einer Gesamtrechtsordnung eines bestimmten Staates beschränkt sind, sondern aus verschiedenen nationalen Rechtsordnungen oder auch solchen, die auf internationaler Ebene erarbeitet worden sind, wählen können[244]. Diese Regelung stimmt mit Art. 28 Abs. 1 UNCITRAL-Modellgesetz überein.

c) Die US-amerikanische Regelung zur freien Rechtswahl

Auch in den USA herrscht hinsichtlich des im Schiedsverfahren materiell anwendbaren Rechts vorrangig die freie Rechtswahl der Parteien[245]. In denjenigen Bundesstaaten, welche das UNCITRAL-Modellgesetz bereits übernommen haben[246], ergibt sich dies unmittelbar aus dem Gesetz (Art. 28 UNCITRAL-Modellgesetz). Für die übrigen Bundesstaaten folgt die freie Rechtswahl der Parteien aus dem für die Schiedsgerichtsbarkeit allgemein geltenden Grundsatz der Parteiautonomie[247].

2. Die Rechtswahl durch das Schiedsgericht

Haben die Parteien nicht die Anwendung eines materiellen Rechts vereinbart, so räumen die meisten Rechts- und Schiedsordnungen den Schiedsrichtern die Befugnis ein, das in der Sache anzuwendende Recht zu bestimmen[248]. Unterschiedlich wird jedoch die Frage behandelt, welche Kollisionsnorm das Schiedsgericht bei der Bestimmung des anwendbaren Rechts zu beachten hat.

---

244 Vgl. Diskussionsentwurf zur Neufassung des Zehnten Buchs der ZPO, S. 168.

245 *Shalit*, Procedural Aspects of International Commercial Arbitration, 2 Int. Law Bulletin, 53, 54 (1963); *Smit*, Elements of International Arbitration in the United States, 1 Am. Rev. Int'l Arb. 64, 71 (1990).

246 Vgl. oben unter B. I. 2.a).

247 *Shalit*, Procedural Aspects of International Commercial Arbitration, 2 Int. Law Bulletin, 53, 54 (1963); *Hoellering*, Schiedsgerichtsbarkeit im deutsch-amerikanischen Wirtschaftsverkehr, 11, 12.

248 Art. VII Abs. 1 EÜ, Art. 28 Abs. 2 UNCITRAL-Modellgesetz, § 1051 Abs. 2 ZPO n.F., Art. 13 Abs. 3 ICC Schiedsordnung.

a) Bindung an das Kollisionsrecht des Sitzlandes des Schiedsgerichts?

Da das Zehnte Buch der ZPO a.F. keine Regelung über das anwendbare materielle Recht enthielt, bestand lange Jahre Streit darüber, ob der Schiedsrichter an das Kollisionsrecht des Sitzlandes des Schiedsgerichts gebunden ist oder nicht[249]. Die früher herrschende Meinung vertrat die Auffassung, ein internationales Schiedsgericht habe das Kollisionsrecht desjenigen Staates anzuwenden, auf dessen Territorium sich sein Sitz befinde.[250] Das Hauptargument der früher herrschenden Meinung war, daß das am Sitz des Schiedsgerichts geltende Kollisionsrecht mit dem Streitgegenstand am engsten verbunden sei[251]. Diese Auffassung ist zu Recht überwiegend einer neueren Lehre gewichen.

b) Abwendung von der früher herrschenden Meinung

Haben die Parteien in ihrer Schiedsvereinbarung selbst den zukünftigen Sitz ihres Schiedsgerichts ausgewählt, so befindet sich dieser (formale) Sitz meist nicht im Heimatstaat einer der beiden Parteien, sondern in einem neutralen Drittstaat, damit keiner der Parteien einen "Heimvorteil" gegenüber der anderen besitzt[252]. Haben die Parteien es dagegen versäumt, einen bestimmten Ort als Sitz ihres Schiedsgerichts zu wählen und haben sie ihr zukünftiges Schiedsverfahren den Regeln einer institutionellen Schiedsordnung unterstellt, so wird die betreuende Institution aus den gleichen Gründen dafür sorgen, daß der Sitz des Schiedsgerichts in einem neutralen Drittstaat liegt[253]. Der Schiedsort hat also in den meisten Fällen weder mit den Parteien noch mit dem Vertrag etwas zu tun. Er wurde nur gewählt, weil er sich im Verhältnis zu den Parteien der Schiedsvereinbarung an einem neutralen Ort befindet. Deshalb wäre es nicht gerechtfertigt, das Recht dieses Drittstaates, der zu dem Vertrag und seinen Parteien im Regelfall keine nähere Verbindung hat, der Entscheidung zugrundezulegen.

Vorteilhafter ist es vor diesem Hintergrund, das von der neueren Lehre vertretene Prinzip dahingehend zu formulieren, daß „das Schiedsgericht ermächtigt ist, für den Fall, daß die Parteien keine Rechtswahl getroffen haben, das auf den

[249] Vgl. zum letzten Meinungsstand: *Thomas/Putzo*, ZPO Kommentar, § 1038 ZPO a.F., Anm. 3 m.w.N.

[250] *Schwab*, Schiedsgerichtsbarkeit, 3. Aufl. 1979, S.411, 412; *v. Hoffmann*, Internationale Handelsschiedsgerichtsbarkeit, S. 110 ff.; *Böckstiegel*, Die Bestimmung des anwendbaren Rechts, FS für Günther Beitzke, S. 443 ff.

[251] *Schwab*, Schiedsgerichtsbarkeit, 3. Aufl. 1979, S. 412.

[252] vgl. *Sandrock*, Welches Kollisionsrecht hat ein Internationales Schiedsgericht anzuwenden?, RIW 1992, 785, 787.

[253] Vgl. hierzu *Bond*, How to draft an Arbitration Clause, 6 J. Int'l Arb. 65, 72 (1989).

Vertrag anwendbare Recht selbst nach eigenem Ermessen zu bestimmen“[254]. Das Schiedsgericht muß sodann den hypothetischen Parteiwillen ermitteln[255]. Dabei muß die stellvertretend vorzunehmende Rechtswahl sich unter den Verhältnissen des konkreten Einzelfalls als sachgerecht erweisen und sollte Gesichtspunkte wie den Abschlußort und die Sprache des Vertrages, die Regelungen im Schiedsvertrag, die an eine bestimmte Rechtsordnung anknüpfen, und ggf. die gemeinsame Nationalität der Parteien berücksichtigen[256]. Auf diese Weise dürfte das Schiedsgericht den Interessen der Parteien nach den Umständen des Einzelfalles am ehesten gerecht werden können.

c) Allgemeine Entwicklungstendenzen

Die Abwendung vom Recht des Sitzstaates hin zum vom Schiedsgericht frei zu bestimmenden Kollisionsrecht ist heute wohl herrschende Meinung[257] und wird durch die neuere internationale und nationale Gesetzgebung bestätigt. So bestimmt Art. VII des Europäischen Übereinkommens, daß der Schiedsrichter das Kollisionsrecht frei bestimmen kann, soweit die Parteien keine anderweitige Bestimmung getroffen haben. Fast inhaltsgleiche Regelungen enthalten Art. 28 Abs. 2 UNCITRAL-Modellgesetz und Art. 13 Abs. 2 der ICC Schiedsordnung. Die bundesstaatliche Rechtsprechung in den USA folgt bereits seit dem Jahre 1981 ebenfalls dieser Auffassung[258]. Auch das Zehnte Buch der ZPO n.F. enthält wiederum in Anlehnung an das UNCITRAL-Modellgesetz in § 1051 Abs. 2 n.F. die Regelung, daß in Ermangelung einer Rechtswahl der Parteien das Schiedsgericht das Recht des Staates anzuwenden hat, mit dem der Gegenstand des Verfahrens die engste Verbindung aufweist. Die Entwicklung geht damit sowohl auf internationaler als auch auf nationaler Ebene gegen eine starre Anknüpfung an die Kollisionsregeln der lex fori.

---

254 *Sandrock*, Welches Kollisionsrecht hat ein Internationales Schiedsgericht anzuwenden?, RIW 1992, 785, 788.

255 Vgl. *Schwab/Walter*, Schiedsgerichtsbarkeit, S. 409.

256 *Schwab/Walter*, ebenda.

257 *Böckstiegel*, Die Bestimmung des anwendbaren Rechts, FS für Beitzke, S. 448; *Redfern/Hunter*, Law and Practice of International Commercial Arbitration, S. 97; *Haas*, Anerkennung und Vollstreckung ausländischer und internationaler Schiedssprüche, S. 94.

258 Vgl. hierzu die Entscheidung *Government of the United States of America v. Government of the Islamic Republic of Iran*, abgedruckt in: 75 Am. J. Int'l L. 422, 424 (1981): „ The tribunal shall decide all cases on the basis of respect for law, applying such choice of law as the tribunal determines to be applicable, taking into account relevant usage of the trade, contract provisions and changed circumstances“.

3. Verweisung auf das Kollisions- oder Sachrecht

In neuerer Zeit wird der kollisionsrechtliche Ansatz bestritten. Insbesondere bestreitet man hierbei die Notwendigkeit, den Umweg über eine Kollisionsnorm gehen zu müssen, um das anwendbare Recht bestimmen zu können.[259]

a) Direkte Anwendung des Sachrechts

Obwohl das UNCITRAL-Modellgesetz in Art. 28 Abs. 2 im Falle der fehlenden Parteivereinbarung weiterhin dem Schiedsgericht lediglich das Recht zuspricht, das anzuwendende Kollisionsrecht zu bestimmen, hat sich die Auffassung von der direkten Anwendung des entsprechenden Sachrechts gegenüber einer kollisionsrechtlichen Lösung bereits in der niederländischen, der schweizerischen und der französischen Reform durchgesetzt[260]. Nach der ZPO-Neuregelung hat das Schiedsgericht mangels Rechtswahl das Recht des Staates anzuwenden, mit dem der Gegenstand des Verfahrens die engsten Verbindungen aufweist (§ 1051 Abs. 2 ZPO n.F.). Abweichend von Art. 28 Abs. 2 UNCITRAL-Modellgesetz wurde somit nicht der Umweg über das vom Schiedsgericht für anwendbar erachtete Kollisionsrecht eines Staates, sondern die direkte Anwendung des entsprechenden Sachrechts gewählt.

Bei der Auslegung der „engsten Verbindung“ wird naheliegenderweise auf Art. 28 Abs. 2-4 EGBGB zurückgegriffen, wonach vermutet wird, daß der Vertrag die engsten Verbindungen zu dem Staat aufweist, in dem die Partei ihren Sitz hat, die die vertragscharakteristische Leistung zu erbringen hat[261]. Das Schiedsgericht kann jedoch auch das Sachrecht eines anderen Staates anwenden, wenn im konkreten Fall andere Anknüpfungspunkte ein deutlich stärkeres Gewicht haben[262].

---

[259] Vgl. *Weigand*, Das neue deutsche Schiedsverfahrensrecht: Umsetzung des UNCITRAL-Modellgesetzes, WiB 1997, 1273, 1277; *Haas*, Anerkennung und Vollstreckung ausländischer und internationaler Schiedssprüche, S.95.

[260] Art. 1054 Abs. 2 niederl. ZPO, Art. 1496 Abs. 1 franz. NCPC und Art. 187 Abs. 1 schw. IPRG.

[261] Vgl. hierzu Diskussionsentwurf zur Neufassung des Zehnten Buchs der ZPO, S. 169, 170.

[262] Vgl. a.a.O., S. 170.

b) Kollisionsrechtlicher Ansatz

In den USA wird weiterhin überwiegend durch die Anlehnung an das UNCITRAL-Modellgesetz der Lösung der kollisionsrechtlichen Anknüpfung gefolgt. So bestimmt z.B. Art. 3 Abs. 1 der Rules of Procedure of the Inter-American Commercial Arbitration Association[263]: „ The arbitral tribunal shall apply the law designated by the parties as applicable to the substance of the dispute. Failing such designation by the parties, the arbitral tribunal shall apply the law determined by the conflict of law rules which it considers applicable“.

Ähnlich wie nach dem UNCITRAL-Modellgesetz wird in den USA demzufolge mangels Parteivereinbarung ebenfalls nicht an die engste Verbindung angeknüpft, sondern die Wahl des Kollisionsrecht wird in das Ermessen der Schiedsrichter gestellt. Letztlich bedeutet dies jedoch nicht, daß die Schiedsrichter in der Wahl des Kollisionsrechts völlig frei wären und irgendein beliebiges Recht wählen könnten. Diese Ermessensausübung muß vielmehr im Ergebnis ebenfalls zu einem Sachrecht führen, mit dem der Gegenstand des Verfahrens die engste Verbindung aufweist. Dabei spielt im US-amerikanischen kollisionsrechtlichen Denken z.B. der Abschlußort für die Anknüpfung eines Vertrages eine gewisse Rolle[264].

Die Bindung der Schiedsrichter an die „engsten Verbindungen“ in § 1051 Abs. 2 ZPO n.F. stellt somit keine sachliche Abweichung von der US-amerikanischen Lösung, sondern nur eine Konkretisierung des Ermessens aus Klarstellungsgründen dar[265].

c) Stellungnahme

Ob eine direkte Anknüpfung gegenüber der kollisionsrechtlichen Anknüpfung zu sachgerechteren Ergebnissen führt, läßt sich schwer beurteilen, da auch die kollisionrechtliche Anknüpfung letztendlich immer zu der Anwendung eines bestimmten Sachrechts führt. Der Vorteil der direkten Anknüpfung an ein bestimmtes Sachrecht dürfte jedoch darin liegen, daß im Falle der Rechtswahl durch die Parteien es diesen offensichtlicher wird, welches Sachrecht tatsächlich zur Anwendung kommt. Bei einer Rechtswahl, die auf ein bestimmtes Kollisi-

---

[263] Abgedruckt in: *Simmonds*, International Commercial Arbitration/N.Y., Binder 1, Document II, 8.

[264] Vgl. § 188 Abs. 2a. und Abs. 3 des US-amerikanischen Restatement 2nd of the Conflict of Laws.

[265] Vgl. Diskussionsentwurf zur Neufassung des Zehnten Buchs der ZPO, S. 169.

onsrecht verweist, kann es hingegen ausnahmsweise zu Rück- oder Weiterverweisungen kommen, die wiederum zur Anwendung eines Sachrechts führen, welches nicht dem Wunsch der Parteien entspricht, da sie das oft komplizierte Kollisionsrecht, auf das verwiesen wurde, nicht bis ins Letzte durchdrungen haben. Dies setzt die Parteien ungewünschten Rechtsunsicherheiten aus.

Es wird abzuwarten bleiben, ob sich die Lösung der direkten Anwendung eines bestimmten Sachrechts weiter international durchsetzen wird, zumal das von dieser Lösung abweichende UNCITRAL-Modellgesetz vielen Ländern bei der Reformierung ihrer Schiedsverfahrensgesetze als Vorbild dient.

4. Möglichkeit einer Billigkeitsentscheidung

a) Besonderheit gegenüber der staatlichen Gerichtsbarkeit

Traditionell unterscheiden die meisten Rechts- und Schiedsordnungen zwischen dem Schiedsrichter, der nach Rechtsregeln, und dem, der nach Billigkeitsgesichtspunkten entscheidet[266] (sog. "amiable compositeur"[267]). Daß es Entscheidungen nach Billigkeit in der Schiedsgerichtsbarkeit gibt, stellt gegenüber der staatlichen Gerichtsbarkeit eine Besonderheit dar, da der staatliche Richter in der Regel verpflichtet ist, eine Wissens- und keine Willensentscheidung zu treffen[268]. Der Grund für das Fortbestehen dieser Regelung liegt in der Geschichte der Schiedsgerichtsbarkeit. Sie wurde in erster Linie als Institution zur Schlichtung von Streitigkeiten angesehen, weshalb Entscheidungen nach billigem Ermessen früher die Regel waren[269]. Erst seit den sechziger Jahren setzte sich in Deutschland die Meinung durch, daß auch das Schiedsgericht eine rechtsprechende Tätigkeit ausführte und aus diesem Grunde an das materielle Recht gebunden sei. Entscheidungen nach Billigkeit sind seitdem die Ausnahme geworden[270].

---

[266] Art. 28 Abs. 1,3 UNCITRAL-Modellgesetz; § 1051 Abs. 3 ZPO n.F.; Art. 187 Abs. 1,2 schw. IPRG; Art. 1496, 1497 franz. NCPC; Art. 13 Abs. 3, 4 ICC-SchO; für die alte Fassung der ZPO vgl. *Mann*, Schiedsrichter und Recht, FS Flume, S. 593, 604; für die USA vgl. *Hoellering*, Schiedsgerichtsbarkeit im deutsch-amerikanischen Wirtschaftsverkehr, 11, 21; *Holtzmann*, in: Yearbook Commercial Arbitration, Vol. II-1977, 116, 133.

[267] Diese Rechtsfigur entspringt dem friedensstiftenden amicabilis compositor des kanonischen Rechts, vgl. hierzu *Hellwig*, RIW 1984, 421, 426.

[268] Vgl. *Schwab/Walter*, Schiedsgerichtsbarkeit, S. 179.

[269] Vgl. hierzu *Hellwig*, Nationale und Internationale Schiedsgerichtsbarkeit, RIW 1984, 421, 427.

[270] Vgl. *Reiner*, Handbuch der ICC Schiedsgerichtsbarkeit, S. 246.

b) Billigkeitsentscheidung nach deutschem Recht

In der ZPO a.F. wurde die Möglichkeit einer Billigkeitsentscheidung durch das Schiedsgericht nicht ausdrücklich geregelt. Sie war aber zumindest aufgrund einer ausdrücklichen Ermächtigung der Parteien durchaus möglich[271]. Da Billigkeitsentscheidungen insbesondere in der internationalen Schiedsgerichtsbarkeit von jeher eine nicht unbedeutende Rolle gespielt haben, hat die ZPO-Neuregelung in § 1051 Abs. 3 eine ausdrückliche Regelung aufgenommen, nach welcher das Schiedsgericht nach Billigkeit entscheiden kann, wenn die Parteien es ausdrücklich dazu ermächtigt haben. Die Notwendigkeit einer ausdrücklichen Vereinbarung soll deutlich machen, daß die Entscheidung nach Billigkeit die Ausnahme und die Entscheidung nach Recht und Gesetz die Regel bleiben soll[272].

Da eine Entscheidung nach Billigkeit, die sich über die Rechtslage hinwegsetzen kann, nur schwer für die Parteien voraussehbar ist, sollte sie tatsächlich auch die Ausnahme bleiben. In jedem Falle, also auch im Falle der Billigkeitsentscheidung, hat das Schiedsgericht nach § 1051 Abs. 4 ZPO n.F. allerdings die vertraglichen Bestimmungen und die Handelsbräuche zu beachten.

c) Billigkeitsentscheidung nach US-amerikanischem Recht

In der US-amerikanischen Schiedspraxis sind Billigkeitsentscheidungen dagegen weiterhin recht verbreitet[273]. Zwar ist ein Schiedsspruch in den USA unter anderem angreifbar, wenn er "das Recht" offenbar mißachtet[274]. Dieser Aufhebungsgrund ("manifest disregard of the law") wurde von der Rechtsprechung entwickelt und findet sich inzwischen ausdrücklich in vielen einzelstaatlichen Schiedsgesetzen[275]. Eine strikte Bindung an "das Recht" kann hieraus jedoch nicht abgeleitet werden. Entgegen dem deutschen Recht sind Billigkeitsentscheidungen vielmehr bereits zulässig, wenn die Parteien nichts anderes vereinbart haben[276].

---

[271] *Mann*, Schiedsrichter und Recht, FS Flume, S. 604, 605.

[272] Vgl. Diskussionsentwurf zur Neufassung des Zehnten Buchs der ZPO, S. 170.

[273] *Mentschikoff*, Commercial Arbitration, 61 Col. L. Rev. 846, 860 (1961); *Smedresman*, Conflict of Laws in International Commercial Arbitration, 7 Cal. W. Int. L. 263, 284 (1977); *de Vries*, International Commercial Arbitration: A Transnational View, 1 J. Int. Arb. 7, 17 (1984); *Domke*, The Law and Practice of Commercial Arbitration, § 33.02.

[274] *Wilko v. Swan*, 346 U.S. 427, 436 f. (1953); *Domke*, The Law and Practice of Commercial Arbitration, § 33.02.

[275] In Anlehnung an UAA § 12 (a)(6).

[276] *Holtzmann*, National Report: United States, YCA, Vol. II-1977, 116, 133; *Hoellering*, Schiedsgerichtsbarkeit im deutsch-amerikanischen Wirtschaftsverkehr, 11, 21.

Aus dieser Handhabung wird deutlich, daß Billigkeitsentscheidungen in den USA nicht unbedingt die Ausnahme sind. Billigkeitsentscheidungen dürfen jedoch nicht offensichtlich grundlegende Rechtsprinzipien verletzen; insofern liegt hier eine eingeschränkte Bindung an "das Recht" vor[277]. Darüberhinaus findet eine Überprüfung des Schiedsspruchs nicht statt und wird im übrigen dadurch erschwert, daß der Schiedsspruch regelmäßig keine Entscheidungsgründe enthält[278]; denn weder bundes- noch einzelstaatliches Recht verlangen, daß dem Schiedsspruch Entscheidungsgründe beigefügt werden[279].

In internationalen Fällen erwarten die Parteien allerdings häufig eine Begründung; diesem Begehren wird die AAA-CAR/Supplementary Procedures for International Commercial Arbitration gerecht, wonach die AAA (American Arbitration Asociation) eine Vereinbarung zwischen den Parteien und den Schiedsrichtern herbeiführen kann, daß der Schiedsspruch Entscheidungsgründe enthalten soll[280].

5. Lex mercatoria

a) Allgemeines

Die Beschränkung der Parteien auf die Wahl eines oder mehrerer nationaler Rechte wird inzwischen häufiger in Zweifel gezogen. Es finden sich mehr und mehr Anhänger für die These, die Wahlfreiheit der Parteien auch auf ein "a-nationales" Recht wie z.B. die "lex mercatoria" zu erstrecken[281]. Demgemäß wenden Schiedsgerichte auch immer häufiger zur Entscheidung grenzüberschreitender Rechtsstreitigkeiten die lex mercatoria an[282].

---

[277] *Stein/Wotman*, International Commercial Arbitration in the 1980s, 38 Bus. Law. 1685, 1714 (1983); *Domke*, The Law and Practice of Commercial Arbitration, § 25.01.

[278] *De Vries*, International Commercial Arbitration , 1 J. Int. Arb. 7, 18 (1984); *Domke*, The Law and Practice of Commercial Arbitration, § 33.02.

[279] *Bernhardt v. Polygraphic Co. of America*, 350 U.S. 198, 203 (1956).

[280] § 7 lautet: „Parties in international cases often expect arbitrators to provide a written opinion explaining the reasons for their award. The AAA can make arrangements for such an opinion in consultation with the parties and the arbitrators."

[281] *Schmitthoff*, Das neue Recht des Welthandels, RabelsZ 28 (1964) 47, 71; *Schlosser*, Internationale Schiedsgerichtsbarkeit, Rdn. 192 ff.; *Paulsson*, La lex mercatoria dans l'arbitrage, Rev.arb. 1990, 55 ff.

[282] Vgl. z.B. *Primary Coal v. Compania Valenciana*, Revue de l'Arbitrage, 1990, 701 mit Anm. v. *Berger*, Lex mercatoria in der internationalen Wirtschaftsschiedsgerichtsbarkeit: Der Fall „Compania Valenciana", IPRax 1993, 281 ff.; *Deutsche Schachtbau- und Tiefbaugesellschaft mbH v. R'as Al Khamai Oil Company*, XIV YCA 111(1989).

Dabei wird die Anwendbarkeit der lex mercatoria zum Teil aus der Rechtswahl der Parteien abgeleitet[283], oder das Schiedsgericht gelangt in Ermangelung einer solchen Rechtswahl teilweise im Wege der "objektiven Anknüpfung"[284] zu ihrer Anwendung. In diesem Zusammenhang soll im folgenden überprüft werden, unter welchen Voraussetzungen es zu einer Anwendung der lex mercatoria in den USA und in Deutschland kommen kann und ob ein aufgrund der lex mercatoria ergangener Schiedsspruch vollstreckbar ist.

b) Der Begriff der lex mercatoria

Eine Definition der lex mercatoria existiert nicht. *In Primary Coal v. Compania Valenciana* wurde der Begriff der lex mercatoria aber umschrieben. Danach ist lex mercatoria die Gesamtheit der Regeln der internationalen Wirtschaft, die von der internationalen Praxis und insbesondere von der internationalen Schiedsgerichtspraxis - sanktioniert durch nationale Gerichtsentscheidungen - entwickelt wurden und damit zu Rechtsregeln geworden sind[285].

Zur Konkretisierung dieser Regeln wird aber durchweg nur auf die Prinzipien von pacta sunt servanda, culpa in contrahendo und Treu und Glauben sowie auf Regelungen internationaler Übereinkommen, wie z.B. des UN-Kaufrechts verwiesen, wonach sich insgesamt ca. 30 Rechtssätze herausgebildet haben[286]. Der Mangel positiver Rechtsnormen und durch die Entscheidungspraxis ausgebildeter eindeutiger Rechtsgrundsätze unterscheidet die lex mercatoria von den herkömmlichen Rechtsordnungen. Die Anhänger der lex mercatoria räumen zwar deren Lückenhaftigkeit ein; sie behaupten jedoch, diese Lücken im Rahmen der Rechtsfortbildung schließen zu können[287].

c) Anwendung der lex mercatoria aufgrund parteiautonomer Rechtswahl

Sowohl in Deutschland als auch in den USA ist es unstreitig, daß die Parteien im Rahmen ihrer Parteiautonomie die Anwendung der lex mercatoria vereinbaren können. Die dogmatische Begründung ist jedoch innerhalb der jeweiligen Rechtsordnung teilweise unterschiedlich.

---

[283] *Government of Kuwait v. American Independent Oil Company*, IX YCA (1984) S. 71-96.
[284] *Pabalk v. Norsolor*, IX YCA (1984) S. 109, 110.
[285] Vgl. hierzu *Berger*, Lex mercatoria in der internationalen Wirtschaftsschiedsgerichtsbarkeit, IPRax 1993, 281 ff.
[286] *Mustill*, The New Lex Mercatoria: The first Twenty-five Years, Arbitration International 86, 110 (1988).
[287] *Mustill*, a.a.O, 160.

(1) Parteiautonome Wahl der lex mercatoria in Deutschland

Für die ZPO-Neuregelung wurde auf eine Begründung zurückgegriffen, die schon bei der einschlägigen Norm des UNCITRAL-Modellgesetzes verwendet wurde. Art. 28 Abs. 1 und 2 des UNCITRAL-Modellgesetzes wurden hinsichtlich ihres Wortlauts verglichen. Während Absatz 1 hinsichtlich der freien Rechtswahl der Parteien von "rules of law" spricht[288], erlaubt Absatz 2 den Schiedsrichtern in Ermangelung einer Rechtswahl der Parteien lediglich, mit Hilfe der von ihnen für anwendbar erachteten Kollisionsnormen "the law" zu bestimmen[289]. Dabei kann "the law" nur ein staatliches Recht sein, während "rules of law" auch allgemeine Rechtsgrundsätze wie die lex mercatoria mitumfassen[290].

Ebenso spricht § 1051 Abs. 1 Satz 1 ZPO n.F. davon, daß das Schiedsgericht nach den Rechtsvorschriften zu entscheiden hat, die von den Parteien für anwendbar erklärt worden sind, während Absatz 2 dem Schiedsgericht mangels Rechtswahl der Parteien aufgibt, das Recht des Staates anzuwenden, mit dem der Gegenstand die engste Verbindung aufweist. Aus der Verwendung des Begriffs "Rechtsvorschriften" gegenüber dem Begriff "Recht des Staates" folgt, daß die Parteien nicht auf die Wahl einer nationalen Rechtsordnung beschränkt sind, sondern beispielsweise auch die Anwendbarkeit der lex mercatoria vereinbaren können[291].

Das Zehnte Buch der ZPO a.F. enthielt keine Regelung über das im Schiedsverfahren materiell anwendbare Recht, so daß auf die von der Rechtsprechung und Literatur entwickelten Grundsätze zur Anwendbarkeit der lex mercatoria zurückgegriffen werden mußte. Hierzu wurde der Standpunkt vertreten, daß es sich bei der Wahl der lex mercatoria als anwendbares Recht nur um eine Vereinbarung handele, die der Ermächtigung zu Entscheidungen nach Billigkeit nahekomme. Da die Ermächtigung zur Billigkeitsentscheidung - wie oben bereits

---

[288] Abs. 1 Satz 1 UNCITRAL-MG lautet: „The arbitral tribunal shall decide the dispute in accordance with such *rules of law* as are chosen by the parties as applicable to the substance of the dispute." [Hervorhebung v. Verf.].

[289] Abs. 2 UNCITRAL-MG lautet: „Failing any designation by the parties, the arbitral tribunal shall apply *the law* determined by the conflict of laws rules which it considers applicable." [Hervorhebung v. Verf.].

[290] Vgl. *Haas*, Anerkennung und Vollstreckung ausländischer und internationaler Schiedssprüche, S. 92.

[291] Vgl. *Labes/Lörcher*, Das neue deutsche Recht der Schiedsgerichtsbarkeit, MDR 1997, 420, 424.

gesehen[292] - zulässig ist, müßte nach dem Argument "a majore ad minus" auch die Vereinbarung der lex mercatoria zulässig sein[293].

Dem ist zuzustimmen, denn soweit die Parteien die Möglichkeit haben, zwischen einer Rechts- und einer Billigkeitsentscheidung zu wählen, ist nicht ersichtlich, aus welchem Grund eine Berufung der Parteien auf die lex mercatoria abzulehnen sein sollte. Haben die Parteien die Möglichkeit, durch eine ausdrückliche Vereinbarung das Schiedsgericht von den Rechtsregeln zu entbinden, so müssen sie auch die lex mercatoria für anwendbar erklären können.

(2) Parteiautonome Wahl der lex mercatoria in den USA

In den USA steht es den Parteien ebenfalls zu, die lex mercatoria als das im Schiedsverfahren materiell anwendbare Recht zu wählen[294]. Die Anhänger der lex mercatoria[295] heben insbesondere hervor, daß aufgrund der mangelnden Verbindung zu einer nationalen Rechtsordnung die lex mercatoria eine neutrale Rechtsquelle darstelle. Gerade in internationalen Schiedsgerichtsverfahren könne die Anwendung der lex mercatoria meist besser passen als die Anwendung eines nationalen Rechts[296]. Parteien wählten die lex mercatoria oft als materiell anwendbares Recht, weil dies einen vernünftigen Kompromiß darstelle, falls sie sich nicht auf die Anwendung eines bestimmten nationalen Rechts einigen könnten[297].

Auf der anderen Seite werden auch hier die unklare Definition der lex mercatoria und die ihr fehlenden, auf ständiger Rechtsprechung basierenden, genau formulierten Rechtsregeln kritisiert[298]. Obwohl die lex mercatoria generell als eine Kombination von allgemein geltenden Rechtsprinzipien und Handelsbräuchen anerkannt sei, stelle sie kein System von klaren und bestimmten Rechtsregeln zur Verfügung, um auf internationale Handelsschiedsverfahren angewendet

[292] S.o. unter B. III. 4 b).
[293] Vgl. *v. Hoffmann*, Die Novellierung des deutschen Schiedsverfahrensrechts von 1986, IPRax 1986, 337, 340.
[294] Vgl. *Danielowicz*, The Choice of Applicable Law in International Arbitration, 9 Hastings Int'l & Comp. L. Rev. 235, 236 (1986).
[295] Vgl. *Note*, General Principles of Law in International Commercial Arbitration, 101 Harv. L. Rev. 1816, 1817 (1988)
[296] *Redfern/Hunter*, Law and Practice of International Commercial Arbitration (1986), S. 86.
[297] *Note*, General Principles of Law in International Commercial Arbitration, 101 Harv. L. Rev. 1816 (1988).
[298] *Highet*, The Enigma of the Lex mercatoria, 63 Tul. L. Rev. 613, 617 (1989).

werden zu können[299]. Die Ergebnisse des Schiedsverfahrens seien aus diesem Grunde nicht vorhersehbar und die Parteien hätten keine Kontrolle über ihr Verfahren[300]. Aus diesen Gründen wird ähnlich wie in Deutschland trotz der generellen Erlaubnis, die lex mercatoria als materiell anwendbares Recht für das Schiedsverfahren zu wählen, in den USA häufig von dieser Möglichkeit abgeraten[301].

d) Wahl der lex mercatoria durch das Schiedsgericht

In den Fällen, in welchen die Parteien eines internationalen Schiedsgerichtsverfahrens kein materielles Recht vereinbart haben, muß das anwendbare Recht - wie bereits gezeigt - vom Schiedsgericht bestimmt werden. Ob das Schiedsgericht ebenso die Möglichkeit hat, die lex mercatoria als materiell anwendbares Recht zu bestimmen, ist sowohl in den USA als auch in Deutschland umstritten.

(1) Keine Rechtsbindung des Schiedsgerichts

In dem Schiedsgerichtsverfahren *Primary Coal v. Compania Valenciana* wurde z.B. die lex mercatoria vom Schiedsgericht zugrunde gelegt, obwohl dies nicht dem Willen der Parteien, die keine Rechtswahl getroffen hatten, entsprach[302]. Trotz dieses in der Literatur heftig kritisierten Schiedsspruchs haben die französischen Gerichte, die über die Annulierungsklage entscheiden mußten, das Schiedsgerichtsurteil als rechtmäßig bestätigt[303].

Diese Urteile dürften allerdings auf dem Umstand beruhen, daß der französische Gesetzgeber in Art. 1496 Abs. 1 NCPC in bezug auf die lex mercatoria eine sehr weitgehende Regelung getroffen hat. Danach „entscheidet der Schiedsrichter die Streitigkeit entsprechend den Rechtsvorschriften, welche die Parteien gewählt haben; im Falle des Fehlens einer solchen Rechtswahl entsprechend denen, die er für angemessen erachtet".

---

299 *Gertz*, The Selection of Choice of Law Provisions in International Commercial Arbitration, 12 Nw. J. Int'l L. & Bus. 163, 176 (1991).

300 *Higgins, Brown and Roach*, Pitfalls in International Commercial Arbitration, 35 Bus. Law. 1035, 1041 (1980).

301 *Gertz*, a.a.O., Fn. 94.

302 Revue de l'Arbitrage 1990, 701.

303 Cour d'Appel Paris, Revue de l'Arbitrage 1990, 663; Cour de Cassation, Revue de l'Arbitrage 1992, 457.

Im Gegensatz zur ZPO-Neuregelung[304] und zum UNCITRAL-Modellgesetz[305], welche beide zwischen "Rechtsvorschriften" (bzw. "rules of law") bezüglich der Rechtswahl der Parteien und dem "Recht des Staates" (bzw. "the law") hinsichtlich der Bestimmung des anwendbaren Rechts durch die Schiedsrichter unterscheiden, kann das Schiedsgericht nach der französischen Regelung also auch auf "Rechtsvorschriften" zurückgreifen und ist nicht an ein nationales Recht gebunden. Die Regelung wird so interpretiert, daß das von den Schiedsrichtern zu ermittelnde anwendbare Recht auch die lex mercatoria sein kann[306].

(2) Grundsatz der Rechtsbindung des Schiedsgerichts

Während - wie soeben gezeigt - die ZPO-Neuregelung und das UNCITRAL-Modellgesetz dem Schiedsrichter ausdrücklich nur gestatten, ein nationales Sach- bzw. Kollisionsrecht als anwendbares Recht zu bestimmen, ist das Schiedsgericht nach der französischen Regelung keiner Ermessensbindung mehr unterworfen, welche die Verpflichtung zur Wahl einer bestimmten Rechtsordnung voraussetzt.

Demgegenüber zählt es zu den gefestigten Grundzügen des deutschen Rechts, daß ein Schiedsgericht nach der "Strenge des Rechts" zu entscheiden hat, sofern es nicht ausdrücklich von den Parteien zu einer Billigkeitsentscheidung ermächtigt wurde[307]. Dieses Prinzip gilt somit sowohl für die neue als auch für die alte Regelung der ZPO. Auch in den USA sind die Schiedsrichter an "das Recht" gebunden[308]. Diese eingeschränkte Rechtsbindung führt sogar soweit, daß auch Billigkeitsentscheidungen nicht offensichtlich fundamentale Rechtsprinzipien verletzen dürfen[309]. Genauso findet sich in den meisten internationalen Übereinkommen der Grundsatz der Rechtsbindung des Schiedsgerichts wieder[310].

Daraus ergibt sich für die Länder, welche dem Grundsatz der Rechtsbindung des Schiedsgerichts folgen, daß die Wahl der lex mercatoria durch das Schiedsge-

---

304 § 1051 Abs. 2 ZPO n.F.

305 Art. 28 Abs. 2 UNCITRAL-Modellgesetz.

306 Vgl. *von Breitenstein*, Die internationale Arbitrage im französischen Recht, DIS-Schriftenreihe Band 3 (1983), S. 40.

307 *Sandrock*, Zügigkeit und Leichtigkeit versus Gründlichkeit, JZ 1986, 374 m.w.N.

308 *Domke*, The Law and Practice of Commercial Arbitration, § 25.01; *de Vries*, 1 J. Int. Arb. 7, 17 f. (1984).

309 Vgl. *Stein/Wotman*, International Commercial Arbitration in the 1980s, 38 Bus. Law., 1685, 1714 (1983); *Domke*, The Law and Practice of Commercial Arbitration, § 25.01.

310 Vgl. z.B. Art. VII Abs. 2 EÜ; Art. 39 ECE-Schiedsordnung; Art. 13 Abs. IV ICC-Verfahrensordnung.

richt unzulässig ist, es sei denn, das Schiedsgericht wurde zu einer Billigkeitsentscheidung ermächtigt[311].

Diejenigen Rechtsordnungen, die einer Billigkeitsentscheidung der Schiedsrichter ablehnend gegenüberstehen, wie z.B. die englische, verbieten dagegen dem Schiedsgericht in aller Regel gänzlich, die lex mercatoria als anwendbares Recht zu bestimmen[312]. Nach dem neuen englischen Schiedsverfahrensrecht, welches am 31.1.1997 in Kraft getreten ist, kann das Schiedsgericht allerdings auch entscheiden „... if the parties so agree, in accordance with such other considerations as are agreed by them or determined by the tribunal“[313]. Diese Regelung könnte den Parteien zumindest die Zugrundelegung von Billigkeitserwägungen für die Entscheidung erlauben[314].

e) Die Vollstreckbarkeit eines auf lex mercatoria basierenden Schiedsspruchs

Nach den vorstehenden Ergebnissen steht fest, daß ein Schiedsspruch auf jeden Fall aufgrund der Rechtswahl der Parteien, aber teilweise auch aufgrund der Bestimmung durch die Schiedsrichter auf die lex mercatoria gestützt werden kann. Damit ist aber noch nicht die letztlich entscheidende Frage, ob ein solcher Schiedsspruch in Deutschland[315] und in den USA[316] vollstreckbar ist, beantwortet.

(1) Die deutsche Auslegung des UN-Übereinkommens

Das UN-Übereinkommen über die Anerkennung und Vollstreckung ausländischer Schiedssprüche enthält keine Regelung in bezug auf die lex mercatoria. Nach Art. V Abs. 2 b des UN-Übereinkommens darf die Anerkennung und

---

[311] So auch *Triebel/Petzold*, Grenzen der lex mercatoria in der internationalen Schiedsgerichtsbarkeit, RIW 1988, 245, 249; für die USA vgl. *Rivkin*, Enforceability of Arbitral Awards Based on Lex Mercatoria, 9 Arb. Int'l 67, 71 (1993).
[312] Vgl. *Cohn*, The Rules of Arbitration of the International Chamber of Commerce, 14 I.C.L.Q. 132, 156 (1965); *Overseas Union Insurance Ltd. v. A.A.Mutual International Insurance Co.*, 2 Lloyd's Report, 63 (1987); *Steyn*, 1993 Freshfields Arbitration Lecture: England's Response to the Model Law of Arbitration, Arbitration 1994, 184, 192.
[313] Arbitration Act 1996, Section 46 (1b).
[314] *Marriott*, The New Arbitration Bill, Arbitration 1996, 97, 108.
[315] Siehe unten B. VI. 5. e) (1).
[316] Siehe unten B. VI. 5. e) (1); vgl. hierzu auch allgemein *Carbonneau*, Lex Mercatoria And Arbitration: A Discussion Of The New Law Merchant.

Vollstreckung eines Schiedsspruchs versagt werden, wenn sie der "öffentlichen Ordnung" des Vollstreckungslandes widerspricht. Nach deutscher Auffassung liegt ein Verstoß gegen den internationalen ordre public bereits vor, wenn das Schiedsgericht die lex mercatoria angewandt hat, ohne von den Parteien ausdrücklich hierzu oder zumindest zu einer Billigkeitsentscheidung ermächtigt gewesen zu sein. Denn der im deutschen Recht allgemein anerkannte Grundsatz der Bindung des Schiedsrichters an das Recht mangels gegenteiliger Parteivereinbarung ist Teil des ordre public[317].

(2) Die US-amerikanische Auslegung

In den USA hat sich ein starker Trend zur Erleichterung der Vollstreckung von Schiedssprüchen in der Rechtsprechung entwickelt[318]. Dieser Trend scheint auch Schiedssprüche zu umfassen, die auf die lex mercatoria als anwendbares Recht gestützt wurden. Im Fall *Ministry of Defence of the Islamic Republic v. Gould, Inc.*, hat der US Court of Appeals für den 9. Bezirk die Entscheidung des District Court bestätigt, daß der auf lex mercatoria basierende Schiedsspruch, der gegen eine US-amerikanische Firma vollstreckt werden sollte, nach dem UN-Übereinkommen für vollstreckbar erklärt werden kann[319]. Der Court of Appeals wies den Einwand, daß nach Artikel V des UN-Übereinkommens das Schiedsverfahren einem nationalen Recht unterliegen müßte, zurück. Die einzig mögliche Auslegung des Artikel V UN-Übereinkommen habe ergeben, daß das UN-Übereinkommen - zumindest im Falle der Rechtswahl der Parteien - nicht nur auf Schiedssprüche, die aufgrund eines nationalen Rechts ergangen sind, sondern auch auf solche, die aufgrund der lex mercatoria erlassen wurden, anwendbar ist[320].

Die *Gould* Entscheidung zeigt, daß US-Gerichte aller Wahrscheinlichkeit nach einen Schiedsspruch, der auf lex mercatoria basiert, für vollstreckbar erklären werden, zumindest wenn die Parteien die lex mercatoria für anwendbar erklärt haben.

---

317 Vgl. *Sandrock*, Zügigkeit und Leichtigkeit versus Gründlichkeit, JZ 1986, 370, 373 f.; *Triebel/Petzold*, Grenzen der lex mercatoria in der internationalen Schiedsgerichtsbarkeit, RIW 1988, 245, 249.

318 Vgl. z.B. *Wilko v. Swan*, 346 U.S. 427, 436-37 (1953); *Scherk v. Alberto Culver Co.*, 417 U.S. 506, 520 (1974); *Mitsubishi Motors Corp. v. Soler Chrysler-Plymouth, Inc.*, 473 U.S. 614, 630 (1985).

319 887 F.2d 1357 (9th Cir. 1989).

320 887 F.2d 1357, 1365, a.a.O.

Ein Fall, in welchem ein Schiedsspruch für vollstreckbar erklärt wurde, obwohl die Schiedsrichter die lex mercatoria als anwendbares Recht bestimmt haben, ist bisher nicht bekannt geworden. Im Schrifttum wird aber - ähnlich wie in Deutschland - die Bestimmung der lex mercatoria durch die Schiedsrichter in den Fällen als erlaubt angesehen, in welchen sie von den Parteien zu einer Billigkeitsentscheidung ("ex aequo et bono") ermächtigt wurden[321].

f) Zusammenfassung

Die These der französischen Gerichte, daß der Schiedsrichter auch ohne jegliche Ermächtigung der Parteien die lex mercatoria anwenden könne, wird folglich weder in den USA noch in Deutschland akzeptiert. Diese Auffassung wird insofern bestätigt, als die These außerhalb von Frankreich insgesamt heftig bestritten wird[322]. Allerdings hat die Entscheidung *Deutsche Schachtbau- und Tiefbaugesellschaft mbH v. Ras Al Khaimah National Oil Co., Shell Int. Petroleum Co. Ltd.*, des englischen Court of Appeal die Anhänger der Auffassung, die Schiedsrichter könnten die lex mercatoria für anwendbar erklären, bestätigt[323]. In der Entscheidung wurde festgestellt, daß ein in der Schweiz erlassener und in der Sache auf die lex mercatoria gestützter Schiedsspruch, obwohl die Parteien diesbezüglich keine Ermächtigung erteilt haben, nicht gegen den englischen ordre public verstoße und für vollstreckbar erklärt werden könne[324].

Da sich dieses Urteil jedoch nur mit dem ordre public im Hinblick auf die Anerkennung und Vollstreckung beschäftigt, sagt es noch nichts darüber aus, wie das englische Gericht entschieden hätte, wenn ein Schiedsgericht mit Sitz in England den Schiedsspruch auf die lex mercatoria gestützt hätte. Es bleibt somit abzuwarten, wie sich der Trend hinsichtlich der Anwendung der lex mercatoria durch die Schiedsgerichte entwickeln wird. Das neue Zehnte Buch der deutschen Zivilprozeßordnung hat sich jedenfalls durch den eindeutigen Wortlaut des § 1051 Abs. 2 ZPO n.F. gegen eine Ausweitung der Kompetenzen der Schiedsrichter zur Bestimmung der lex mercatoria für die Fälle ausgesprochen, in denen sie nicht von den Parteien hierzu ermächtigt wurden.

---

321 Vgl. umfassend hierzu *Rivkin*, Enforceability of Arbitral Awards Based on Lex Mercatoria, 9 Arb.Int'l 67, 72 (1993).

322 Vgl. z.B. *Samuel*, The Effect of the Place of Arbitration on the Enforcement, 8 Arb. Int'l 257 (1992); *Schlosser*, Internationale Schiedsgerichtsbarkeit, Rdn. 197 ff.; *Mann*, England rejects "delocalised" Contracts and Arbitration, 33 Int'l L.Q. 193, 196 (1984).

323 All ER 1987 II, 769 ff. = YCA 1988 (XIII) 522.

324 All ER 1987 II, 769, 775.

Dieser Beschränkung der Kompetenz des Schiedsgerichts hinsichtlich der Bestimmung der lex mercatoria kann nur zugestimmt werden. Zwar wäre eine international anerkannte lex mercatoria in der jetzigen Zeit der zunehmenden Internationalisierung des Handelsverkehrs durchaus wünschenswert. Momentan hat das von der lex mercatoria zusammengefaßte länderübergreifende Einheitsrecht jedoch kaum Allgemeingeltung und ist lückenhaft. Mangels einer dogmatischen Grundlage sind die Ergebnisse einer Schiedsgerichtsentscheidung unter der lex mercatoria nicht vorhersehbar und der Willkür der Schiedsrichter ausgesetzt.

Aufgrund dieser Bedenken sollte die Anwendung der lex mercatoria derzeit nur ermöglicht werden, wenn die Parteien dies ausdrücklich bestimmen. In dieser Hinsicht ist die ZPO-Neuregelung zu befürworten, da sie eine weitergehende Anwendung der lex mercatoria durch eine eigenmächtige Bestimmung der Schiedsrichter nicht gestattet.

C. Voraussetzungen und Versagungsgründe für die Anerkennung und Vollstreckung

I. Allgemeines

Soweit eine Partei ihre im Schiedsspruch ausgesprochene Leistungsverpflichtung nicht freiwillig erfüllt, muß die staatliche Gerichtsbarkeit den Schiedsspruch zuerst für vollstreckbar erklären. Die Vollstreckbarerklärung setzt voraus, daß der Schiedsspruch vom staatlichen Gericht anerkannt wird. Die Anerkennung ist aus diesem Grund von der Vollstreckbarkeit zu unterscheiden[1]. Die Phase der Anerkennung und Vollstreckung des Schiedsspruchs stellt somit die Schnittstelle zwischen privater und staatlicher Justiz dar.

Soll ein ausländischer Schiedsspruch vollstreckt werden, so erklärt der Staat den Schiedsspruch nur für vollstreckbar, wenn die staatlichen Gerichte das Schiedsgerichtsurteil vorher auf die Vereinbarkeit mit dem nationalen Recht überprüft haben. Innerhalb des Anerkennungs- und Vollstreckbarerklärungsverfahrens unterliegt der Schiedsspruch folglich einer eingeschränkten inhaltlichen Kontrolle[2]. Bei dieser inhaltlichen Kontrolle des Schiedsspruchs ist es wichtig, daß die staatliche Gerichtsbarkeit ein Gleichgewicht wahrt. Übermäßige Kontrolle würde auf der einen Seite den Vorzügen der Schiedsgerichtsbarkeit, wie Schnelligkeit, Vertraulichkeit und Kostengünstigkeit des Verfahrens schaden[3]. Auf der anderen Seite würde zu wenig staatliche Kontrolle die Gefahr mit sich bringen, daß der Schiedsspruch unter Mißachtung elementarer rechtsstaatlicher Verfahrensgrundsätze zustande gekommen sein könnte[4]. Aufgabe des staatlichen Gerichts im Anerkennungs- und Vollstreckungsverfahren ist demgemäß, sowohl die Interessen der Parteien an einem schnellen Verfahren als auch das Interesse des Vollstreckungsstaates an einem rechtsstaatlichen Verfahren zu berücksichtigen.

Die Anerkennungs- und Vollstreckungsversagungsgründe beurteilen sich nach nationalem Recht, soweit nicht bilaterale oder multilaterale Staatsverträge eingreifen. Das international wichtigste Übereinkommen zur Anerkennung und

---

[1] *Lionnet*, Handbuch der internationalen und nationalen Schiedsgerichtsbarkeit, S. 195.

[2] *Haas*, Anerkennung und Vollstreckung ausländischer und internationaler Schiedssprüche, S. 99.

[3] Vgl. hierzu *Parson & Whittemore Overseas Co. Inc. v. Soc. Générale de l'Industrie et du Papier (RAKTA) and Bank of America*, 508 F.2d 969, 977 (2d Cir. 1974).

[4] Vgl. *Wenger*, Zur Verfahrensautonomie institutioneller Schiedsgerichte, insbesondere zur Verlängerung der Sechsmonatsfrist, IPRax 1989, 210.

Vollstreckung ist das UN-Übereinkommen über die Anerkennung und Vollstreckung ausländischer Schiedssprüche von 1958. Nachfolgend sollen nun die nationalen Anerkennungs- und Versagungsvorschriften in den USA und in Deutschland sowie die des UN-Übereinkommens untersucht werden.

II. Aufhebungsgründe

1. Anwendungsbereich

Das Verfahren zur Anerkennung und Vollstreckung zeichnet sich in den USA und in Deutschland sowie in den meisten Schiedsprozeßrechten durch eine doppelte Kontrollmöglichkeit aus.

Zum einen kann die unterlegene Partei beim zuständigen staatlichen Gericht ein Verfahren zur Aufhebung des Schiedsgerichtsurteils durchführen. Zum anderen kann die Partei auch solange abwarten, bis die obsiegende Partei das Vollstreckbarerklärungsverfahren eingeleitet hat, um die Versagungsgründe in diesem Verfahren geltend zu machen.

Die Aufhebung eines Schiedsgerichtsurteils kann jedoch nur in dem Land, in welchem das Schiedsgerichtsurteil erlassen wurde, beantragt werden. Das Aufhebungsverfahren bezieht sich also nur auf inländische Schiedsgerichtsurteile[5]. Im Ausland kann gegen das Schiedsgerichtsurteil nur noch während des Vollstreckbarerklärungsverfahrens die Versagung der Anerkennung und Vollstrekkung beantragt werden; denn ausländische Schiedsgerichtsurteile können von keinem Land aufgehoben werden. Sie sind für die Gerichte im Ausland ausländische Urteile, welche wegen der Gebietshoheit des Erlaßstaates und des völkerrechtlichen Grundsatzes der Respektierung der Souveränität fremder Staaten nicht von einem ausländischen Staat aufgehoben werden können[6]. Dem inländischen Richter steht somit nur die Überprüfung der Anerkennung im Inland zu[7].

Die Gründe für die Versagung der Anerkennung und Vollstreckung eines ausländischen und für die Aufhebung bzw. die Versagung der Vollstreckung eines inländischen Schiedsspruchs sind - wie z. B. die mangelnde Schiedsfähigkeit oder der Verstoß gegen den ordre public - im wesentlichen identisch[8]. Deshalb

[5] *Lionnet*, Handbuch der internationalen und nationalen Schiedsgerichtsbarkeit, S. 197.
[6] Vgl. *Zöller/Geimer*, § 722 ZPO Rdn. 2.
[7] *Schwab/Walter*, Schiedsgerichtsbarkeit, S. 268.
[8] Vgl. *Lachmann*, Handbuch für die Schiedsgerichtspraxis, S. 260.

sollen in diesem Abschnitt nur diejenigen Aufhebungsgründe für inländische Schiedssprüche näher untersucht werden, welche sich von den Gründen für die Versagung der Anerkennung und Vollstreckung ausländischer Schiedssprüche unterscheiden.

a) Aufhebungsgründe nach deutschem Recht

Nach der ZPO a.F. konnten die in § 1041 ZPO a.F. aufgezählten Aufhebungsgründe mit der Aufhebungsklage nach § 1041 ZPO a.F. und einredeweise im Verfahren auf Vollstreckbarerklärung nach § 1042 ZPO a.F. geltend gemacht werden[9].

Die in § 1059 ZPO n.F. enthaltenen Aufhebungsgründe stimmen weitgehend mit denen des UNCITRAL-Modellgesetzes überein, welche wiederum Art. V UNÜ entsprechen, und fanden sich im wesentlichen bereits in § 1041 ZPO a.F.

Die bisher in § 1041 Abs. 1 Nr. 3, 4 und 5 ZPO a.F. genannten Aufhebungsgründe der nicht vorschriftsmäßigen Vertretung, der Nichtgewährung des rechtlichen Gehörs und der fehlenden Begründung des Schiedsspruchs sind nicht mehr gesondert aufgeführt. Diese Aufhebungsgründe lassen sich aber ohne weiteres unter die Verletzung verfahrensrechtlicher gesetzlicher Vorschriften bzw. den verfahrensrechtlichen ordre public subsumieren[10]. Gleiches gilt für die in § 1041 Abs. 1 Nr. 6 ZPO a.F. genannten Restitutionsgründe, die als Unterfälle des verfahrensrechtlichen ordre public anzusehen sind[11].

§ 1059 Abs. 2 ZPO n.F. zählt die Aufhebungsgründe erschöpfend auf, wobei die unter Nr. 2 genannten Gründe der fehlenden objektiven Schiedsfähigkeit und des Verstoßes gegen den ordre public entsprechend Art. V Abs. 2 UNÜ von Amts wegen zu berücksichtigen sind, während die übrigen Aufhebungsgründe nur auf Rüge hin zu beachten sind. Eine Inhaltskontrolle des Schiedsspruchs über die ausdrücklich geregelten Aufhebungsgründe hinaus ist damit ebenso wie nach geltendem Recht ausgeschlossen[12]. Auch nach der ZPO-Neuregelung können die Aufhebungsgründe im Verfahren der Vollstreckbarerklärung nach § 1060 ZPO n.F. geltend gemacht werden.

---

[9] Vgl. § 1042 Abs. 2 ZPO a.F.
[10] Vgl. *Weigand*, Das neue deutsche Schiedsverfahrensrecht, WiB 1997, 1273, 1277.
[11] Vgl. Diskussionsentwurf zur Neufassung des Zehnten Buchs der ZPO, S. 199.
[12] Vgl. BT-Dr. 13/5274, S. 59.

b) Aufhebungsgründe nach US-amerikanischem Recht

In den USA werden die Aufhebungsgründe ebenfalls von den einzelnen Schiedsgesetzen enumerativ aufgezählt. Inhaltlich weichen die bundes- und einzelstaatlichen Regelungen nicht wesentlich voneinander ab[13]. Für die rechtsvergleichende Untersuchung werden aus diesem Grunde die gesetzlichen Regelungen der FAA (§ 10) und - beispielhaft für die meisten Einzelstaaten - der UAA (§ 12 (a)) zugrundegelegt.

2. Fehlen eines gültigen Schiedsvertrags

a) Die Rechtslage nach deutschem Recht

Der in Nr. 1, 1. Alt. des § 1041 ZPO a.F. aufgeführte Aufhebungsgrund griff ein, „wenn dem Schiedsspruch ein gültiger Schiedsvertrag nicht zugrunde liegt". Hierher gehören die Fälle, in denen entweder gar kein Schiedsvertrag vorliegt, weil keiner vereinbart wurde, der vereinbarte unwirksam ist oder der Schiedsvertrag sich nicht auf den zu entscheidenden Streit bezieht[14].

Der Aufhebungsgrund des fehlenden gültigen Schiedsvertrags wurde in der ZPO-Neuregelung in drei Unterfälle aufgeteilt. So bestimmt § 1059 Abs. 2 Nr. 1 a ZPO n.F. als Aufhebungsgrund das Fehlen der subjektiven Schiedsfähigkeit und die Ungültigkeit der Schiedsvereinbarung. Beide Gründe führten - wie auch der in § 1059 Abs. 2 Nr. 2 a ZPO n.F. aufgeführte Aufhebungsgrund des Fehlens der objektiven Schiedsfähigkeit - nach der alten Fassung der ZPO zur Ungültigkeit des Schiedsvertrags gemäß § 1041 Abs. 1 Nr. 1, 1. Alt. ZPO a.F.[15].

Die Aufteilung dieses Aufhebungsgrundes in drei Unterfälle entspricht sowohl dem UNCITRAL-Modellgesetz[16] als auch dem UN-Übereinkommen[17] und erklärt sich aus den unterschiedlichen Kollisionsregeln, die für die genannten einzelnen Komponenten der Unwirksamkeit der Schiedsvereinbarung maßgebend sind, und die aus Gründen der Rechtsklarheit übernommen wurden[18].

---

[13] Vgl. *Note*, Incorporation of State Law Under the Federal Arbitration Act, 78 Mich. L. Rev. 1391 (1980).
[14] *Schwab/Walter*, Schiedsgerichtsbarkeit, S. 214.
[15] Vgl. Diskussionsentwurf zur Neufassung des Zehnten Buchs der ZPO, S. 196.
[16] Vgl. Art. 34 Abs. 2 a i/ b i UNCITRAL-Modellgesetz.
[17] Vgl. Art, V Abs. 1 a / 2 a.
[18] Diskussionsentwurf zur Neufassung des Zehnten Buchs der ZPO, S. 197.

In Art. 34 Abs. 2 a i des UNCITRAL-Modellgesetzes findet sich im Unterschied zur ZPO-Neuregelung und zum UN-Übereinkommen[19] jedoch keine Kollisionsregel zur subjektiven Schiedsfähigkeit. UNCITRAL hatte von einer solchen Regelung abgesehen, weil die Bestimmung des Personalstatuts oftmals Schwierigkeiten bereitet[20].

b) Die US-amerikanische Regelung

In den USA läßt § 12 (a) (7) UAA die Aufhebung des Schiedsspruchs zu, wenn eine Schiedsvereinbarung fehlt. Welche Fälle hierunter zu zählen sind, ist von Rechtsprechung und Lehre entwickelt worden.

Die Schiedsvereinbarung muß danach den allgemeinen Anforderungen an einen wirksamen Vertragsschluß gerecht werden, für welchen insbesondere Übereinstimmung von Angebot und Annahme sowie "consideration" verlangt wird[21]. Das im US-amerikanischen Recht für einen gegenseitigen Vertrag typische Wirksamkeitserfordernis der "consideration" bedeutet, daß seine Durchsetzbarkeit nur dann gewährleistet ist, wenn beide Seiten rechtliche Bindungen und jeweils eine Verpflichtung eingehen. Für die Schiedsvereinbarung wird dem Erfordernis der "consideration" im allgemeinen bereits entsprochen, wenn die Parteien sich gegenseitig versprechen, sich dem Schiedsverfahren zu unterwerfen[22].

Darüberhinaus muß sich auch in den USA aus der Schiedsvereinbarung eindeutig ergeben, ob und für welche Streitigkeiten ein Schiedsverfahren vorgesehen ist[23]. Eine Schiedsvereinbarung, welche sich auf "alle Streitigkeiten aus sämtlichen Geschäftsbeziehungen zwischen den Parteien" bezieht, reicht dafür nicht aus[24]. Bei der Wirksamkeit der Schiedsvereinbarung wird das Vorliegen der subjektiven und objektiven Schiedsfähigkeit - wie in Deutschland - mit überprüft[25]. Das Fehlen der subjektiven bzw. objektiven Schiedsfähigkeit wird allerdings weder in den bundes- noch in den einzelstaatlichen Schiedsgesetzen als

---

[19] Vgl. Art. V Abs. 1 a UN-Übereinkommen.

[20] Vgl. Kommissionsbericht zum UNCITRAL-Modellgesetz, Report Nr. 280-282.

[21] *Domke*, The Law and Practice of Commercial Arbitration, Ch. 5 (Introduction).

[22] Vgl. *Becker Autoradio v. Becker Autoradioweerk GmbH*, 585 F.2d 39, 46 (3rd Cir. 1978).

[23] Vgl. *Doughboy Industries v. Pantasote Co.*, 233 N.Y.S.2d 488, 492 (Sup. Ct. 1962).

[24] Vgl. *Moses H. Cone Memorial Hospital v. Mercury Construction Corp.*, 460 U.S. 1, 24, 25 (1983).

[25] Vgl. *Carbonneau*, American And Other National Variations on The Theme of International Commercial Arbitration, 18 Ga. Int'l & Comp. L. 143 (1988); *Borris*, Die internationale Handelsschiedsgerichtsbarkeit in den USA, S. 57-69.

ausdrücklicher Aufhebungsgrund neben dem Fehlen der Schiedsvereinbarung aufgeführt. Insoweit entspricht die US-amerikanische Regelung eher der ZPO a.F.

3. Kompetenz-Kompetenz

Mangels ausdrücklicher Regelung war die Zulässigkeit einer Kompetenz-Kompetenz-Vereinbarung in Deutschland nach der alten Fassung der ZPO äußerst umstritten. Auch die US-amerikanische Judikatur beschäftigt sich mit dieser Frage regelmäßig. § 1040 ZPO n.F. regelt hingegen in Anlehnung an Art. 16 UNCITRAL-Modellgesetz ausdrücklich die Frage, inwieweit das Schiedsgericht über seine Zuständigkeit entscheiden kann[26].

a) Die alte ZPO-Regelung

Im deutschen Schiedsprozeßrecht wird unter dem Begriff der Kompetenz-Kompetenz die Frage verstanden, ob das Schiedsgericht mit bindender Wirkung für die staatlichen Gerichte über das Bestehen der Schiedsgerichtsvereinbarung positiv entscheiden kann[27]. Unter der Geltung der ZPO a.F. bestand zwischen Rechtsprechung und Literatur zu dieser Frage Streit. Während der BGH[28] die Frage der Möglichkeit der Kompetenz-Kompetenz für den Fall, daß die Parteien eine diesbezügliche Vereinbarung getroffen haben, bejahte, lehnte das Schrifttum[29] diese Auffassung überwiegend ab.

---

[26] Auch das neue niederländische (Art. 1052 niederl. ZPO) und schweizerische (Art. 186 schweiz. IPRG) Gesetz haben die "Kompetenz-Kompetenz" wie das UNCITRAL-Modellgesetz geregelt.

[27] Vgl. *Schwab/Walter*, Schiedsgerichtsbarkeit, S. 53.

[28] Vgl. BGH KTS 1961, 26; BGHZ 68, 356, 366 f.; BGHZ 99, 143, 149; BGH WM 1988, 1430, 1431; BGH NJW 1991, 2215.

[29] Vgl. *Leipold*, Anm. zu BGH Urt. v. 05.05.1977, ZZP 91 (1978), 470; *Stein-Jonas-Schlosser*, ZPO Kommentar, § 1037 Rdn. 3; *Schwab/Walter*, Schiedsgerichtsbarkeit, S. 54, 55; *Kerameus* ZZP 92, 413, 422; *Kreuzer*, Zur Kompetenz-Kompetenz der Schiedsgerichte, NJW 1954, 543; *Henn*, Gibt es eine bindende Kompetenz-Kompetenz der Schiedsgerichte? NJW 1954, 1835; a.A.: *Zöller-Geimer*, Zivilprozeßordnung, Kommentar, § 1025 Rdn. 57; Wieczorek-*Schütze*, Zivilprozeßordnung, Kommentar, § 1025, Rdn. B I b 6.

(1) Die Ansicht des BGH

Der BGH vertrat die Auffassung, die Parteien könnten den Schiedsrichtern die Befugnis einräumen, bindend über die Frage der Existenz und Gültigkeit der Schiedsvereinbarung zu entscheiden[30]. Diese sogenannte Kompetenz-Kompetenz-Klausel stelle eine zweite selbständige Schiedsvereinbarung dar, deren Gegenstand die Wirksamkeit und Tragweite der Schiedsvereinbarung über die Hauptsache sei[31]. Nur diese könne nach § 1041 Nr. 1 ZPO a.F. vom staatlichen Gericht auf ihre Wirksamkeit hin geprüft werden[32].

(2) Die Ansicht des Schrifttums

Das Schrifttum wandte hiergegen ein, daß die Kompetenz-Kompetenz-Klausel im Widerspruch zur Regelung des Schiedsverfahrens im Zehnten Buch der ZPO a.F. stehe[33]. Der Gesetzgeber habe bewußt die Schiedsgerichtsbarkeit nur in bestimmten Grenzen zugelassen und dafür gesorgt, die Überprüfung der Einhaltung dieser Grenzen durch die staatlichen Gerichte zu ermöglichen[34].

(3) Stellungnahme

Die Ansicht des BGH, bei Vorliegen einer Kompetenz-Kompetenz-Klausel die Entscheidung über die Zuständigkeit des Schiedsgerichts dem ordentlichen Gericht vollständig zu entziehen, wurde zu Recht abgelehnt. Diese Auffassung vom Begriff der Kompetenz-Kompetenz führte dazu, daß die Möglichkeit bestand, die ordentlichen Gerichte von einer Überprüfung vollständig auszuschließen. Ein Verstoß gegen die §§ 1025, 1026, 1027 ZPO a.F. könnte von den staatlichen Gerichten nicht mehr festgestellt und berichtigt werden[35]. Den Zugang zu den staatlichen Gerichten von vornherein zu beschränken, erscheint deshalb wenig sinnvoll. Die endgültige Entscheidung über die Zuständigkeit des Schiedsgerichts sollte somit dem staatlichen Gericht vorbehalten bleiben.

---

[30] BGH WM 1988, 1430.
[31] BGHZ 68, 356, 366.
[32] BGHZ 99, 143, 149.
[33] Vgl. *Lionnet*, Handbuch der internationalen und nationalen Schiedsgerichtsbarkeit, S. 71.
[34] Vgl. *Schwab/Walter*, Schiedsgerichtsbarkeit, S. 55.
[35] A.a.O., Fn. 34, S. 54.

b) Die US-amerikanische Position

Aus denselben soeben benannten Gründen ist in den USA - sowie überwiegend auch im übrigen Ausland - die Zulässigkeit einer Kompetenzprüfung durch das Schiedsgericht immer nur als vorläufige Prüfung ("provisional Competenz-Competenz") verstanden worden, welche der Kontrolle der staatlichen Gerichte unterliegt[36]. Wird somit außerhalb von Deutschland von "Kompetenz-Kompetenz" gesprochen, so bedeutet dies lediglich, daß das Schiedsgericht berechtigt sein soll, vor Erlaß des Schiedsspruchs zu prüfen, ob es durch eine gültige Schiedsvereinbarung zur Sachentscheidung ermächtigt wurde[37]. Das Ergebnis dieser Prüfung ist für das staatliche Gericht - im Unterschied zur Auffassung des BGH - aber nicht bindend.

Die Entscheidung über Gültigkeit und Reichweite der Schiedsvereinbarung behalten sich die US-amerikanischen Gerichte grundsätzlich vor[38]. Obwohl die Möglichkeit einer provisional Kompetenz-Kompetenz in der US-amerikanischen Literatur häufiger diskutiert wird[39], ist die vorläufige Feststellung der eigenen Zuständigkeit durch das Schiedsgericht selbst bisher nicht anerkannt worden[40]. Jedoch haben die Schiedsgerichte die Kompetenz, darüber zu entscheiden, ob die Schiedsvereinbarung erloschen ist oder ob - soweit die Gültigkeit der Schiedsvereinbarung an sich außer Zweifel steht - der jeweilige Streit von der Schiedsvereinbarung mit umfaßt wird[41]. Von einer der BGH-Rechtsprechung zur alten Fassung der ZPO ähnlichen Kompetenz-Kompetenz Regelung kann in den USA somit nicht gesprochen werden. Noch nicht einmal die vorläufige Kompetenzprüfung ist hier anerkannt[42].

---

[36] Vgl. hierzu *Carbonneau*, , International Arbitration – The United States, in: Internationale Schiedsgerichtsbarkeit: Generalbericht und Länderberichte, S. 875, 879; *Schlosser*, The Competence of Arbitrators and of Courts, 8 Arb. Int'l 189, 200 (1992).

[37] Vgl. *Carbonneau*, aaO.; *Lionnet*, Handbuch der internationalen und nationalen Schiedsgerichtsbarkeit, S. 71.

[38] Vgl. *Seabord C.L.R.Co. v. National Rail Passenger Corp.*, 554 F. 2d 657, 660 (5th Cir. 1977); *Carribean S.S. Co., S.A. v. Sonmez Denizclik Ve Ticaret*, 598 F. 2d 1264, 1266 (2d Cir. 1979); *McAllister Bros. Inc. V. A & S Transport Co.*, 621 F. 2d 519, 522 (2d Cir. 1980).

[39] *Domke*, The Law and Practice of Commercial Arbitration, § 12.01; *Butcher*, Towards a Theory, 5, 6.

[40] Vgl. *Stein/Wotman*, International Commercial Arbitration in the 1980s, 38 Bus. Law. 1685, 1691 (1984); *Craig/Park/Paulsson*, International Chamber of Commerce Arbitration, § 11.04.

[41] Vgl. *Shoran Steel Corp. v. Jewell Coal & Oak Corp.*, 735 F.2d 775, 778 f.
(3rd Cir. 1984); *AT & T Technologies Inc. v. Communication Workers of America*, 106 S.Ct. 1415 (1986).

[42] *Carbonneau*, , International Arbitration – The United States, in: Internationale Schiedsgerichtsbarkeit: Generalbericht und Länderberichte, S. 875, 880.

c) Die ZPO-Neuregelung

Einen Kompromiß zwischen der US-amerikanischen Regelung und der bisherigen Auffassung des BGH stellt die Regelung des § 1040 ZPO n.F. dar.

Nach dessen Absatz 1 Satz 1 kann das Schiedsgericht über die eigene Zuständigkeit und im Zusammenhang hiermit über das Bestehen oder die Gültigkeit der Schiedsvereinbarung entscheiden. Diese Entscheidung hängt von der Gültigkeit und Tragweite der Schiedsvereinbarung ab[43]. Aus diesem Grund bestimmt § 1040 Abs. 1 Satz 2 ZPO n.F., daß für die Beurteilung der Gültigkeit der Schiedsvereinbarung diese und der Hauptvertrag als zwei voneinander unabhängige Verträge anzusehen sind, und zwar auch dann, wenn die Schiedsklausel Bestandteil des Hauptvertrages ist[44]. Damit wird nochmals ausdrücklich festgestellt, daß aus der Unwirksamkeit des Hauptvertrages nicht ohne weiteres die Unwirksamkeit der Schiedsvereinbarung folgt. Diese Unabhängigkeit der Schiedsvereinbarung vom Hauptvertrag wurde schon - wenn auch ohne ausdrückliche Regelung - während der alten Fassung der ZPO[45] und auch in den USA bereits seit 1967[46] anerkannt.

Die Gültigkeit der Schiedsvereinbarung ist nach den in § 1059 Abs. 2 Nr. 1 a ZPO n.F. bzw. hinsichtlich der objektiven Schiedsfähigkeit nach § 1059 Abs. 2 Nr. 2 a ZPO n.F. zu beurteilen. Aufgrund des für die ZPO-Neuregelung nunmehr geltenden Territorialitätsprinzips ist in Ermangelung einer parteiautonomen Rechtswahl deutsches Recht auf die Gültigkeit der Schiedsvereinbarung anwendbar. Nach § 1040 Abs. 2 Satz 1 ZPO n.F. ist die Rüge der Unzuständigkeit des Schiedsgerichts spätestens mit der Klageerwiderung vorzubringen. Die Rüge, das Schiedsgericht überschreite seine Befugnisse, ist nach § 1040 Abs. 2 Satz 3 ZPO n.F. vorzubringen, sobald die Angelegenheit, von der dies behauptet wird, im schiedsrichterlichen Verfahren zur Erörterung kommt. Dieser Fall stellt daneben einen besonderen Aufhebungsgrund nach § 1059 Abs. 2 Nr. 1 c ZPO n.F. dar.

§ 1040 Absatz 3 Satz 1 ZPO n.F. bestimmt, daß das Schiedsgericht über eine Rüge nach Absatz 2 dann, wenn es seine Zuständigkeit bejaht, in der Regel durch Zwischenentscheid zu beschließen hat. Nach Absatz 3 Satz 2 kann jede Partei über diesen Zwischenentscheid innerhalb eines Monats eine gerichtliche

---

[43] Vgl. BT-Dr. 13/5274, S. 43.
[44] Vgl. Diskussionsentwurf zur Neufassung des Zehnten Buchs der ZPO, S. 131.
[45] BGHZ 53, 318.
[46] Sog. "separability doctrine", vgl. *Prima Paint v. Flood & Conklin*, 388 U.S. 395 (1967); *Comment*, 47 Wash. L. Rev. 441, 465 (1977).

Entscheidung beantragen. Nach fruchtlosem Ablauf dieser Frist kann gegen den Zwischenentscheid auch nicht mehr im Aufhebungs- und Vollstreckbarerklärungsverfahren vorgegangen werden[47].

Darüberhinaus hat das Schiedsgericht die Möglichkeit, in Ausnahmefällen über seine Kompetenz erst in einem Schiedsspruch zur Sache positiv zu entscheiden, und zwar dann, wenn es den Eindruck hat, daß die Behauptung seiner Unzuständigkeit lediglich den Grund hat, das Verfahren zu verzögern[48]. In einem solchen Fall ist die Überprüfung der Entscheidung des Schiedsgerichts im Rahmen des Aufhebungs- und Vollstreckbarerklärungsverfahrens nach §§ 1059, 1061 ZPO n.F. möglich.[49]

d) Stellungnahme

Der Unterschied zur bisherigen BGH-Rechtsprechung liegt darin, daß nach der ZPO-Neuregelung über die Kompetenz des Schiedsgerichts in jedem Fall letztendlich das staatliche Gericht entscheidet. Mit dieser Regelung hat sich die Neufassung der ZPO bewußt von der bisherigen BGH-Rechtsprechung abgewandt und ist der vorherrschenden Auffassung der deutschen Rechtsliteratur[50] gefolgt.

Der Einwand der BGH-Rechtsprechung, ohne bindende Kompetenz-Kompetenz-Klausel bestünde die Gefahr, daß das gesamte Schiedsverfahren umsonst geführt würde, greift schon deshalb nicht, weil die Überprüfung der Entscheidung des Schiedsgerichts über seine Kompetenz nicht im Rahmen des Aufhebungsverfahrens, sondern in der Regel gemäß § 1059 Abs. 3 Satz 1 und 2 ZPO n.F. in einem gerichtlichen Verfahren unmittelbar im Anschluß an den Zwischenentscheid des Schiedsgerichts erfolgt[51].

Gleichzeitig führt die ZPO-Neuregelung zur Harmonisierung mit den meisten ausländischen Rechtsordnungen, wonach die Entscheidung über die Zuständigkeit des Schiedsgerichts - wie auch in den USA - letzten Endes dem staatlichen Gericht vorbehalten bleibt. Damit wurde die bisherige Rechtsunsicherheit zur Frage der Kompetenz-Kompetenz-Klausel, welche bisher nur in Deutschland als für das staatliche Gericht bindend interpretiert wurde, endlich beseitigt. Gerade für die von der ZPO-Neuregelung beabsichtigte Internationalisierung der

---

[47] Vgl. BT-Dr. 13/5274, S. 44.
[48] Vgl. Diskussionsentwurf zur Neufassung des Zehnten Buchs der ZPO, S. 133.
[49] Vgl. BT-Dr. 13/5274, S. 44.
[50] Vgl. oben Fn. 29.
[51] Vgl. Diskussionsentwurf zur Neufassung des Zehnten Buchs der ZPO, S. 134.

Schiedsgerichtsbarkeit in Deutschland dürfte dies als ein Schritt in die richtige Richtung angesehen werden können.

4. Im übrigen unzulässiges Verfahren

a) Die deutsche Regelung

Gemäß § 1041 Abs. 1 Nr. 1, 2. Alt. ZPO a.F. bestand ein Aufhebungsgrund, wenn "der Schiedsspruch sonst auf einem unzulässigen Verfahren beruht". Diese Generalklausel wurde von der ZPO-Neuregelung nicht übernommen.

Vielmehr wurden die jeweiligen Verfahrensmängel in Anlehnung an das UNCITRAL-Modellgesetz einzeln aufgeführt. Die in § 1059 Abs. 2 Nr. 1 b-d ZPO n.F. genannten Aufhebungsgründe, wie die Behinderung in den Angriffs- oder Verteidigungsmitteln, die Überschreitung der Grenzen Schiedsvereinbarung, der Verstoß gegen eine gesetzliche Vorschrift oder eine Vereinbarung der Parteien bei der Bildung des Schiedsgerichts oder der Durchführung des schiedsrichterlichen Verfahrens entsprechen Art. 34 Abs. 2 a ii, iii und iv des UNCITRAL-Modellgesetzes. Allerdings wurde die Vorschrift des § 1059 Abs. 2 Nr. 1 d ZPO n.F. gegenüber Art. 34 Abs. 2 a iv UNCITRAL-Modellgesetz bewußt straffer gefaßt, und es wurde im Gegensatz zum Modellgesetz festgelegt, daß dieser Aufhebungsgrund nur durchgreift, wenn anzunehmen ist, daß der Verfahrensmangel sich auf den Schiedsspruch ausgewirkt hat[52]. Diese Voraussetzung gilt auch für die alte Fassung der ZPO[53] und soll verhindern, daß der Schiedsspruch aus rein formalen Gründen aufgehoben wird und die Durchführung des neuen Verfahrens zum gleichen Ergebnis wie der aufgehobene Schiedsspruch führen würde[54].

---

[52] Vgl. BT-Dr. 13/5274, S. 59; während nach Art. 34 Abs. 2 a (iv) MG ein Schiedsspruch aufgehoben werden kann, wenn die Partei den Beweis erbringt, „daß die Bildung des Schiedsgerichts oder das schiedsrichterliche Verfahren der Vereinbarung der Parteien nicht entsprochen hat, es sei denn, daß die Vereinbarung ihrerseits einer Bestimmung dieses Gesetzes ... widersprochen hat oder ... daß die Bildung des Schiedsgerichts oder das schiedsrichterliche Verfahren diesem Gesetz widersprochen hat", kann dies nach § 1059 II Nr. 1 d) ZPO n.F. beantragt werden, wenn „die Bildung des Schiedsgerichts oder das schiedsrichterliche Verfahren einer Bestimmung dieses Buchs oder einer zulässigen Vereinbarung der Parteien nicht entsprochen hat und anzunehmen ist, daß sich dies auf den Schiedsspruch ausgewirkt hat".

[53] Vgl. § 1041 Abs. 1 Nr. 1 ZPO a.F. , wonach der Schiedsspruch auf dem unzulässigen Verfahren "beruhen" muß.

[54] Vgl. Diskussionsentwurf zur Neufassung des Zehnten Buchs der ZPO, S. 198.

Da ein Verfahrensmangel, welcher nicht unter einen der Aufhebungsgründe des § 1059 Abs. 2 Nr. 1 b-d ZPO n.F. fällt, kaum denkbar ist, bestehen insoweit keine Bedenken, diese anstelle der Generalklausel des § 1041 Abs. 1 Nr. 1, 2. Alt. ZPO a.F. zu übernehmen[55].

b) Die US-amerikanische Regelung

Noch umfassender zählen die meisten Schiedsgesetze der US-Bundesstaaten in Anlehnung an den UAA ihre Aufhebungsgründe auf. So läßt § 12 (a) UAA die Aufhebung des Schiedsspruchs zu:
(1) Wenn der Schiedsspruch auf Korruption, Täuschung oder anderen unzulässigen Mitteln beruht.
(2) Wenn ein als neutral ernannter Schiedsrichter offensichtlich parteiisch oder einer der Schiedsrichter bestechlich war, oder ihm ein Verhalten vorzuwerfen ist, durch das eine Partei benachteiligt wurde.
(3) Wenn die Schiedsrichter ihre Befugnisse überschritten oder einen mit dem ordre public ("public policy") unvereinbaren Schiedsspruch erlassen haben.
(4) Wenn der Schiedsspruch so unbestimmt oder unvollständig ist, daß ihm nicht Folge geleistet werden kann.
(5) Wenn die Schiedsrichter sich trotz genügender Entschuldigung geweigert haben, eine mündliche Verhandlung zu vertagen, oder wesentliches Beweismaterial für die Streitigkeit zur Kenntnis nehmen, oder sonst das Verfahren in einer Weise durchgeführt haben, daß eine Partei dadurch substantiell in ihren Rechten beeinträchtigt wurde.
(6) Wenn der Schiedsspruch so grob falsch ist, daß eine Benachteiligungsabsicht auf Seiten der Schiedsrichter vermutet werden muß.
(7) Wenn eine Schiedsvereinbarung fehlt und darüber nicht in einem streitigen Verfahren nach § 2 UAA entschieden wurde, und die Partei nicht an "hearings" im Schiedsverfahren teilgenommen hat, ohne Widerspruch zu erheben.

Der Aufhebungsgrund "manifest disregard of the law" ist darüberhinaus von bundes- und einzelstaatlichen Gerichten allgemein anerkannt worden[56].

Art. 7511 b des New Yorker CPLR (Civil Practice Law & Rules) führt ebenfalls 7 Aufhebungsgründe auf. Diese sehr ausführlich geregelten Gründe lassen sich überwiegend auch in der deutschen Rechtsprechung als Gründe für die Aufhebung eines Schiedsspruches wiederfinden. So wurde vergleichbar zu § 12 (a) (6)

---

[55] Vgl. BT-Dr. 13/5274, S. 59.
[56] Vgl. *Wilko v. Swan*, 346 U.S. 427, 436 f. (1953); *Stead Motors v. Automotive Machinists Lodge No. 1173*, 843 F.2d 357 (1988).

UAA vom BGH entschieden, daß eine "rechtsfremde" Entscheidung einen Aufhebungsgrund darstellt[57]. Wenn das Schiedsgericht den Parteien in seiner Entscheidung mehr zuspricht als sie beantragt haben, stellt dies ebenso wie das Überschreiten der Befugnisse der Schiedsrichter in § 12 (a) (3) UAA[58] auch in Deutschland einen Aufhebungsgrund dar[59]. Gleiches gilt - wie in § 12 (a) (2) UAA - wenn das Schiedsgericht fehlerhaft oder nicht vereinbarungsgemäß berufen wurde[60].

c) Die Vor- und Nachteile der einzelnen Regelungen

Aus dem Vorangegangenen ergibt sich, daß eine Vielzahl von Möglichkeiten zur Formulierung der Ablehnungsgründe besteht, letztlich aber die Ablehnungsgründe sich in der Sache nicht wesentlich unterscheiden.

Es ist die Frage, ob die US-amerikanische Lösung deshalb vorzugswürdig ist, weil sie klarer und umfassender die einzelnen Aufhebungsgründe aufzählt. Auf der anderen Seite ist es dem UNCITRAL-Modellgesetz gelungen, anstelle einer langen Liste von Aufhebungsgründen durch Reduzierung auf das zugrundeliegende Prinzip eine auf wenige Punkte verkürzte Regelung zu finden. Dies dient zum einen der Übersichtlichkeit. Zum anderen werden aller Wahrscheinlichkeit nach immer mehr Staaten das UNCITRAL-Modellgesetz übernehmen, so daß die den Aufhebungsgründen zugrundeliegenden Prinzipien international einheitlich interpretiert werden können.

Der Nachteil einer Generalklausel wie nach der alten Fassung der ZPO liegt demgegenüber darin, daß nicht ohne weiteres erkennbar ist, welche Fälle hierunter zu zählen sind. Bei der Regelung des UNCITRAL-Modellgesetzes und der ZPO-Neuregelung wird hingegen zum einen deutlich, was unter den jeweiligen Ablehnungsgründen zu verstehen ist, und zum anderen, daß diese Aufzählung gleichzeitig auch abschließend ist.

---

[57] BGH ZZP 75, 119.

[58] Vgl. hierzu *Reconstruction Finance Corp. v. Harrisons & Crosfield*, Ltd., 204 2d 366, 369 (2d Cir. 1953); *Hanes Corp. v. Milliard*, 531 F.2d 585, 598 ff. (D.C.Cir. 1976).

[59] BGH NJW 1959, 1493, 1494.

[60] BGH NJW 1973, 98.

5. Antragsfrist

a) Dreimonatige Frist

Eine weitere Neuerung gegenüber dem bisherigen Recht enthält § 1059 Abs. 3 ZPO n.F., wonach der Antrag auf gerichtliche Aufhebung des Schiedsspruchs an eine Frist von drei Monaten gebunden ist. Diese Fristenregelung entspricht im wesentlichen Art. 34 Abs. 3 UNCITRAL-Modellgesetz und stellt eine bedeutende Änderung im Vergleich zum bisherigen Recht dar, nach welchem die Aufhebungsklage unbefristet erhoben werden konnte[61].

Auch in den USA ist die Stellung des Aufhebungsantrags an eine Frist gebunden, nach deren fruchtlosem Ablauf ein Aufhebungsantrag als unzulässig abgewiesen wird[62]. Nach § 12 FAA und den meisten einzelstaatlichen Schiedsgesetzen beginnt die Frist wie nach der ZPO-Neuregelung mit der Zustellung des Schiedsspruchs zu laufen. Überwiegend sehen auch die einzelstaatlichen Gesetze in Anlehnung an § 12 FAA eine dreimonatige Frist vor[63]; teilweise sehen sie jedoch auch längere[64] oder kürzere[65] Fristen vor.

Abweichend vom UNCITRAL-Modellgesetz und vom US-amerikanischen Schiedsprozeßrecht wird gemäß der Kommentierung zu § 1059 Abs. 3 Satz 2 ZPO n.F. die Dreimonatsfrist erst mit einer qualifizierten Zustellung des Schiedsspruchs in Gang gesetzt, d.h. mit einer Zustellung nach den gesetzlichen Vorschriften oder einem von den Parteien besonders vereinbarten Zustellungsmodus[66]. Diese Regelung stammt aus dem französischen Recht[67] und soll bewirken, daß dem Schuldner durch einen besonderen, vom Gläubiger zu veranlassenden Akt die Notwendigkeit der baldigen Einleitung eines Aufhebungsverfahrens - insbesondere zur Vermeidung einer Präklusion der Aufhebungsgründe im Vollstreckbarerklärungsverfahren deutlich gemacht wird[68].

---

61 Vgl. BT-Dr. 13/5274, S. 60.
62 Vgl. *Piccolo v. Dain, Kalman & Quail Inc.*, 641 F.2d 598 (8th Cir. 1981).
63 So z.B. in New York, Vgl. CPLR 7511(a).
64 So z.B. in California 100 Tage, vgl. Cal.C.C.P. § 1288.
65 So z.B. in Connecticut nur 30 Tage, vgl. Conn.Gen.Stats.Ann. § 52-420.
66 Vgl. Zöller/Geimer, ZPO Kommentar, § 1059 Rdn. 10; BT-Dr. 13/5274, S. 60.
67 Art. 1486 NCPC.
68 Vgl. BT-Dr. 13/5274, S. 60.

b) Die Präklusion der Aufhebungsgründe

(1) Die an das UNCITRAL-Modellgesetz angelehnte ZPO-Regelung

Hinsichtlich der Präklusion der Aufhebungsgründe im Vollstreckbarerklärungsverfahren ist weiterhin auf die vom UNCITRAL-Modellgesetz und der bisherigen ZPO-Regelung abweichende Regelung des § 1060 Abs. 2 Satz 3 ZPO n.F. hinzuweisen, wonach die Aufhebungsgründe nach § 1059 Abs. 2 Nr. 1 ZPO n.F. nicht zu berücksichtigen sind, wenn im Zeitpunkt der Zustellung des Antrags auf Vollstreckbarerklärung die in § 1059 Abs. 3 ZPO n.F. bestimmte Frist abgelaufen ist, ohne daß der Antragsgegner einen Aufhebungsantrag gestellt hat.

Nach der alten Fassung der ZPO war eine solche Regelung nicht notwendig, da die Möglichkeit, Aufhebungsgründe jederzeit auch noch während des Vollstreckbarerklärungsverfahrens geltend zu machen, aus der Tatsache folgte, daß bereits für die Aufhebungsklage keine Frist vorgesehen war[69].

(2) Die US-amerikanische Regelung

Im US-amerikanischen Schiedsprozeßrecht stellt sich eine ähnliche Problematik. Die FAA und einzelstaatliche Schiedsgesetze sehen die Möglichkeit vor, den Schiedsspruch in einem summarischen Verfahren durch Exequatururteil gerichtlich bestätigen zu lassen; eine auf den Schiedsspruch gestützte Klage ist hierbei entbehrlich[70]. Nach § 9 FAA kann jede Partei innerhalb eines Jahres nach dessen Erlaß beim zuständigen Gericht die gerichtliche Bestätigung („confirmation") beantragen. Das Bestätigungsverfahren wird gemäß § 9 FAA durch einen Antrag auf Erlaß eines „judgment upon the award", der bei der Geschäftsstelle des zuständigen Gerichts unter Beifügung einer Ausfertigung des Schiedsspruchs einzureichen ist, eingeleitet. Zuständig ist das Gericht, dessen Zuständigkeit die Parteien vereinbart haben, anderenfalls dasjenige Gericht, welches für den Ort, an dem der Schiedsspruch ergangen ist, zuständig ist[71]. Das judgment upon the award, das den Schiedsspruch inkorporiert, gilt als Lei-

---

[69] Diskussionsentwurf zur Neufassung des Zehnten Buchs der ZPO, S. 204.

[70] Vgl. *Carbonneau*, International Arbitration – The United States, in: Internationale Schiedsgerichtsbarkeit, S. 875 ff. (1997); *Borris*, Die internationale Handelsschiedsgerichtsbarkeit in den USA, S. 114.

[71] § 9 FAA.

stungsurteil und stellt somit einen Vollstreckungstitel dar, welcher nach demselben Verfahren vollstreckt wird wie jedes andere Leistungsurteil.[72]

Da der Zeitraum, innerhalb dessen ein Schiedsspruch bestätigt werden kann, somit regelmäßig erheblich länger ist als derjenige, innerhalb dessen er aufgehoben werden kann, stellt sich die Frage, ob im Bestätigungsverfahren auch noch nach Ablauf der Aufhebungsfrist Aufhebungsgründe geltend gemacht werden können.

Während die Bundesgerichte[73] und die New Yorker Gerichte[74] diese Frage überwiegend bejahen, lehnen verschiedene einzelstaatliche Gerichte diese Auffassung ab[75]. In aller Regel muß der Schuldner also nicht von sich aus gegen den Schiedsspruch vorgehen, sondern er kann abwarten, bis der Gläubiger das Bestätigungsverfahren betreibt.

Um der Gefahr zu entgehen, das Recht auf Aufhebung des Schiedsspruchs in den USA durch Präklusion zu verlieren, sollte jedoch sicherheitshalber immer die Dreimonatsfrist gewahrt werden.

(3) Kritik

Die Kommission zur Neuordnung des Schiedsverfahrensrechts dürfte zu Recht der Auffassung gewesen sein, daß die Bindung der Aufhebungsklage an die Dreimonatsfrist bei inländischen Schiedssprüchen nur zweckmäßig ist, wenn nach fruchtlosem Ablauf dieser Frist Aufhebungsgründe im Vollstreckbarerklärungsverfahren nicht mehr vorgebracht werden können[76]. Andernfalls würde die Dreimonatsfrist in § 1059 Abs. 3 ZPO n.F. ins Leere laufen, da der Schuldner in jedem Fall abwarten könnte, bis der Gläubiger die Vollstreckbarerklärung beantragt. Dies gilt aber nur für inländische Schiedssprüche, da bei ausländischen Schiedssprüchen wegen der Notwendigkeit ihrer Anerkennung eine Präklusion nicht vorgesehen werden kann[77]. Die Präklusionsvorschrift soll aber nach § 1060 Abs. 2 Satz 3 ZPO n.F. nicht für die nach § 1059 Abs. 2 Nr. 2 ZPO n.F. von Amts wegen zu berücksichtigenden Aufhebungsgründe der mangelnden objekti-

---

[72] *Domke*, The Law and Practice of Commercial Arbitration, § 41.00.
[73] *Paul Allison Inc. v. Minikin Storage of Omaha Inc.*, 452 F.Supp. 573, 575 (D.C.Neb. 1978); *Chauffeurs, Teamsters, Warehousemen and Helpers Local Union No. 364 v. Ruan Transport Corp.*, 473 F.Supp. 298 (D.C.Ind. 1979).
[74] Vgl. *5 N.Y.Jur. 2d*, Arbitration and Award, § 160.
[75] *Kress Corp. v. Edw. C. Levy Corp.*, 430 N.E. 2d 593, 596 (Ill. App. 1981) m.w.N.
[76] Vgl. BT-Dr. 13/5274, S. 61.
[77] BT-Dr. 13/5274, S. 61.

ven Schiedsfähigkeit und des ordre public gelten; denn Aufhebungsgründe vom Gewicht des ordre public und der mangelnden objektiven Schiedsfähigkeit müssen immer berücksichtigt werden, insbesondere bei den Fällen, in denen Restitutionsgründe iSd. § 1041 Abs. 1 Nr. 6 ZPO a.F., die nunmehr von der ordre public-Klausel mit erfaßt werden, erst nach Ablauf der in § 1059 Abs. 3 ZPO n.F. genannten Fristen bekannt werden.

Insgesamt läßt sich sagen, daß durch die Befristung der Anfechtungsmöglichkeit sichergestellt wird, nach einer angemessenen Zeit Klarheit über die Bestandskraft des Schiedsspruchs zu erlangen[78]. In Deutschland wurde durch diese Befristung die Unklarheit über die Endgültigkeit des Schiedsspruchs, die bisher aufgrund der unbefristeten Aufhebungsmöglichkeit bestand, endlich beseitigt. Insoweit folgt die ZPO-Neuregelung einmal mehr der international verbreitetesten Lösung.

6. Rückverweisung an das Schiedsgericht

a) Die deutsche und die US-amerikanische Regelung

Eine weitere wichtige Änderung ist die von der bisherigen deutschen Rechtsprechung abweichende Bestimmung des § 1059 Abs. 4 und 5 ZPO n.F., nach welcher das Gericht in geeigneten Fällen die Sache nach Aufhebung des Schiedsspruchs an das Schiedsgericht zurückverweisen kann und in diesem Fall die Schiedsvereinbarung wegen des Streitgegenstands wieder auflebt. Diese Regelung findet sich nicht im UNCITRAL-Modellgesetz. Nach dessen Art. 34 Abs. 4 kann das staatliche Gericht nicht unter Aufhebung des Schiedsspruchs die Sache an das Schiedsgericht zurückverweisen, sondern es kann allenfalls das Aufhebungsverfahren aussetzen.

Die bisherige ZPO-Regelung sah keine Möglichkeit der Rückverweisung an das Schiedsgericht vor. Nach dem bisherigen Recht lebte mit der Aufhebung des Schiedsspruchs die staatliche Entscheidungskompetenz wieder auf[79].

Nach Auffassung der ZPO-Reformkommission wäre es jedoch sinnvoller, den Schiedsspruch aufzuheben, weil Aufhebungsgründe für den erneuten Schiedsspruch normalerweise nicht mehr vorliegen würden und es deshalb naheläge,

---

[78] vgl. BT-Dr. 13/5274, S. 60.
[79] Vgl. *Weigand*, Das neue deutsche Schiedsverfahrensrecht, WiB 1997, 1273, 1277.

das Aufhebungsverfahren schon vor der erneuten Entscheidung des Schiedsgerichts abzuschließen[80].

Aus dem soeben genannten Grund sieht auch das US-amerikanische Schiedsprozeßrecht eine Rückverweisung an das Schiedsgericht vor. Mit der Aufhebung des Schiedsspruchs leben die Rechte und Pflichten aus der ursprünglichen Schiedsvereinbarung wieder auf[81].

b) Die Vor- und Nachteile einer Rückverweisung

Die Regelung der Rückverweisung an das Schiedsgericht hat den Vorteil, daß die Parteien so nicht gezwungen werden, eine erneute Schiedsvereinbarung zu schließen. Deshalb entspricht eine Rückverweisung an das Schiedsgericht in aller Regel am ehesten dem Parteiwillen. Allerdings müssen die Parteien sowohl in Deutschland als auch in den USA ein neues Schiedsgericht bestellen. Für das deutsche Schiedsprozeßrecht folgt dies aus § 1056 Abs. 3 ZPO n.F., wonach das Amt des (ersten) Schiedsgerichts mit der Beendigung des schiedsrichterlichen Verfahrens endet. Im US-amerikanischen Rechtskreis folgt die Erforderlichkeit einer Neubesetzung des Schiedsgerichts aus dem "functus officio concept", welches besagt, daß die Zuständigkeit des (ersten) Schiedsgerichts mit Erlaß des Schiedsspruchs erlischt[82]. Es ist bemerkenswert, daß sowohl das US-amerikanische als auch das neue deutsche Schiedsprozeßrecht eine Rückverweisung an das Schiedsgericht nach fast identischen Vorschriften erlauben, obwohl das UNCITRAL-Modellgesetz eine solche Rückverweisung nach Aufhebung des Schiedsspruchs nicht vorsieht.

7. Fehlende Begründung

a) Nach der alten Fassung der ZPO

Nach § 1041 Abs. 1 Nr. 5 ZPO a.F. stellte es einen Aufhebungsgrund dar, "wenn der Schiedsspruch nicht mit Gründen versehen ist". Allerdings wurden an die Fassung und Begründung von Schiedssprüchen nicht die für die Urteile staatlicher Gerichte geltenden Maßstäbe angelegt[83]. Es genügte danach, daß der

---

[80] BT-Dr. 13/5274, S. 60.

[81] *Domke*, The Law and Practice of Commercial Arbitration, § 35.01.

[82] *AmJur 2d*, Arbitration and Award, §§ 96, 189.

[83] Vgl. hierzu BGH WM 1983, 1207; BGH NJW 1986, 1436.

Schiedsspruch überhaupt eine Begründung enthält, selbst wenn diese lückenhaft oder falsch ist[84]. Sie durfte aber nicht offensichtlich widersinnig sein oder im Widerspruch zur Entscheidung stehen[85]. Sie mußte zu den wesentlichen Verteidigungsmitteln der Parteien Stellung nehmen und durfte sich nicht auf inhaltsleere Wendungen beschränken[86].

b) Nach der ZPO-Neuregelung

Die ZPO-Neuregelung verzichtet aus Gründen der Rechtsvereinheitlichung auf den in § 1041 Abs. 1 Nr. 5 ZPO a.F. genannten Fall der fehlenden Begründung[87]. Die fehlende Begründung führt jedoch - wie nach dem bisherigen Recht - weiterhin zur Aufhebung des Schiedsspruchs. Da die Begründung des Schiedsspruchs nach § 1054 Abs. 2 ZPO n.F. zu dessen Wirksamkeitsvoraussetzungen gehört, verletzt ein ohne Begründung ergangener Schiedsspruch eine Bestimmung des Zehnten Buchs der ZPO im Sinne des § 1059 Abs. 2 Nr. 1 d (Verstoß gegen eine gesetzliche Vorschrift oder eine Vereinbarung der Parteien bei der Bildung des Schiedsgerichts oder der Durchführung des schiedsrichterlichen Verfahrens)[88].

c) Nach der US-amerikanischen Regelung

In den USA hingegen verlangen weder bundes- noch einzelstaatliches Recht, daß dem Schiedsspruch Entscheidungsgründe beigefügt werden[89]. Demgemäß nimmt die Praxis auch regelmäßig Abstand davon, Entscheidungsgründe dem Schiedsspruch beizulegen[90]. Dadurch soll vermieden werden, den Parteien unnötige Ansatzpunkte für eine gerichtliche Überprüfung zu geben, um so die in den USA oft unentgeltlich tätigen Schiedsrichter zu entlasten[91]. Allerdings erwarten die Parteien in internationalen Fällen häufig eine Begründung. Aus diesem Grunde weist § 7 der AAA-CAR/Supplementary Procedures auf die Erforderlichkeit einer Begründung der Schiedssprüche in internationalen Fällen aus-

---

[84] *Schwab/Walter*, Schiedsgerichtsbarkeit, S. 227.
[85] Vgl. *Raeschke-Kessler*, Neuere Entwicklungen im Bereich der Internationalen Schiedsgerichtsbarkeit, NJW 1988, 3041, 3049.
[86] BGH NJW 1986, 1436.
[87] BT-Dr. 13/5274, S. 59.
[88] Vgl. Diskussionsentwurf zur Neufassung des Zehnten Buchs der ZPO, S. 199.
[89] *Domke*, The Law and Practice of Commercial Arbitration, § 29.06.
[90] *Bernhardt v. Polygraphic Co. Of America*, 350 U.S. 198, 203 (1956).
[91] *Domke*, The Law and Practice of Commercial Arbitration, § 29.06.

drücklich hin[92]. Keinesfalls stellt die fehlende Begründung des Schiedsspruchs aber wie in Deutschland einen Aufhebungsgrund dar.

III. Ausländische bzw. internationale Schiedssprüche

1. Allgemeines

Die Vollstreckbarerklärung ausländischer Schiedssprüche setzt voraus, daß der Schiedsspruch von der staatlichen Gerichtsbarkeit des Vollstreckungsstaates anerkannt wird. Die Anerkennung muß erfolgen, wenn die Voraussetzungen hierfür vorliegen und keiner der in den Schiedsprozeßgesetzen normierten Gründe zur Versagung der Anerkennung vorliegt. Dies ergibt sich in der internationalen Schiedsgerichtsbarkeit aus Art. III des UN-Übereinkommens und in der nationalen Schiedsgerichtsbarkeit aus den jeweiligen Schiedsprozeßrechten.

Das Verhältnis des UN-Übereinkommens zum innerstaatlichen Recht bestimmt sich nach dem in Art. VII UNÜ normierten Grundsatz der Meistbegünstigung. Danach kommt die anerkennungsfreundlichere Regelung zur Anwendung[93]. Nach diesem Grundsatz kam bzw. kommt in allen Fällen, in denen das UN-Übereinkommen Anwendung findet, daneben auch eine Anerkennung z.B. nach § 1044 ZPO a.F. bzw. nach dem jeweiligen nationalen US-Recht in Betracht, soweit dieses für den Antragsteller günstiger ist[94]. § 1061 Abs. 1 ZPO n.F. erklärt dagegen das UN-Übereinkommen für die Wirkungserstreckung aller ausländischen Schiedssprüche für anwendbar. Nach der Neufassung der ZPO-Regeln entfällt daher das Prinzip der Meistbegünstigung, denn es entfällt insoweit eine vom UN-Übereinkommen abweichende nationale Regelung für die Vollstreckbarerklärung ausländischer Schiedssprüche, auf die sich die Partei berufen könnte.

In den USA wurde bereits 1970 das UN-Übereinkommen in den zweiten Teil des FAA übernommen und damit in innerstaatliches Recht umgesetzt[95].

Nachdem § 1025 ZPO n.F. das Territorialitätsprinzip in das deutsche Recht eingeführt hat, ist wie in den USA, die traditionell dem Territorialitätsprinzip fol-

---

[92] vgl. hierzu oben unter B VI. 4. c).
[93] Vgl. hierzu BGH RIW/AWD 1976, 449.
[94] *Schwab/Walter*, Schiedsgerichtsbarkeit, S. 397. Siehe hierzu auch oben die Ausführungen unter B. I. 3. b).
[95] FAA, ch. 213, 43 Stat. 883 (1925) (zuletzt geändert in: 9 U.S.C. secs. 1-15 (1988)).

gen[96], jeder Schiedsspruch ein inländischer, wenn der Ort des Schiedsverfahrens im Inland liegt, selbst wenn der Schiedsspruch nach ausländischem Verfahrensrecht ergangen ist[97].

Damit wird man sich nicht mehr mit dem Hindernis der ZPO a.F. auseinandersetzen müssen, daß - nach Art. 2 des Zustimmungsgesetzes zum UN-Übereinkommen - die Vollstreckbarerklärung eines im Ausland nach deutschem Verfahrensrecht ergangenen Schiedsspruchs nicht nur aufgrund von Art. V des UN-Übereinkommens versagt wurde, sondern daß gleichzeitig ein Aufhebungsgrund nach § 1041 ZPO a.F. vorlag[98]. Desweiteren wird man nicht mehr den Schwierigkeiten der ZPO a.F. gegenüberstehen, falls ein Schiedsspruch im Inland nach dem Recht eines Nichtvertragsstaates erlassen wurde. Als Folge der bisher geltenden "Vertragstheorie" war ein solcher Schiedsspruch im Inland als ausländischer Schiedsspruch anzusehen, konnte aber gemäß dem von Deutschland eingelegten Vertragsstaatenvorbehalt nicht nach dem UN-Übereinkommen vollstreckt werden[99].

Da das UN-Übereinkommen somit dasjenige Regelwerk darstellt, welches sowohl in den USA als auch in Deutschland für die Anerkennung und Vollstreckung ausländischer Schiedssprüche zur Anwendung kommt, sollen im folgenden nunmehr die Voraussetzungen und Versagungsgründe der Anerkennung anhand des UN-Übereinkommens dargestellt werden. Auf die unterschiedliche Auslegung des UN-Übereinkommens aus Sicht der USA und Deutschlands sowie gegebenenfalls auf Abweichungen zu den nationalen Rechtsordnungen wird jeweils hingewiesen.

2. Voraussetzungen für die Anerkennung

Art. V UN-Übereinkommen enthält die Gründe, bei deren Vorliegen die Anerkennung und Vollstreckung „versagt werden darf"[100]. Der Wortlaut könnte so verstanden werden, daß der innerstaatliche Richter nach seinem Ermessen die Anerkennung versagen dürfte.

---

[96] *Bergesen v. Joseph Müller Corp.*, 710 F.2d 928, 931 (2d Cir. 1983); *Domke*, The Law and Practice of Commercial Arbitration, § 44.01.
[97] Vgl. oben unter B II 2.
[98] Vgl. *Kreindler/Mahlich*, Das neue deutsche Schiedsverfahrensrecht aus ausländischer Sicht, NJW 1998, 563, 567.
[99] Vgl. die Bekanntmachung v. 23.3.1962, BGBl. 1962 II, S. 102; siehe auch oben unter B III 3.
[100] Vgl. hierzu den Originalwortlaut des Art V. UNÜ: „...may be refused...".

Da der Wortlaut jedoch aus völkerrechtlicher Sicht ausgelegt werden muß und das Ziel des UN-Übereinkommens ist, die Gründe zu begrenzen, aus denen die Anerkennung und Vollstreckung ausländischer Schiedssprüche versagt werden kann, kommt dem Exequaturrichter nach allgemeiner Auffassung kein Ermessen bei der Beurteilung dieser Frage zu[101]. Vielmehr muß der Richter des Vollstrekkungsstaates gemäß dem anwendbaren Recht bei Vorliegen eines der Versagungsgründe die Anerkennung und Vollstreckung versagen[102].

a) Handelssachenvorbehalt

(1) Erklärung des Handelssachenvorbehalts

Nach Art. 1 Abs. 1 Satz 1 UN-Übereinkommen ist es für die Anerkennung eines ausländischen Schiedsspruchs erforderlich, daß Gegenstand des Schiedsspruchs eine Streitigkeit zwischen natürlichen oder juristischen Personen in dem Hoheitsgebiet eines anderen Staates als des Erlaßstaates ist, in dem die Anerkennung und Vollstreckung nachgesucht wird[103]. Die Vertragsstaaten können allerdings die Anwendung des Übereinkommens nach Art. 1 Abs. 3 Satz 2 UNÜ auf Handelssachen beschränken[104]. Im Gegensatz zu Deutschland haben die USA diese Beschränkung erklärt[105]. Das UN-Übereinkommen sah diesen Vorbehalt zwar als Entgegenkommen gegenüber Ländern mit separatem Zivil- und Handelsrecht vor; die USA haben die Möglichkeit zu diesem Vorbehalt wahrgenommen, um nicht in die Gesetzgebungskompetenz der Einzelstaaten eingreifen zu müssen[106]. Eine genaue Definition, was unter Handelssache ("commercial matter") zu verstehen ist, wird nicht vorgegeben[107].

---

[101] Vgl. *van den Berg*, The New York Convention of 1958, YCA XII (1987) 409, 463; *Martin Spier v. Calzaturificio Tecnica Spa.*, YCA XIII (1988) 602, 607/608 (District Court, Southern District of New York, 29.6.1987).

[102] *Schwab/Walter*, Schiedsgerichtsbarkeit, S. 488, 489.

[103] Vgl. hierzu auch *Schütze*, Schiedsgericht und Schiedsverfahren, 2. Aufl. 1998, S. 122.

[104] Vgl. *Geimer*, Internationales Zivilprozeßrecht, S. 922.

[105] Vgl. *Aksen*, The Application of the New York Convention by the United States Courts, YCA IV (1979), 341; auch Frankreich, Polen , Rumänien, Ungarn und Indien haben unter anderem diese Beschränkung erklärt, vgl. *Geimer*, Internationales Zivilprozeßrecht, S. 922.

[106] Vgl. *McMahon*, Implementation of the United Nations Convention of Foreign Arbitral Award in the United States, 2 J. Mar. L. and Com. 735 (1971).

[107] Das Ausführungsgesetz § 202 präzisiert lediglich „ a relationship considered as commercial, including a transaction, contract, or agreement described in § 2 of this title", wobei auch die Bezugnahme auf § 2 nicht ergiebig ist.

(2) Der Begriff "commercial"

Der Umstand, daß jeder Mitgliedsstaat selbst bestimmen kann, welche Fälle er als "commercial" ansieht, hat bei der Anwendung des UN-Übereinkommens teilweise zu Problemen geführt und eine einheitliche Interpretation des Übereinkommens nicht gerade gefördert[108].

So wurde z.B. in einer umstrittenen Entscheidung gegen ein US-amerikanisches Unternehmen vom High Court in Bombay der Begriff "commercial" sehr eng ausgelegt und infolgedessen die Anwendbarkeit des UN-Übereinkommens abgelehnt[109]. In den USA wird der Begriff „commercial" jedoch so weit ausgelegt, daß die Anwendung des UN-Übereinkommens nur selten hieran scheitert[110]. So entschieden US-amerikanische Gerichte z.B., daß die Definition von "commerce" nach dem FAA nicht dazu verwendet werden dürfte, die Anwendung des UN-Übereinkommens zu limitieren und daß bei einer zu engen Auslegung dieses Begriffs die Gefahr bestünde, das Ziel des UN-Übereinkommens, die Anerkennung und Vollstreckung von Schiedssprüchen zu fördern, sonst zu unterlaufen[111].

b) Verbindlichkeit des Schiedsspruchs

(a) Der Begriff "verbindlich" bzw. "binding"

Weitere Voraussetzung für die Anerkennung eines ausländischen Schiedsspruchs nach Art. V Abs. 1 e UNÜ[112] ist, daß der Schiedsspruch für die Parteien verbindlich ("binding") geworden ist. Der Begriff "binding" in Art. V Abs. 1 e UNÜ ist in Anlehnung an das Wort "verbindlich" in § 1044 ZPO a.F. entstan-

---

108 *Redfern/Hunter*, Law and Practice of International Commercial Arbitration, S. 459.

109 *Indian Organic Chemical Limited v. Subsidiary 1 (U.S.) Subsidiary 2 (U.S.) and Chemtex Fibres Inc. (Parent Company)(U.S.)*, YCA IV (1979), S. 271.

110 Vgl. *Sandrock*, „ ...any contract between merchants with respect to their business will be considered as commercial matter", in: Arbitration between U.S. and West-German Companies: An Example of Effective Dispute Resolution in International Business Transactions, 8 U. Pa. J. Int'l Bus. L. 27, 39-40 (1987).

111 *Sumitomo Corp. v. Parakopi Compania Maritima*, 447 F.Supp. 737, 741 (S.D.N.Y. 1979), aff'd, 620 F.2d 286 (2d Cir. 1980).

112 Wörtlich (übersetzt) heißt es : „die Anerkennung und Vollstreckung darf versagt werden..., wenn der Schiedsspruch für die Parteien noch nicht verbindlich geworden ist oder wenn er von einer zuständigen Behörde des Landes, in dem oder nach dessen Recht er ergangen ist, aufgehoben oder in seinen Wirkungen einstweilen gehemmt worden ist".

den[113]. Die Nichtverbindlichkeit des Schiedsspruchs stellt gleichzeitig einen Anerkennungsversagungsgrund dar, welcher nach dem UN-Übereinkommen nur auf Einrede der Partei, gegen die der Schiedsspruch geltend gemacht wird, beachtet wird[114]. Dagegen hatte das Gericht nach der ZPO a.F. von Amts wegen zu prüfen, ob ein verbindlich gewordener ausländischer Schiedsspruch vorliegt[115]. Im übrigen gelten aber für die Voraussetzung der Verbindlichkeit des Schiedsspruchs die gleichen Grundsätze wie zu Art. V Abs. 1 e des UN-Übereinkommens[116].

(b) Die Bestimmung der Verbindlichkeit des Schiedsspruchs

Fraglich ist insbesondere, nach welchem Recht die Verbindlichkeit des Schiedsspruchs zu beurteilen ist. Die Beantwortung dieser Frage hat zu beachtlichen Diskussionen geführt. Einig ist man sich jedenfalls darüber, daß die Vollstreckbarkeitserklärung im Heimatstaat des Schiedsspruchs nicht Voraussetzung seiner Verbindlichkeit ist[117] und daß das UN-Übereinkommen mit dem Begriff "binding" lediglich klarstellen wollte, daß ein doppeltes Exequatur nicht mehr Voraussetzung für eine Anerkennung und Vollstreckung ist[118].

(i) Autonome Auslegung

Die Vertreter der einen Auffassung befürworten eine autonome Auslegung des in Art. V Abs. 1 e enthaltenen Begriffs "verbindlich". Danach soll der Schiedsspruch zumindest dann verbindlich sein, wenn die Einlegung eines ordentlichen Rechtsmittels zu einem staatlichen Gericht oder zu einem höheren Schiedsgericht nicht mehr möglich ist[119]. Begründet wird diese Auffassung von ihren Anhängern damit, daß die Gefahr bestünde, die grenzüberschreitende Vollstrek-

---

[113] Vgl. *Schlosser*, Internationale Schiedsgerichtsbarkeit, 2. Aufl., Rdn. 791.
[114] *Schwab/Walter*, Schiedsgerichtsbarkeit, S. 501; *Van den Berg*, The New York Arbitration Convention of 1958, S. 338, m.w.N.
[115] *Baumbach/Lauterbach*, ZPO Kommentar § 1044 Rdn. 6.
[116] *Schwab/Walter*, Schiedsgerichtsbarkeit, S. 275.
[117] *Van den Berg*, The New York Arbitration Convention of 1958, S. 337 m.w.N.
[118] *Strub*, Resisting Enforcement of Foreign Arbitral Awards under the New York Convention, 68 Tex. L. Rev. 1031, 1051 (1990); *Haas*, Anerkennung und Vollstreckung ausländischer und internationaler Schiedssprüche, S. 154, m.w.N.; *Bergesen v. Joseph Müller Corp.*, 710 F.2d 928, 931 (2d Cir. 1983).
[119] Hauptsächlich *van den Berg*, a.a.O., Fn. 114, S. 341 ff.; *Sanders*, A Twenty Years Review of the Convention on the Recognition and Enforcement of Foreign Arbitral Awards, 13 Int'l Law. 269, 275 (1979).

kung eines Schiedsspruchs könne wieder von einem Doppelexequatur abhängig gemacht werden, wenn der Heimatstaat des Schiedsspruchs dessen Verbindlichkeit an das Exequatur knüpft, sowie mit der Annahme, daß die gesonderte Erwähnung der einstweiligen Hemmung ansonsten überflüssig sei[120].

(ii) In den USA

Auch in den USA fällt die Beurteilung, wann ein Schiedsspruch "binding" ist, unterschiedlich aus[121]. In *Spier v. Calzaturificio Tecnica, S.p.A.*[122] erklärte sich der Kläger Spier, wohnhaft in New York, bereit, Calzaturificio Tecnica Expertisen zur Herstellung von Plastikschuhwerk und Skistiefeln zur Verfügung zu stellen. Die Parteien vereinbarten für alle aus dem Vertragsverhältnis entstehenden Streitigkeiten die Zuständigkeit eines Schiedsgerichts mit Sitz in Italien[123].

Es entstand Streit zwischen den Parteien, und das Schiedsgericht sprach dem Kläger 672.043,- US-Dollar zu. Während die Beklagte die Aufhebung des Schiedsspruchs in Italien beantragte, versuchte der Kläger, den Schiedsspruch in New York zu vollstrecken[124]. Die Beklagte berief sich darauf, daß der Schiedsspruch noch nicht verbindlich geworden sei, da die von den Parteien vereinbarte private Schiedsgerichtsbarkeit wesentlich mehr Verteidigungsmöglichkeiten biete als die zwingende oder institutionelle Schiedsgerichtsbarkeit[125]. Das Gericht entschied gegen die Beklagte und berief sich auf ein Zitat des Obersten Gerichts Italiens, welches entschieden hatte, daß diese Art von Vereinbarung in den Anwendungsbereich des UN-Übereinkommens falle[126].

---

[120] *Van den Berg*, Fn. 114, S. 345.
[121] Vgl. *Firth*, Finality of Foreign Arbitral Awards, 25 Arb.J. 1-22 (1970); *Goldblum*, International Commercial Arbitration, 6 N.Y.U. J. Int'l L. & Pol. 153, 162 (1973); *Strub*, Resisting Enforcement of Foreign Arbitral Awards, 68 Tex. L. Rev. 1031, 1052 ff. (1990); *Sampliner*, Enforcement of Foreign Arbitral Awards After Annulment in Their Country of Origin, 11 Mealey's Int'l Arb. Rep. 22, 28 (1996); *Carbonneau*, Debating the Proper Role of National Law under the New York Arbitration Convention, 6 Tul. J. Int'l Comp. L., 277 ff. (1998).
[122] 663 F.Supp. 871 (S.D.N.Y. 1987).
[123] *Spier v. Calzaturificio Tecnica, S.p.A.*, 663 F.Supp. 871, 872 (S.D.N.Y. 1987).
[124] A.a.O., Fn. 31.
[125] A.a.O., Fn. 31, S. 873-74.
[126] A.a.O., S. 874. In einer weiteren erst kürzlich ergangenen Entscheidung erklärte ein US-amerikanisches Gericht einen Schiedsspruch für vollstreckbar, obwohl der Schiedsspruch zuvor in dem Land, in welchem dieser ergangen war, aufgehoben wurde, *Chromalloy Aeroservices v. Arab Republic of Egypt*, 939 F.Supp. 907 (D.C.Cir. 1996); vgl. hierzu auch *Carbonneau*, Debating the Proper Role of National Law under the New York Arbitration Convention, 6 Tul. J. Int'l & Comp. L. 277 ff. (1998).

Diese Entscheidung wurde in den USA teilweise mit dem Argument kritisiert, daß ein Richter der USA nicht einen Aspekt des italienischen Rechts berücksichtigen sollte, um zu bestimmen, ob ein Schiedsspruch nach Art. V Abs. 1 e UNÜ verbindlich sei[127]. Wenn das U.S.-Gericht diesen Aspekt des italienischen Rechts mit in Betracht gezogen habe, so würde es die obsiegende Partei dazu zwingen, ein Doppelexequatur zu erdulden; dies hätten die Verfasser des UN-Übereinkommens aber gerade zu verhindern gesucht[128].

(iii) Stellungnahme

Die soeben genannten Argumente können jedoch nicht überzeugen. Maßgeblich für die Frage, nach welchem Recht die Verbindlichkeit des Schiedsspruchs beurteilt wird, sollte vielmehr das dem Schiedsspruch zugrundeliegende ausländische Verfahrensrecht sein[129]. Verbindlich kann der Schiedsspruch nur dann sein, wenn nach diesem Recht die Möglichkeit besteht, ihn für vollstreckbar zu erklären [130].

Das Erfordernis eines doppelten Exequatur besteht insoweit nicht, da einzig und allein das dem Schiedsspruch zugrundeliegende Recht darüber entscheidet, ob dieser verbindlich ist oder nicht. Sinn und Zweck des UN-Übereinkommens ist es, eine international harmonisierte Anerkennung und Vollstreckung zu gewährleisten und nicht denjenigen Schiedssprüchen, welche nach dem ihnen zugrundeliegenden Recht nicht verbindlich sind, in anderen Mitgliedsstaaten eine weitergehende Wirkung zuzubilligen[131]. Aus diesem Grunde muß es den einzelnen Rechtsordnungen überlassen bleiben, die Wirksamkeitsvoraussetzungen des Schiedsspruchs selbst zu regeln[132].

---

[127] *Strub*, Resisting Enforcement of Foreign Arbitral Awards, 68 Tex. L. Rev. 1031, 1051, 1052 (1990).

[128] *Strub*, aaO; aA. *van den Berg*, The New York Arbitration Convention of 1958, S. 339: "Art. V(1)(e) requires the court to consider the law of the country of origin".

[129] So auch die überwiegende Meinung, vgl. LG Bremen IPRspr. 1966/67 Nr. 283; *Bülow*, Das UN-Übereinkommen, KTS 1959, 11; auch das Schweizer Bundesgericht, SchwBG v. 26.2.1982; *Walter*, Anm. zu OLG Stuttgart, Urt. v. 2.6. 1981, KTS 1983, 664, 666; *Raeschke-Kessler*, Neuere Entwicklungen im Bereich der Internationalen Schiedsgerichtsbarkeit, NJW 1988, 3041, 3050; *Schwab/Walter*, Schiedsgerichtsbarkeit, S. 499; *Stein-Jonas-Schlosser*, ZPO Kommentar, Anh. § 1044 Rdn. 78, insbesondere FN. 296 m.w.N.; *van den Berg*, The New York Arbitration Convention of 1958, S. 339 f.

[130] Vgl. BGH NJW 1984, 2763, 2764.

[131] *Carbonneau*, Cases and Materials on Commercial Arbitration, ch. 11, S. 328 (1997); *Schwab/Walter*, Schiedsgerichtsbarkeit, S. 499.

[132] *Walter*, Anm. zu OLG Stuttgart, Urt. v. 2.6.1981, KTS 1983, 664, 666.

Der Lauf der Anfechtungsfrist oder die bloße Einlegung eines Rechtsbehelfs gegen den Schiedsspruch ändern nach einhelliger Auffassung an der Verbindlichkeit des Schiedsspruchs nichts[133].

(c) Einstweilige Hemmung oder Aufhebung des Schiedsspruchs

Die zweite Alternative des Art. V Abs. 1 e UNÜ regelt den Fall, daß die Verbindlichkeit des Schiedsspruchs vor der Vollstreckbarerklärung im Ausland in seinem Heimatstaat von der zuständigen Behörde aufgehoben oder einstweilen gehemmt worden ist. Unter einstweiliger Hemmung versteht man z.B., daß eine Vollstreckbarerklärung angefochten und die Zwangsvollstreckung aus dem Schiedsspruch eingestellt worden ist[134]. Bei der Aufhebung spielt es keine Rolle, aus welchem Grund der Schiedsspruch aufgehoben wurde[135].

In den USA verliert ein Schiedsspruch kraft der "doctrine of merger" seine selbständige Existenz, wenn er durch ein staatliches Gericht für vollstreckbar erklärt worden ist[136]. Ist ein Schiedsspruch durch ein staatliches Gerichtsurteil bestätigt worden, dann bleibt aber trotzdem seine Qualität als Schiedsspruch unangetastet, so daß dieser weiter nach dem UN-Übereinkommen vollstreckbar bleibt[137]. Art. V Abs. 1 e UNÜ findet insoweit keine Anwendung.

3. Gründe für die Versagung der Anerkennung

a) Die Unwirksamkeit der Schiedsvereinbarung

Art. V Abs. 1 a des UN-Übereinkommens versagt die Anerkennung, wenn das Personalstatut einer der Parteien die subjektive Fähigkeit zum Abschluß der Schiedsvereinbarung nicht gewährt oder die Schiedsvereinbarung aufgrund des gewählten, hilfsweise aufgrund des Rechts des Landes, in dem der Schieds-

---

[133] Vgl. *Sanders*, Commentary of the New York Convention, YCA II (1977), S. 262; *Schwab/Walter*, Schiedsgerichtsbarkeit, S. 499 m.w.N.

[134] Vgl. *van den Berg*, The New York Arbitration Convention of 1958, S. 351.

[135] *Schwab/Walter*, Schiedsgerichtsbarkeit, S. 500.

[136] Vgl. § 9 UAA.

[137] *Island Territory of Curacao v. Solitron Devices*, 389 F.2d 1313 (2d Cir. 1973); *Born*, International Commercial Arbitration in the United States, S. 681 (1994); *Quilling*, The Recognition and Enforcement of Foreign Country Judgments and Arbitral Awards, 11 Ga. J. Int'l & Comp. L. 635, 660 (1981).

spruch erlassen wurde, unwirksam ist. Weiterhin kann die Unwirksamkeit der Schiedsvereinbarung daraus resultieren, daß sie nicht den Anforderungen des Art. II UN-Übereinkommen, insbesondere wegen mangelnder Schriftform und wegen objektiver Schiedsunfähigkeit, entspricht.

Auch § 2 FAA setzt als Voraussetzung für die Vollstreckung von Schiedssprüchen die Gültigkeit der Schiedsvereinbarung voraus. Nach § 1041 ZPO a.F. stellte die Ungültigkeit des Schiedsvertrags ebenfalls einen Aufhebungsgrund dar. Nach dem für die Anerkennung und Vollstreckung ausländischer Schiedssprüche maßgeblichen § 1044 ZPO a.F. stellte die Unwirksamkeit des Schiedsvertrages jedoch keinen selbständigen Grund für die Versagung der Anerkennung und Vollstreckung des Schiedsspruchs dar. Nach dem Wortlaut des § 1044 Abs. 2 Nr. 1 ZPO a.F. war die Anerkennung lediglich zu versagen, wenn der Schiedsspruch unwirksam war[138]. Für den Fall allerdings, daß der Schiedsspruch nach dem anwendbaren ausländischen Recht[139] fehlerhaft ist, weil ihm keine wirksame Schiedsvereinbarung zugrundeliegt, war dies auch nach § 1044 Abs. 2 Nr. 1 ZPO a.F. zu berücksichtigen, so daß die Wirksamkeit der Schiedsvereinbarung auch im Rahmen des § 1044 ZPO a.F. Bedeutung hatte.

(1) Die Form der Schiedsvereinbarung

(a) Art. II Abs. 2 UNÜ

Das UN-Übereinkommen enthält in Art. II Abs. 2 eine Formvorschrift. Danach wird dem Schriftformerfordernis unter Anwesenden genügt, wenn entweder der Hauptvertrag, in dem die Schiedsklausel enthalten ist, oder bei einer getrennten Schiedsabrede diese von den Parteien unterschrieben wurde. Unter Abwesenden reicht nach dem Wortlaut des Art. II Abs. 2 UNÜ ein Austausch von Briefen oder Telegrammen, in denen die Schiedsklausel enthalten ist. Danach ist die Voraussetzung der Unterschrift für die letzte Variante anscheinend nicht erforderlich. Eine Schiedsvereinbarung unter Abwesenden ist damit schon dann formwirksam, wenn Briefe oder Telegramme unter den Parteien ausgetauscht

---

[138] Unwirksam iSd. § 1044 Abs. 2 Nr. 1 ZPO a.F. ist ein Schiedsspruch bereits, wenn er nur anfechtbar ist, vgl. *Raeschke-Kessler*, Neuere Entwicklungen im Bereich der Internationalen Schiedsgerichtsbarkeit, NJW 1988, 3041, 3050; BGH NJW 1976, 1591.

[139] *Raeschke-Kessler*, ebenda.

wurden[140], ohne von diesen unterschrieben worden zu sein. Ausreichend ist die schriftliche Bezugnahme jeder Partei auf die Schiedsklausel[141].

(b) Neuere Formen der Kommunikationsübertragungen

Da in Art. II Abs. 2 UNÜ lediglich der Austausch von Briefen und Telegrammen erwähnt ist, stellt sich die Frage, ob das Schriftformerfordernis auch erfüllt ist, wenn die Parteien neuere Formen der Kommunikationsübertragungen, wie Telefax oder e-mail (elektronischer Post) verwenden. Während dies für die Verwendung des Telefax bereits bejaht wurde[142], liegen noch keine Entscheidungen zur e-mail Verwendung vor. Da die staatlichen Gerichte jedoch dazu neigen, Art. II Abs. 2 UNÜ extensiv auszulegen, um auch neuere Formen der Kommunikationsübertragung ausreichen zu lassen[143], ist davon auszugehen, daß ein Austausch von e-mails dem Schriftformerfordernis des Art. II Abs. 2 ebenfalls genügen würde.

Um dieses Problem zu beseitigen, haben sowohl das UNCITRAL-Modellgesetz als auch die ZPO-Neuregelung durch Übernahme dieser Regelung nach der Aufzählung von Briefen, Fernkopien oder Telegrammen ausdrücklich auch "andere Formen der Nachrichtenübermittlung, die einen Nachweis der Vereinbarung sicherstellen," [144] für die Erfüllung des Schriftformerfordernisses genügen lassen. Damit wurde den in den letzten Jahrzehnten weiterentwickelten Formen der Kommunikationstechnik Rechnung getragen. Auch in den USA genügt für die Schriftform der Schiedsabrede nach § 2 FAA der briefliche, fernschriftliche oder telegrafische Schriftwechsel[145]. Eine ausdrückliche Einbeziehung weiterer Formen von Kommunikationsübermittlungen enthält der FAA jedoch nicht. Aufgrund der sehr liberalen Handhabung des Schriftformerfordernisses nach dem FAA, wonach sogar die Zusendung eines Formularvertrages mit Schiedsklausel, ohne daß dieser unterzeichnet und zurückgesendet wurde, genügen

---

[140] Vgl. hierzu den Wortlaut des Art. II Abs. 2 UNÜ: „The term agreement in writing shall include an arbitral clause in a contract or an arbitration agreement, signed by the parties or contained in an exchange of letters or telegrams".

[141] So auch *van den Berg*, The New York Arbitration Convention of 1958, S. 193-195.

[142] *Van den Berg*, The New York Convention of 1958, YCA XII (1987), 409, 428; *Schlosser*, Internationale Schiedsgerichtsbarkeit, Rdn. 373.

[143] Vgl. *van den Berg*, The New York Arbitration Convention of 1958, S. 206.

[144] Vgl. Art. 7 Abs. 2 Satz 2 UNCITRAL-Modellgesetz sowie § 1031 Abs. 1 ZPO n.F.

[145] *Oriental Commercial and Shipping Co., Ltd. v. Rosseel, N.V.*, 609 F. Supp. 75, 78 (D.C.N.Y. 1985).

soll[146], dürfte die Regelung des FAA ähnlich wie Art. II Abs. 2 UNÜ auch andere moderne Formen der Nachrichtenübermittlung einschließen.

(c) Schriftformerfordernis

Dem UNCITRAL-Modellgesetz, der ZPO-Neuregelung und dem FAA gemeinsam ist, daß sie auf jeden Fall eine mündliche Schiedsvereinbarung nicht genügen lassen[147]. Im Unterschied hierzu enthielt § 1027 Abs. 2 ZPO a.F. eine Regelung, wonach Vollkaufleute im Sinne des deutschen Rechts Schiedsvereinbarungen auch mündlich abschließen konnten. Diese Regelung wurde aber im Zuge der Neufassung der ZPO als nicht praktikabel angesehen, da zum einen kein echtes Bedürfnis für die Gültigkeit mündlicher Schiedsvereinbarungen bestünde und ausländische Rechtsordnungen in der Tat einen dem "Handelsgeschäft" vergleichbaren Begriff als Anknüpfungspunkt für Sonderregelungen nicht kennen[148]. Auf der anderen Seite war das Schriftformerfordernis nach § 1027 Abs. 1 ZPO a.F., wonach der Schiedsvertrag in einer von den Parteien eigenhändig unterzeichneten Urkunde enthalten sein mußte, und diese Urkunde andere Vereinbarungen als solche, die sich auf das schiedsrichterliche Verfahren beziehen, nicht enthalten durfte, wesentlich strenger als § 1031 ZPO n.F.

Auch in den USA legen vereinzelt einzelstaatliche Schiedsgesetze einen strengeren Maßstab an die Schriftform an als der FAA[149]. Im internationalen Handelsverkehr spielen diese einzelstaatlichen Regelungen wegen der Vorrangigkeit des liberalen FAA jedoch kaum eine Rolle. Allenfalls, wenn es um Rechtsbeziehungen unter Ausländern ohne Berührungspunkten zu den USA geht, greift der FAA nicht ein und kommt einzelstaatliches Recht zur Anwendung[150].

---

146 *Domke*, The Law and Practice of Commercial Arbitration, § 6.01.

147 vgl. hierzu auch *Kaplan*, Is the Need for Writing as Expressed in the New York Convention and the Model Law Out of Step with Commercial Practice, 12 Arb. Int'l 27, 29 (1996), der Zweifel am strikten Schriftformerfordernis im modernen Wirtschaftsverkehr äußert.

148 BT-Dr. 13/5274, S. 36.

149 So z.B. Tex. Civ. Stats. Ann. art. 224, tit. 10:"A written agreement... as evidenced by counsels signatures...is valid...no agreement shall be arbitrated unless notice that a contract is subject to arbitration under this Act is typed in underlined capital letters". Dagegen muß nach Art. 75 New York CPLR der Schiedsvertrag „in writing, although not necessarily signed" sein, vgl. *Woodcrest Fabrics, Inc. v. B&R Textile Corp.*, 98 A.D.2d 52(1st Dep't, 1983); *Just-In-Materials Designs Ltd. v. I.T.A.D. Assocs., Inc.*, 61 N.Y.2d 882 (1984).

150 Vgl. hierzu *Borris*, Die internationale Handelsschiedsgerichtsbarkeit in den USA, S. 35.

(d) Erleichterung des Schriftformerfordernisses

Interessant ist in diesem Zusammenhang noch, daß § 1031 Abs. 2 ZPO n.F. über die vom UN-Übereinkommen, dem FAA und dem UNCITRAL-Modellgesetz vorgesehenen Möglichkeiten hinaus das Schriftformerfordernis erleichtert. Diese Regelung bestimmt, daß der Schriftform schon dann genügt wird, wenn sie nur einseitig erfüllt ist, das Schweigen der anderen Partei jedoch nach der Verkehrssitte als Zustimmung anzusehen ist. Gedacht ist in diesem Zusammenhang vor allem an das Schweigen auf ein kaufmännisches Bestätigungsschreiben[151]. Die Bezugnahme auf die "Verkehrssitte" gewährleistet dabei, daß ein Vertragsschluß in internationalen Streitfällen nur dann angenommen werden kann, wenn die maßgeblichen Rechtsordnungen insoweit übereinstimmen[152].

Während dem Schweigen auf ein kaufmännisches Bestätigungsschreiben in vielen anderen europäischen Ländern rechtsgeschäftliche Bedeutung im Sinne der Annahme des Vertragsangebots zugemessen wird[153], läßt sich ein ähnlicher Grundsatz im US-amerikanischen Rechtskreis nicht wiederfinden. Lediglich im Fall *American Bronze Corp. v. Streamway Products*[154] wurde ein Vertragsschluß zwischen den Parteien trotz mangelnder Annahme des Auftrags angenommen, da die Parteien in dieser Weise bereits seit zwanzig Jahren verfahren waren. Das Schweigen auf ein kaufmännisches Bestätigungsschreiben reicht nach US-amerikanischem Recht mithin nicht für die Annahme eines Vertragsschlusses aus[155]. Die Verkehrssitte und das bisherige Verhalten der Parteien werden jedoch bei der Entscheidung, ob eine wirksame Schiedsvereinbarung geschlossen wurde, zur Auslegung mit herangezogen[156]. Auch das UN-Übereinkommen wird so ausgelegt, daß das Schweigen auf ein kaufmännisches Bestätigungsschreiben für das Schriftformerfordernis nicht ausreichen soll[157].

(e) Rügelose Einlassung und "entry-of-judgment-clause"

Nach der Auslegung des UN-Übereinkommens soll die Berufung auf einen Formfehler nach rügeloser Einlassung auf das schiedsrichterliche Verfahren

---

[151] BT-Dr. 13/5274, S. 36.
[152] Diskussionsentwurf zur Neufassung des Zehnten Buchs der ZPO, S. 100.
[153] So z.B. in Frankreich, Niederlanden, Belgien, Luxemburg, vgl. BT-Dr. 13/5274, S. 36.
[154] *American Bronze Corp. v. Streamway Products*, 8 Ohio App. 3d 223, 456 N.E.2d 1295 (1982).
[155] Restatement 2nd, Conflict of Laws, § 69.
[156] Vgl. *Waldron v. Goddess*, 61 N.Y.2d 181 (1984).
[157] *Van den Berg*, The New York Arbitration Convention of 1958, S. 196, 197.

nicht mehr möglich sein[158]. Begründet wird dies damit, daß das Verbot widersprüchlichen Verhaltens ein fundamentales Rechtsprinzip des UN-Übereinkommens darstelle und in Fällen, in welchen nach rügeloser Einlassung auf das schiedsgerichtliche Verfahren entgegen Treu und Glauben die Formungültigkeit des Schiedsvertrages eingewandt wird, dieser Einwand unbeachtet gelassen werden darf[159].

Aufgrund der Möglichkeit, nach § 9 FAA den Schiedsspruch durch Exequaturuteil in den USA bestätigen zu lassen, wird empfohlen, eine "entry-of-judgment-clause" vorsichtshalber in die Schiedsvereinbarung mit aufzunehmen, um die Zuständigkeit US-amerikanischer Gerichte für Vollstreckungsmaßnahmen sicherzustellen[160]. Zwar sind neuere Entscheidungen nicht mehr so streng; früher hatten jedoch Gerichte aus der Formulierung des § 9 FAA[161] den Schluß gezogen, ihre Zuständigkeit sei nur kraft einer entsprechenden ausdrücklichen "entry-of-judgment-clause" gegeben[162].

(2) Die subjektive Schiedsfähigkeit

(a) Allgemeines

Der Schiedsvertrag kann sowohl nach dem UN-Übereinkommen[163] als auch nach deutschem[164] und US-amerikanischem Recht[165] unwirksam sein, wenn eine der Parteien nicht subjektiv schiedsfähig ist. Schiedsfähig ist nach diesen Regelungen grundsätzlich jede geschäftsfähige Person[166].

---

[158] Vgl. *Haas*, Zur formellen und materiellen Wirksamkeit des Schiedsvertrages, IPRax 1993, 382, 384; aA. OLG Düsseldorf DB 1972, 1060.
[159] Vgl. *van den Berg*, The New York Arbitration Convention of 1958, S. 185.
[160] *Feldman*, An Award Made in New York Can Be a Foreign Arbitral Award, 39 Arb. J. 14 (1984); *Hoellering*, Schiedsgerichtsbarkeit im deutsch-amerikanischen Wirtschaftsverkehr, S. 6.
[161] § 9 FAA lautet: „If the parties in their agreement have agreed that a judgment of the court...for an order confirming the award...".
[162] *Splosna Plovba of Piran v. Agrelak Steamship Corp.*, 381 F.Supp. 1368 (S.D.N.Y. 1974); *Harris v. Stroudsburg Fur Dressing Corp.*, 389 F.Supp. 226 (S.D.N.Y 1975); *Commonwealth Edison Co. v.Gulf Oil Corp.*, 541 F.2d 1263, 1272 (7th Cir. 1976).
[163] Art. V Abs. 1 a UN-Übereinkommen.
[164] § 1059 Abs. 3 Nr.1a ZPO n.F. und § 1041 Abs. 1 Nr.1 (Ungültigkeit des Schiedsvertrages, der die fehlende subjektive Schiedsfähigkeit mit umfaßt, vgl. BT-Dr. 13/5274, S. 59).
[165] Vgl. *Holtzmann*, National Report: United States, YCA II (1977), 116, 121.
[166] *Schwab/Walter*, Schiedsgerichtsbarkeit, S. 419, 420.

Der Wortlaut des Art. V Abs. 1 a UNÜ ist insoweit mißverständlich, als er davon spricht, daß die Vollstreckung zu versagen sei, wenn die Parteien zum Abschluß einer derartigen Vereinbarung nicht fähig gewesen wären, obwohl nach Sinn und Zweck der Regelung schon die mangelnde subjektive Schiedsfähigkeit nur einer Partei einen Versagungsgrund darstellt[167]. Nach Art. V Abs. 1 a UNÜ sowie nach § 1059 Abs. 2 Nr. 1 a ZPO n.F., durch welchen die Regelung des UN-Übereinkommens übernommen wurde, wird für die Entscheidung über die subjektive Schiedsfähigkeit an das Personalstatut[168] der jeweiligen Partei angeknüpft. Das UNCITRAL-Modellgesetz hat hingegen aufgrund der Schwierigkeiten, welche die Bestimmung des Personalstatuts im Einzelfall bereiten kann, auf eine solche Kollisionsregel bewußt verzichtet[169].

Wie das Personalstatut der Parteien zu bestimmen ist, läßt das UN-Übereinkommen offen. Man wird daher auf die Kollisionsnormen des Landes, in dem die Anerkennung und Vollstreckung des ausländischen Schiedsspruchs ersucht wird, zurückgreifen müssen[170]. Infolgedessen ergeben sich für die Anerkennung und Vollstreckung ausländischer Schiedssprüche nach dem UN-Übereinkommen und nach den nationalen Regelungen hinsichtlich der Anknüpfung der subjektiven Schiedsfähigkeit keinerlei Unterschiede. Zu ergänzen ist aber, daß sich in den materiellen Ergebnissen Unterschiede ergeben können, da die Anknüpfung des Personalstatuts von Land zu Land variiert und deshalb Gerichte verschiedener Länder, die über die subjektive Schiedsfähigkeit der Parteien desselben Schiedsverfahrens zu entscheiden haben, zu unterschiedlichen Ergebnissen gelangen können.

(b) Subjektive Schiedsfähigkeit von öffentlich-rechtlichen Rechtssubjekten

Nach Art. I Abs. 1 UN-Übereinkommen ist dieses auch auf Schiedssprüche anzuwenden, die zwischen juristischen Personen ergangen sind. Hierunter fallen auch juristische Personen des öffentlichen Rechts[171]. Demnach richtet sich ihre subjektive Schiedsfähigkeit genauso wie die privater Rechtssubjekte gemäß Art. V Abs. 1 a UNÜ nach den Kollisionsnormen der lex fori des Anerkennungs-

---

167 *van den Berg*, The New York Arbitration Convention of 1958, S. 275, der von dieser Auslegung als selbstverständlich ausgeht.

168 Vgl. insoweit den Wortlaut des Art. V Abs. 1 a UNÜ: „The parties to the agreement...were, under the law applicable to them, under some incapacity,...".

169 Vgl. Diskussionsentwurf zur Neufassung des Zehnten Buchs der ZPO, S. 197.

170 *Van den Berg*, The New York Arbitration Convention of 1958, S. 276; *Schlosser*, Internationale Schiedsgerichtsbarkeit, Rdn. 377.

171 *Fox*, State Immunity and Enforcement of Arbitral Awards, 12 Arb. Int'l 89, 91 (1996).

staates, welche in der Regel an das Recht am Sitz der juristischen Person[172] bzw. in den USA an das Recht des Gründungsstaates[173] anknüpfen. So ist Voraussetzung für die Anwendung des UN-Übereinkommens auf Schiedsverträge, an denen eine juristische Person des öffentlichen Rechts beteiligt ist, daß diese juristische Person nach der lex fori berechtigt ist, einen Schiedsvertrag abzuschliessen[174]. In den USA sind z.B. staatliche Unternehmen oder Regierungsstellen dazu nach herrschender Meinung nur kraft besonderer gesetzlicher Ermächtigung berechtigt[175]. Teilweise wird jedoch die subjektive Schiedsfähigkeit bejaht, wenn und soweit sie im Zusammenhang mit der Befugnis steht, Verträge zu schliessen[176].

(c) Der Einwand der Staatenimmunität

Grundsätzlich ist zwar die subjektive Schiedsfähigkeit einer juristischen Person des öffentlichen Rechts vom Problem der Immunität solcher Rechtssubjekte vor staatlichen und privaten Gerichten zu trennen. Während nämlich bei der Berufung auf die mangelnde subjektive Schiedsfähigkeit die Ungültigkeit der Schiedsvereinbarung geltend gemacht wird, wird die Wirksamkeit der Schiedsvereinbarung bei der Berufung auf Immunität nicht angezweifelt[177]. Da jedoch oftmals beide Argumente gleichzeitig geltend gemacht werden, soll auch der Einwand der Staatenimmunität an dieser Stelle behandelt werden.

Staaten oder staatliche Unternehmen können sich sowohl in einem staatlichen Gerichtsverfahren als auch in einem Schiedsverfahren auf ihre Immunität berufen. Die Vorschriften über die Vollstreckungsimmunität von Staaten können - wie der Vergleich des US-amerikanischen zum deutschen Recht zeigt - von Land zu Land erheblich voneinander abweichen.

---

[172] *Haas*, Anerkennung und Vollstreckung ausländischer und internationaler Schiedssprüche, S. 183.

[173] Restatement 2nd, Conflict of Laws, § 41 (1971); Restatement 3rd, Foreign Relations of the United States, § 421 (2) (e) (1987).

[174] *Schwab/Walter*, Schiedsgerichtsbarkeit, S. 183.

[175] Vgl. *Holtzmann*, National Report: United States, YCA II, 116, 120 (1977), *Hoellering*, Schiedsgerichtsbarkeit im deutsch-amerikanischen Wirtschaftsverkehr, 5, 6.

[176] *Domke*, The Law and Practice of Commercial Arbitration, § 11.01

[177] Vgl. *van den Berg*, The New York Arbitration Convention of 1958, S. 280.

(i) Die US-amerikanische Regelung

In den USA enthält der *Foreign Sovereign Immunities Act (FSIA)* [178] von 1976, in Kraft getreten am 19.1.1977, klare Regeln über die völkerrechtliche Immunität ausländischer Staaten und Staatsunternehmen. Danach genießen fremde Staaten auch im Vollstreckungsverfahren nicht mehr wie zuvor[179] schlechthin unbegrenzte Immunität. §§ 1609 bis 1611 FSIA behandeln speziell die Umstände, in denen Vermögenswerte eines ausländischen Staates oder Staatsunternehmens gepfändet werden können, um ein Urteil oder einen Schiedsspruch zu vollstrecken. Gemäß § 1610 FSIA werden Vermögenswerte des ausländischen Staates unterschiedlich behandelt, je nachdem ob es sich um staatseigenes Vermögen oder um Vermögen eines staatlichen Unternehmens handelt.

§ 1610 (a) FSIA bestimmt, daß staatseigene Vermögenswerte zu Vollstrekkungszwecken nur dann gepfändet werden dürfen, „wenn der betreffende Staat auf seine Immunität hinsichtlich Pfändungen zum Zwecke der Vollstreckungshilfe entweder ausdrücklich oder impliziert verzichtet hat“ oder „wenn die Vermögensgegenstände für eine kommerzielle Betätigung des fremden Staates verwendet werden oder wurden, welche im Zusammenhang mit dem geltend gemachten materiellrechtlichen Anspruch steht“[180].

Obwohl einige Gerichte in den USA entschieden haben, daß eine Schiedsvereinbarung, welche die Durchführung des Schiedsverfahrens in den USA oder nach amerikanischem Recht vorsieht, einen Verzicht auf die völkerrechtliche Immunität impliziert, ist diese Frage noch nicht endgültig geklärt[181]. Aus diesem Grunde ist esnicht zu empfehlen, während der Vertragsverhandlungen einen ausdrücklichen Verzicht der jeweiligen Regierung auf die völkerrechtliche Immunität zu verlangen. Der fehlende ausdrückliche Verzicht kann allerdings aus den oben genannten Gründen dazu führen, daß die Partei, welche versucht, gegen einen Staat aus einem Schiedsspruch zu vollstrecken, erfolglos bleibt.

---

[178] Public Law 94-593, 28 U.S.C. 1, 90 Stat. 2891, §§ 1602-1611.

[179] Bis zum Inkrafttreten des FSIA wurde an der grundsätzlich unbeschränkten Immunität fremder Staaten festgehalten, vgl. *New York and Cuba Mail Steamship Company v. Republic of Korea*, 132 F. Supp. 684 (1955); *Weilamann v. Chase Manhattan Bank*, 192 N.Y.S. 2d 469 (S.Ct.N.Y. 1959).

[180] § 1610(a)(3)-(5) behandelt Fälle der Pfändung zur Vollstreckung von Urteilen oder Schiedssprüchen für Umstände, die aller Wahrscheinlichkeit nach keine Rolle für handelsrechtliche Streitigkeiten spielen dürften; vgl. hierzu auch *Kahale*, Arbitration and Choice-of-Law Clauses as Waivers of Jurisdictional Immunity, 14 N.Y.U. J. Int. L. & Pol. 19 (1981).

[181] Vgl. *Libyan American Oil Co. v. Socialist People's Libyan Arab Jamahirya*, 482 F.Supp. 1175 (D.D.C. 1980); *Ipitrade International S.A. v. Federal Republic of Nigeria*, 465 F.Supp. 824 (D.D.C. 1978).

Die Situation in Bezug auf Vermögenswerte von staatlichen Unternehmen ist insoweit günstiger[182]. Nach § 1610 (b)(2) steht es nämlich der vollstreckenden Partei unabhängig vom Vorliegen eines Immunitätsverzichts frei, bezüglich sämtlichen Geschäftsvermögens des staatlichen Unternehmens, das sich in dem jeweiligen Land befindet, die Vollstreckung durchzuführen - unabhängig davon, ob diese Vermögenswerte in Zusammenhang mit der schiedsrichterlichen Klage standen oder nicht. Dies setzt allerdings voraus, daß der Streit aufgrund der kommerziellen Aktivitäten des staatlichen Unternehmens entstanden ist. In jedem Falle dürfte die ausdrückliche Verzichtserklärung aber die beste Maßnahme sein, eine spätere Vollstreckung sicherzustellen.

Bemerkenswert ist noch, daß Vermögen ausländischer Zentralbanken innerhalb der USA eine spezielle völkerrechtliche Immunität hinsichtlich der Vollstreckung von Urteilen oder Schiedssprüchen genießt. So reicht gemäß § 1611 FSIA für die Vollstreckung in Vermögen ausländischer Zentralbanken innerhalb der USA ein konkludenter Verzicht auf Immunität nicht aus, sondern es muß eine ausdrückliche Verzichtserklärung vorliegen[183].

(ii) Die deutsche Regelung

In Deutschland hat die Rechtsprechung vor 1945 fremden Staaten grundsätzlich unbeschränkte Immunität auch im Vollstreckungsverfahren gewährt[184]. Seit einer Entscheidung des Bundesverfassungsgerichts aus dem Jahre 1963[185] wird davon ausgegangen, daß eine Befreiung fremder Staaten von der deutschen Gerichtsbarkeit im Vollstreckungsverfahren sich nur über Art. 25 GG aus allgemeinen Regeln des Völkerrechts ergeben kann. Danach wird zwischen staatlichen Handlungen ("acta jure imperii"), für welche Immunität gewährt wird, und kommerziellen Handlungen ("acta jure gestionis"), welche keine Immunität hervorrufen, unterschieden.[186] Nach einer späteren Entscheidung des Bundesverfassungsgerichts ist die Zwangsvollstreckung durch den Gerichtsstaat aus einem gerichtlichen Vollstreckungstitel gegen einen fremden Staat, der über ein nicht hoheitliches Verhalten dieses Staates ergangen ist, in Gegenstände, die im Zeitpunkt des Beginns der Vollstreckungsmaßnahme hoheitlichen Zwecken des

[182] § 1610 (b)(2)FSIA.
[183] § 1611 (b) (1) (1982).
[184] Vgl. Gerichtshof zur Entscheidung der Kompetenzkonflikte, Erkenntnis vom 29.5.1920, JW 1921, 773f.; Erkenntnis vom 4.12.1920, JW 1921, 1480f.
[185] BVerfGE 16, 27 (32) = NJW 1963, 1732.
[186] BVerfGE, a.a.O.

fremden Staates dienten, ohne Zustimmung des fremden Staates unzulässig[187]. Aus dieser Regel, die Bestandteil des Bundesrechts ist, wurde geschlossen, daß Forderungen aus einem laufenden, allgemeinen Bankkonto der Botschaft eines fremden Staates, das im Gerichtsstaat besteht und zur Deckung der Ausgaben und Kosten der Botschaft bestimmt ist, nicht der Zwangsvollstreckung durch den Gerichtsstaat unterliegen[188].

Aus den genannten Grundsätzen ergibt sich, daß man bei Durchführung der Zwangsvollstreckung aus einem Schiedsspruch gegen ausländisches staatliches Vermögen in Deutschland grundsätzlich nach kommerziellen Zwecken dienenden Vermögensgegenständen suchen muß.

Im Hinblick auf Bankkonten ausländischer Staaten bzw. staatlicher Unternehmen wird auf den Namen, unter welchem das jeweilige Konto geführt wird, zurückgegriffen[189]. Wird das Konto unter dem Namen eines staatlichen Unternehmens geführt, so kann dieses unter den oben genannten Voraussetzungen gepfändet werden[190].

Insgesamt läßt sich feststellen, daß Deutschland ebenso wie die USA der Doktrin der funktional begrenzten Immunität auch für das Vollstreckungsverfahren folgen[191].

(iii) Kritik

Auch im übrigen Ausland wird überwiegend die Auffassung vertreten, daß mit der Schiedsklausel ein Staat oder ein staatliches Unternehmen nicht von vornherein auf die vollstreckungsrechtliche Immunität verzichtet[192]. Dieser Auffassung ist zuzustimmen. Zwar verstößt es gegen die Grundsätze von "pacta sunt servanda" und "venire contra factum proprium", wenn sich das öffentlich-rechtliche Rechtssubjekt innerhalb des Schiedsverfahrens gegenüber einer privaten Partei auf seine Immunität beruft, da durch die Schiedsvereinbarung eine privat-

---

[187] BVerfG NJW 1978, 485, 486.
[188] BVerfG NJW 1978, 485, 487.
[189] Vgl. *Canaris*, Inhaberschaft und Verfügungsbefugnis bei Bankkonten, NJW 1973, 825.
[190] BVerfG NJW 1983, 2766, 2767.
[191] Vgl. *Feldman*, Waiver of Foreign Immunity by Agreement to Arbitrate, 40 Arb. J. 24 (1985); BVerfG NJW 1978, 485, 487.
[192] Vgl. hierzu *Redfern/Hunter*, Law and Practice of International Commercial Arbitration, S. 452.

rechtliche Bindung entsteht[193]. Aus diesem Grunde kann in dem Abschluß eines Schiedsvertrages durchaus ein Verzicht auf den Einwand der Immunität gesehen werden[194]. Während des Vollstreckungsverfahrens sind jedoch die staatlichen Gerichte zuständig. Deshalb kann hier nicht davon ausgegangen werden, daß ein Staat oder staatliches Unternehmen beim Abschluß des Schiedsvertrages den Willen hatte, auch gegenüber dem staatlichen Gericht auf seine Immunität zu verzichten[195].

Hinzukommt, daß ein Schiedsspruch grundsätzlich in jedem Staat der Welt vollstreckt werden kann. Man kann aber nicht davon ausgehen, daß der Staat oder das staatliche Unternehmen mit Eingehen des Schiedsvertrages gegenüber jedem möglichen anderen Staat auf seine Immunität verzichten will.

b) Die Versagung rechtlichen Gehörs

(1) Nach dem UN-Übereinkommen

Nach Art. V Abs. 1 b des UN-Übereinkommens kann die Vollstreckbarerklärung eines Schiedsspruchs auf Antrag einer Partei versagt werden, wenn diese von der Bestellung des Schiedsgerichts nicht gehörig in Kenntnis gesetzt worden ist, oder aus einem anderen Grund ihre Angriffs- und Verteidigungsmittel nicht hat geltend machen können. Art. V Abs. 1 b UNÜ betrifft folglich die Verstöße gegen die Grundsätze eines fairen Verfahrens, insbesondere die Verletzung des rechtlichen Gehörs[196]. Grundsätzlich können die Parteien eines Schiedsverfahrens die verfahrensmäßige Art und Weise, wie das rechtliche Gehör zu gewähren ist, insbesondere in welchem Umfang Beweise zu erheben und zu würdigen sind, selbst gestalten[197]. Allerdings können sie nicht bereits im voraus auf das rechtliche Gehör in seinem Kernbereich verzichten[198].

Es ist streitig, nach welchem Recht bestimmt wird, ob eine Verletzung des rechtlichen Gehörs nach Art. V Abs. 1 b UNÜ vorliegt. So wird teilweise die Auffassung vertreten, daß es sich bei Art. V Abs. 1 b UNÜ um eine internatio-

---

[193] Vgl. *Redfern/Hunter*, Law and Practice of International Commercial Arbitration, S. 319.
[194] *Van den Berg*, The New York Arbitration Convention of 1958, S. 280.
[195] *Domke*, The Law and Practice of Commercial Arbitration, S. 38, 39.
[196] *Schwab/Walter*, Schiedsgerichtsbarkeit, S. 494.
[197] Vgl. *Aden*, Gewährung rechtlichen Gehörs im Schiedsgerichtsverfahren, NJW 1993, 1964.
[198] *Schütze/Tschernig/Wais*, Handbuch des Schiedsverfahrens, Rdn. 325.

nale Regelung handelt, die insoweit autonom auszulegen sei[199]. Sowohl in den USA als auch in Deutschland überwiegt jedoch die Auffassung, daß die Frage, ob eine Verletzung des rechtlichen Gehörs vorliegt, nach dem Recht des Vollstreckungsstaates beantwortet werden müsse[200].

Der ersten Auffassung ist zuzugestehen, daß die Rechtswahlfreiheit der Parteien zu stark eingeschränkt würde, falls sämtliche nationalen Verfahrensvorschriften des Vollstreckungsstaates hinsichtlich des rechtlichen Gehörs bei der Prüfung des Art. V Abs. 1 b UNÜ berücksichtigt werden müßten[201]. Aufgrund der überragenden nationalen Bedeutung des Grundsatzes des rechtlichen Gehörs sollte jedoch zumindest der vom Vollstreckungsstaat für unverzichtbar gehaltene Mindeststandard gewährleistet bleiben[202]. Selbst die Anhänger der autonomen Auslegung gehen davon aus, daß der Anerkennungsrichter bei der Prüfung der Voraussetzungen des Art. V Abs. 1 b UNÜ sich von seiner lex fori beeinflussen läßt[203].

Im übrigen hat die Entscheidung dieses Meinungsstreits keine große praktische Bedeutung[204]; denn der Grundsatz des rechtlichen Gehörs wird wegen seiner außerordentlichen Bedeutung[205] zumindest bei schwerwiegenden Verstößen zu einer Verletzung des ordre public der lex fori führen, so daß der Grundsatz des rechtlichen Gehörs auch dann am Maßstab des Rechts des Vollstreckungsstaates gemessen würde[206].

---

199 Vgl. *Stein-Jonas-Schlosser*, ZPO-Kommentar, 19. Aufl., Anh. § 1044 Rdn. 62, anderer Auffassung jetzt in der 21. Aufl., Rdn. 830; *Gentinetta*, Die lex fori internationaler Handelsschiedsgerichte, S. 301.

200 OLG Köln KTS 1971, 222; OLG Hamburg RIW 1975, 432; *Sanders*, Commentary on the New York Convention, YCA IV, 248 (1979); *Schwab/Walter*, Schiedsgerichtsbarkeit, S. 494; *Baumbach/Lauterbach*, ZPO-Kommentar, § 1044 ZPO Rdn. 13; *Parsons & Whittemore Overseas Co. Inc. v. Société Générale de l'Industrie du Papier* (RAKTA), 508 F.2d 969, 975 (2d Cir. 1974); *Biotronic Mess- und Therapiegeräte GmbH & Co. v. Medford Medical Instrument Co.*, 415 F.Supp. 133, 140 (D. New Jersey 1976).

201 Vgl. *Fouchard*, L'arbitrage commercial international, Rdn. 526, 527.

202 *Baumbach/Lauterbach*, ZPO-Kommentar, Grundz. § 128 ZPO, Rdn. 41; *Schwab/Walter*, Schiedsgerichtsbarkeit, S. 494.

203 *Redfern/Hunter*, Law and Practice of International Commercial Arbitration, S. 348; *Hermanns*, Zur Frage der Verletzung des rechtlichen Gehörs im schiedsgerichtlichen Verfahren, IPRax 1987, 353, 354.

204 Vgl. *Haas*, Anerkennung und Vollstreckung ausländischer und internationaler Schiedssprüche, S. 211; *van den Berg*, The New York Arbitration Convention of 1958, S. 298.

205 Vgl. BGH NJW 1983, 867.

206 Vgl. *van den Berg*, The New York Arbitration Convention of 1958, S. 300.

(2) Der Fall *Overseas v. RAKTA*

Auch in den USA sind mindestens die Maßstäbe des US-amerikanischen Rechts für die Entscheidung, ob eine Verletzung des rechtlichen Gehörs nach Art. V Abs. 1 b UNÜ vorliegt, entscheidend. Dies geht schon aus der zentralen Entscheidung *Parsons & Whittemore Overseas Co. Inc. v. Société Générale de l'Industrie du Papier* (RAKTA) hervor[207]. Hierbei ging es darum, ob sich das US-amerikanische Unternehmen Overseas aufgrund des damals anstehenden Sechs-Tage Kriegs zwischen Ägypten und Israel gegenüber RAKTA, einem in Ägypten ansässigen Unternehmen auf höhere Gewalt ("force majeur") berufen konnte. RAKTA obsiegte in diesem Schiedsverfahren überwiegend und beantragte beim Bundesgericht in New York die Anerkennung und Vollstreckung des Schiedsspruchs, um aus der Garantie einer amerikanischen Bank gegen Overseas vollstrecken zu können.

Im Laufe des Vollstreckungsverfahrens berief sich Overseas unter anderem auf die Verletzung rechtlichen Gehörs, da sich das Schiedsgericht geweigert habe, eine mündliche Verhandlung (Hearing) wegen der universitären Vorlesungsverpflichtungen eines von Overseas benannten Zeugen zu vertagen.

Das Gericht hat den Einwand mit der Begründung zurückgewiesen, daß eine Vorlesungsverpflichtung die Vertagung eines internationalen Schiedsverfahrens, welches ohnehin schon wegen der weltweit verstreuten Beteiligten sehr schwierig zu terminieren sei, nicht rechtfertige. Hinzukäme, daß das Schiedsgericht eine schriftliche Stellungnahme des Zeugen zur Verfügung hatte und daß das Schiedsverfahren ohnehin unter dem immanenten Risiko stehe, einen Zeugen nicht hören zu können[208]. Durch die Äußerung „This provision essentially sanctions the application of the forum state's standards of due process... Overseas' due process rights under American law, rights entitled to full force under the Convention were in no way infringed..."[209] spricht sich das Gericht gegen die Auffassung, Art. V Abs. 1 b UNÜ sei autonom auszulegen, aus. Dieser Ansicht schloß sich das Gericht in dem Fall *Biotronic Mess- und Therapiegeräte GmbH & Co. v. Medford Medical Instrument Co.* [210] an.

---

[207] 508 F.2d 969 (2d Cir. 1974).

[208] Vgl. a.a.O. S. 975: „ Inability to produce one's witnesses before an arbitral tribunal is a risk inherent in an agreement to submit to arbitration".

[209] A.a.O., S. 975.

[210] 415 F.Supp. 133, 140 (D. New Jersey 1976).

(3) Anforderungen an den Grundsatz des rechtlichen Gehörs

Das Schiedsgericht hat rechtliches Gehör grundsätzlich im gleichen Umfang wie staatliche Gerichte zu gewähren[211]. Der Grundsatz des rechtlichen Gehörs unterliegt in den USA und in Deutschland aber teilweise unterschiedliche Voraussetzungen. Obwohl der FAA dies nicht ausdrücklich erwähnt, ist die Durchführung einer mündlichen Verhandlung (Hearing) in den USA auch im Schiedsverfahren wesentliche Voraussetzung für die Gewährung rechtlichen Gehörs[212]. Nur ausnahmsweise kann auf ein Hearing verzichtet werden, wenn dieses überflüssig ist[213].

In Deutschland kann der Anspruch auf rechtliches Gehör hingegen auch durch schriftliche Anhörung erfüllt werden, wenn der Schiedsvertrag nichts anderes bestimmt[214]. Es erschöpft sich aber nicht schon darin, den Parteien Gelegenheit zum Vortrag zu geben, sondern das Schiedsgericht muß das Vorbringen auch zur Kenntnis nehmen und in Erwägung ziehen; hierbei gelten für in- und ausländische Schiedsverfahren insoweit die gleichen Regeln[215].

Sowohl nach US-amerikanischem als auch nach deutschem Recht müssen sämtliche Schiedsrichter bei einer mündlichen Verhandlung anwesend sein[216]. In den USA wird allerdings eine Ausnahme von diesem Grundsatz gemacht für den Fall, daß ein Schiedsrichter sich weigert, das übernommene Amt auszuüben, und kein Ersatz von der Partei, die ihn ernannt hat, bestellt wird[217].

(4) Die Beweisaufnahme

Für die Beweisaufnahme ergeben sich in den USA und in Deutschland schon aufgrund der Unterschiede des "common law" Systems gegenüber dem "civil law" System andere Voraussetzungen für die Gewährung rechtlichen Gehörs. So

---

[211] Vgl. *Haas*, Anerkennung und Vollstreckung ausländischer und internationaler Schiedssprüche, S. 212.
[212] *Domke*, The Law and Practice of Commercial Arbitration, Chapter 24; *Holtzmann*, National Report: United States, YCA II (1977) 116, 127.
[213] *Thaler v. Albermann*, 135 N.Y.S., 2d 532, 534 (1954).
[214] OLG Frankfurt RIW 1989, 914.
[215] BGH NJW 1992, 2299.
[216] Vgl. *Carbonneau*, International Arbitration – The United States, in: Internationale Schiedsgerichtsbarkeit: Generalbericht und Nationalberichte, S. 875 (1997); *Borris*, Die internationale Handelsschiedsgerichtsbarkeit in den USA,
S. 79; *Schwab/Walter*, Schiedsgerichtsbarkeit, S. 131.
[217] § 5 (a) UAA; *5 AmJur 2d*, Arbitration and Award, § 117.

bereiten US-amerikanische Rechtsanwälte regelmäßig ihre Zeugen auf die Verhandlung vor dem Schiedsgericht vor[218]. Nimmt hingegen der Rechtsanwalt in Deutschland vor dem Schiedsverfahren Kontakt zu dem Zeugen auf, so besteht die Gefahr, daß der Zeuge wegen dieses vorherigen Kontakts seine Glaubwürdigkeit verliert[219].

Desweiteren kann nach § 10 (c) FAA ein Schiedsspruch aufgehoben werden, wenn das Schiedsgericht sich geweigert hat, angebotene erhebliche Beweise zu erheben[220]. Dagegen bildet das Übergehen eines Beweisantrages nach der Rechtsprechung des BGH in der Regel noch keinen Versagungsgrund aufgrund der Verletzung rechtlichen Gehörs[221]. Die Entscheidung des Schiedsgerichts, ob der Beweisantrag erheblich war, wird aber auch in den USA vom staatlichen Gericht nur im Hinblick auf eine grobe und unbillige Verletzung des Anspruchs auf rechtliches Gehör überprüft[222]. Ähnlich der Erheblichkeitsprüfung in den USA wird in Deutschland nach Auffassung des BGH einem Schiedsspruch nur dann die Anerkennung versagt, wenn die Verletzung des rechtlichen Gehörs geeignet war, das Ergebnis des Schiedsspruchs zu beeinflussen[223]. Hierzu genügt, daß die Partei, welche die Aufhebung des Schiedsspruchs verlangt, darlegt, daß der Schiedsspruch auf dem Verstoß beruhen kann[224].

c) Kompetenzüberschreitung des Schiedsgerichts

(1) Allgemeines

Einem Schiedsspruch ist nach Art. V Abs. 1 c UNÜ die Anerkennung zu versagen, wenn er nicht die im Schiedsvertrag erwähnten Streitpunkte betrifft oder über die Grenzen des Schiedsvertrags hinausgeht; unter Umständen kommt eine teilweise Anerkennung in Frage, wenn der fehlerhafte Teil der Entscheidung sich vom nichtfehlerhaften trennen läßt[225].

---

[218] Vgl. *Brown/Houck*, Arbitrating International Antitrust Disputes, 7 J. Int'l Arb. 77, 86 (1990).

[219] *Reiner*, Handbuch der ICC Schiedsgerichtsbarkeit, S. 211.

[220] Eine ähnliche Regelung enthält § 12 Abs. 5 UAA.

[221] BGH NJW 1992, 2299, 2300 und NJW-RR 1993, 445.

[222] *Fairchild & Co., Inc. v. Richmond*, F. & P.R. Co., 516 F. Supp. 1305, 1314 f. (D.C.D.C. 1981); *Annotation*, 75 ALR 3d, 132 ff. (1977).

[223] BGHZ 31, 43, 46f.; BGH NJW 1992, 2299; *Lachmann*, Handbuch für die Schiedsgerichtspraxis, S. 158.

[224] BGH NJW 1986, 1436; BGH NJW 1990, 2199.

[225] *Schwab/Walter*, Schiedsgerichtsbarkeit, S. 493.

Entgegen dem Wortlaut des Art. V Abs. 1 c UNÜ umfaßt diese Vorschrift nicht nur die Überschreitung des Umfangs des Schiedsvertrages, sondern vielmehr alle Fälle, in denen das Schiedsgericht von den Parteianträgen abweicht[226].

(2) Voraussetzungen einer Kompetenzüberschreitung

Die Feststellung, ob eine Überschreitung der schiedsrichterlichen Kompetenzen vorliegt, kann im Einzelfall Probleme bereiten. So hatte z.B. ein US-amerikanisches Gericht im Fall *Parson & Whittemore* (RAKTA)[227] darüber zu entscheiden, ob eine Kompetenzüberschreitung des Schiedsgerichts vorlag, weil das Schiedsgericht Schadensersatz wegen Ausfalls der Produktion zusprach, obwohl die Parteien einen Haftungsausschluß für solche Schäden vereinbart hatten[228]. Das Gericht wies den Einwand, das Schiedsgericht habe seine Entscheidungskompetenz überschritten, zurück[229]. Begründet wurde dies damit, daß das Schiedsgericht eine vertragliche Vereinbarung der Parteien übersehen und nicht seine schiedsrichterlichen Befugnisse überschritten habe[230]. Eine rechtlich falsche Entscheidung des Schiedsgerichts muß folglich nicht gleichzeitig zu einer Kompetenzüberschreitung iSd. Art. V Abs. 1 c UNÜ führen.

In einem späteren Fall hatte ein US-amerikanisches Gericht darüber zu entscheiden, ob das Schiedsgericht seine Kompetenz überschritten hatte, weil es einer Partei einen sofort fälligen Ausgleich in Geld zusprach, obwohl der Schiedsvertrag eine Klausel enthielt, nach welcher die Bestimmung der Höhe des Ausgleichsanspruchs den Verhandlungen der Parteien überlassen bleiben sollte[231]. Trotz der Abweichung vom Schiedsvertrag hat das Gericht eine Kompetenzüberschreitung der Schiedsrichter verneint. Zur Begründung heißt es, daß aus der Wendung „sämtliche Streitigkeiten aus dem Vertrag seien durch ein Schiedsverfahren zu lösen“ auch die Zuständigkeit des Schiedsgerichts folge, über die Höhe des Ausgleichsanspruchs zu entscheiden, und im übrigen widerspreche eine solche Auslegung des Vertrages nicht offensichtlich dem Willen der Parteien[232].

---

[226] Vgl. *van den Berg*, The New York Arbitration Convention of 1958, S. 314-317.

[227] *Parson & Whittemore Overseas Co. Inc. v. Société Générale de l'Industrie et du Papier (RAKTA) and Bank of America*, 508 F.2d 969 (2nd Cir. 1974).

[228] Die Klausel lautete: „(n)either party shall have any liability to loss of production“.

[229] A.a.O., Fn. 32.

[230] Vgl. hierzu auch *van den Berg*, The New York Arbitration Convention of 1958, S. 317.

[231] *Management & Technical Consultants S.A. v. Parson-Jurdan Int. Corp.*, YCA XIII (1988) 611 ff., (Court of Appeals, 9th Cir. 1987).

[232] *Management & ...v. Parson-Jurdan*, a.a.O.

Aus dieser Entscheidung wird deutlich, wie schwierig es bei auslegungsbedürftigen Bestimmungen festzustellen ist, ob eine Kompetenzüberschreitung durch Schiedsgerichte vorgelegen hat.

(3) Zusammenfassung

Bis jetzt ist nur ein Fall des Hanseatischen OLG Hamburg bekannt geworden, in welchem ein staatliches Gericht den Schiedsspruch nach Art. V Abs. 1 c UNÜ wegen einer Abweichung vom Schiedsvertrag (teilweise) aufgehoben hat[233]. Daraus ersieht man, daß die staatlichen Gerichte im allgemeinen sich nur sehr zurückhaltend im Hinblick auf die Feststellung einer Kompetenzüberschreitung verhalten. Sowohl in Deutschland als auch in den USA werden jedenfalls die Befugnisse des Schiedsgerichts i.S.v. Art. V Abs. 2 UNÜ weit ausgelegt[234]. Der Grund für diese weite Auslegung dürfte in der Schwierigkeit liegen, eine klare Unterscheidung zwischen einer unerlaubten Kompetenzüberschreitung und einer nicht zu sanktionierenden fehlerhaften Rechtsanwendung vorzunehmen[235]. Die Prüfung, ob das Schiedsgericht bei seiner Entscheidung innerhalb seiner Kompetenzen geblieben ist, darf schließlich nicht zu einer Inhaltskontrolle des Schiedsspruchs führen.

d) Fehler bei der Konstituierung des Schiedsgerichts oder im Schiedsverfahren

(1) Art. V Abs. 1 d UNÜ

Versagungsgrund nach Art. V Abs. 1 d UNÜ ist, daß die Bildung des Schiedsgerichts oder das schiedsrichterliche Verfahren der Vereinbarung der Parteien oder, mangels einer solchen Vereinbarung, dem Recht des Landes, in dem das schiedsrichterliche Verfahren stattfand, nicht entsprochen hat.

---

[233] OLG Hamburg (17.2.1989) YCA XV (1990) 455, 463.

[234] *Reiner*, Handbuch der ICC-Schiedsgerichtsbarkeit, S. 178; *Mechanised Construction of Pakistan Ltd. v. Equipment Corp. (ACME)*, YCA XV (1990) 539, 542, (Court of Appeals, 2nd Cir. 1978); *Reconstruction Finance Corp. v. Harrisons & Crosfield, Ltd.*, 204 F.2d 366, 369 (2d Cir. 1953); *Hanes Corp. v. Milliard*, 531 F.2d 585, 598 ff (D.C.Cir. 1976).

[235] Vgl. *van den Berg*, The New York Arbitration Convention of 1958, S. 313; BGHZ 98, 32, 36.

Grundsätzlich können die Parteien das Recht, welches sie für die Bildung des Schiedsgerichts anwenden wollen, sowie das Recht des Schiedsverfahrens frei wählen[236]. So können die Parteien beispielsweise die Bildung des Schiedsgerichts ohne Bindung an ein staatliches Recht bestimmen, indem sie eine Schiedsordnung wählen, in welcher die Bildung des Schiedsgerichts geregelt ist[237]. In diesem Zusammenhang hatte ein US-Gericht nach einem ICC-Schiedsverfahren *La Société Nationale v. Shaheen Natural Resources* zu entscheiden, ob die angeblich vereinbarungswidrige Besetzung des Schiedsgerichts mit drei Schiedsrichtern statt einem Einzelschiedsrichter die Versagung der Anerkennung des Schiedsspruchs zur Folge haben müßte[238]. Das Gericht wies eine Verletzung des Art. V Abs. 1 d UNÜ zurück, da es davon ausging, daß der ICC-Schiedsgerichtshof unter besonderen Umständen nach eigenem Ermessen das Schiedsgericht mit drei Schiedsrichtern besetzen dürfe[239].

Wenn die Parteien sich auf kein Verfahren zur Bestellung der Schiedsrichter geeinigt haben, sehen die meisten Rechtsordnungen im übrigen eine Ersatzbestellung durch staatliche Richter am Sitz des Schiedsgerichtes vor[240].

Eine fehlerhafte Bildung des Schiedsgerichts kann vorliegen, wenn der Schiedsvertrag der Gegenpartei bei der Besetzung des Schiedsgerichts ein Übergewicht gegeben hat, welches die andere Partei benachteiligt hat, wenn an dem Verfahren ein Schiedsrichter mitgewirkt hat, der überhaupt nicht oder nicht wirksam bestellt war (z.B. wegen Geschäftsunfähigkeit) oder bei welchem Ausschliessungs- oder Befangenheitsgründe vorgelegen haben[241].

(2) Die nationalen Regelungen

Auch nach dem autonomen Recht Deutschlands und der USA können die Parteien grundsätzlich die Zusammensetzung des Schiedsgerichts und die Auswahl der Schiedsrichter frei wählen; zwingende Vorschriften finden sich weder im

---

[236] *Schwab/Walter*, Schiedsgerichtsbarkeit, S. 431.
[237] *Granzow*, Das UNCITRAL-Modellgesetz, S. 199.
[238] 585 F.Supp. 57 (S.D.N.Y. 1983).
[239] ebenda
[240] Vgl. *Haas*, Anerkennung und Vollstreckung ausländischer und internationaler Schiedssprüche, S. 193 m.w.N.
[241] vgl. hierzu *Lachmann*, Handbuch für die Schiedsgerichtspraxis, S. 235.

FAA[242] noch in den einzelstaatlichen Schiedsgesetzen[243] sowie ebenfalls nicht in der alten[244] oder neuen Fassung der ZPO[245].

(a) Anzahl der Schiedsrichter

Während jedoch § 5 FAA auch bei fehlender Vereinbarung den Parteien keine bestimmte Anzahl von Schiedsrichtern vorschreibt, bestimmen die §§ 1028 a.F. und 1034 n.F. ZPO für den Fall des Fehlens einer Parteivereinbarung, daß die Zahl der Schiedsrichter zwei bzw. drei sein soll. Dabei ist die Regelung in § 1034 ZPO n.F. sicherlich vorteilhafter, da das Dreierschiedsgericht zugleich die häufigste Besetzung von Schiedsgerichten vor allem in internationalen Verfahren ist und aus diesem Grunde bereits in Art. 10 (2) UNCITRAL-Modellgesetz so geregelt wurde[246]. Hinzukommt, daß das Dreierschiedsgericht bei der Abstimmung über den Schiedsspruch den Fall der Stimmengleichheit vermeidet[247].

(b) Fehlerhafte Konstituierung als Versagungsgrund

Ein weiterer Unterschied des deutschen Rechts gegenüber der US-amerikanischen Regelung und derjenigen des UNÜ[248] ist, daß die Gesetzestexte der alten und neuen Fassung der ZPO klarstellen, daß der Aufhebungsgrund der fehlerhaften Konstituierung des Schiedsgerichts oder hinsichtlich des weiteren Verfahrens nur durchgreift, wenn anzunehmen ist, daß der Verfahrensmangel sich auf den Schiedsspruch ausgewirkt hat[249]. Hierdurch soll eine Aufhebung des Schiedsspruchs aus rein formalen Gründen, welche die Durchführung eines neuen Verfahrens zur Folge hätte, jedoch zu demselben Ergebnis wie der aufgehobene Schiedsspruch führen würde, verhindert werden[250].

---

[242] Vgl. § 5 FAA.
[243] Vgl. z.B. Cal. C.C.P. § 1281.6; Conn.Gen.Stats.Ann. § 52-411; Fla.Stats.Ann. § 682.04; N.Y.C.P.L.R. § 7504.
[244] Vgl. § 1028 ZPO a.F.
[245] vgl. § 1034 ZPO n.F.
[246] BT-Dr. 13/5274, S. 39.
[247] Diskussionsentwurf zur Neufassung des Zehnten Buchs der ZPO, S. 110.
[248] Vgl. hierzu *Schwab/Walter*, Schiedsgerichtsbarkeit, S. 496: „Ein Mangel bei der Bildung des Schiedsgerichts führt auf jeden Fall zu einer Versagung der Anerkennung und Vollstreckung".
[249] Vgl. § 1041 Abs. 1 Nr. 1, 2. Alt. ZPO a.F. („beruht") und § 1059 Abs. 2 Nr. 1 d) ZPO n.F.
[250] vgl. Diskussionsentwurf zur Neufassung des Zehnten Buchs der ZPO, S. 198.

Nach der ZPO a.F. stellte das Abweichen von den anzuwendenden Verfahrensvorschriften bei der Konstituierung des Schiedsgerichts oder im weiteren Verhandlungsverlauf im Rahmen des § 1044 ZPO a.F. zwar keinen selbständigen Grund zur Versagung der Anerkennung des Schiedsspruchs dar; dieser Fall wurde jedoch von § 1041 Abs. 1 Nr. 1, 2. Alt. ZPO a.F. (sonst unzulässiges Verfahren) erfaßt[251]. Für die Frage, ob sich der Fehler bei der Besetzung des Schiedsgerichts auf die Entscheidung ausgewirkt hat, ist entscheidend, ob der Schiedsspruch bei ordnungsgemäßer Zusammensetzung des Schiedsgerichts anders ausgefallen wäre[252]. Der BGH hat hierzu allerdings entschieden, daß die Partei, welche die Aufhebung des Schiedsspruchs begehrt, lediglich darlegen muß, daß der Schiedsspruch auf dem Verstoß wenigstens beruhen kann[253].

(c) Mangelnde Geschäftsfähigkeit eines Schiedsrichters

Sowohl in den USA als auch in Deutschland führt die mangelnde Geschäftsfähigkeit eines Schiedsrichters grundsätzlich zur Aufhebung des Schiedsspruchs wegen fehlerhafter Bildung des Schiedsgerichts[254].

(d) Ordentlicher Richter als Schiedsrichter

Während in Deutschland Richter bei den staatlichen Gerichten mittels einer Nebentätigkeitsgenehmigung auch ein Schiedsrichteramt übernehmen können, sollen Richter in den USA nicht als Schiedsrichter tätig werden. Dies geht aus dem *Code of Judicial Conduct* der *American Bar Association* (Appendix, Canon 5 (E)) hervor, welcher davon ausgeht, daß Richter grundsätzlich mit ihrer Tätigkeit am staatlichen Gericht bereits zu ausgelastet seien, um Zeit für die Übernahme eines Schiedsrichteramtes zu haben[255]. In Deutschland soll dieser Konflikt durch § 65 Abs. 2 Satz 1 BBG und § 42 Abs. 2 Satz 1 BRRG beseitigt werden, wonach die Nebentätigkeitsgenehmigung zu versagen ist, wenn zu besorgen ist, daß durch die Nebentätigkeit dienstliche Interessen beeinträchtigt werden. Diese Voraussetzung gilt in der Regel als erfüllt, wenn die zeitliche Bean-

---

[251] Vgl. BT-Dr. 13/5274, S. 59.

[252] *Lachmann*, Handbuch für die Schiedsgerichtspraxis, S. 235.

[253] BGHZ 31, 43, 47; BGH NJW 1986, 1436, 1438.

[254] Vgl. *Carbonneau*, International Arbitration – The United States, in: Internationale Schiedsgerichtsbarkeit: Generalbericht und Nationalberichte, S. 875 (1997); *Borris*, Die internationale Handelsschiedsgerichtsbarkeit in den USA, S. 70; BGH NJW 1986, 3079, 3080.

[255] Vgl. hierzu auch *Hoellering*, Schiedsgerichtsbarkeit im deutsch-amerikanischen Wirtschaftsverkehr, 11, 16.

spruchung durch die Nebentätigkeit ein Fünftel der regelmäßigen wöchentlichen Arbeitszeit übersteigt[256]. Im schiedsrichterlichen Verfahren dürfte dies nicht selten der Fall sein.

Dem Richter darf desweiteren eine Nebentätigkeit nur genehmigt werden, wenn die Parteien des Schiedsvertrages ihn gemeinsam beauftragen oder wenn er von einer unbeteiligten Stelle benannt ist (§ 40 Abs. 1 Satz 1 DRiG). Diese Regelung soll verhindern, daß der Richter seine Kenntnisse nur der Interessenvertretung einer Partei zur Verfügung stellt[257].

(3) Der Grundsatz der Unparteilichkeit der Schiedsrichter

Unter den Versagungsgrund des Fehlers bei der Bildung des Schiedsgerichts gehört auch der Fall, daß ein Schiedsspruch ergangen ist, obwohl ein Schiedsrichter parteiisch war[258]. Im deutschen und im US-amerikanischen Rechtskreis hat das Gebot überparteilicher Rechtspflege entscheidende Bedeutung. So sehen § 10 (b) FAA und sämtliche einzelstaatlichen Schiedsgesetze in den USA die Parteilichkeit der Schiedsrichter als Aufhebungsgrund für einen Schiedsspruch an[259]. Unterschiede des deutschen gegenüber dem US-amerikanischen Recht ergeben sich dadurch, daß in einigen Einzelstaaten die Neutralität und Unparteilichkeit nur für den Einzelschiedsrichter oder den Vorsitzenden Schiedsrichter eines Dreier-Schiedsgerichts, aber nicht für den von einer Partei ernannten Schiedsrichter verlangt wird[260]. Nicht selten vereinbaren die Parteien sogar, daß Anwälte als Schiedsrichter bestellt werden, die sie in derselben Angelegenheit, die sodann Gegenstand des Schiedsverfahrens wird, beraten haben[261]. Schiedssprüche, die unter diesen Bedingungen ergangen sind, werden von den US-amerikanischen Gerichten ohne weiteres für die Vollstreckung akzeptiert[262].

---

[256] § 65 Abs. 2 Satz 3 BBG, § 42 Abs. 2 Satz 3 BRRG.

[257] BVerwG DRiZ 1984, 20 f.

[258] *Annotation*, 56 ALR 3d 815 (1974); *Schwab/Walter*, Schiedsgerichtsbarkeit, S. 86.

[259] Vgl. z.B. Cal.C.C.P. § 1286.2; im übrigen zumeist in Anlehnung an § 12 (a)(2) UAA.

[260] Vgl. z.B. das New Yorker Prozeßrecht, § 7511.16 NYCPLR.

[261] Vgl. *Astoria Medical Group v. Health Insurance Plan of Greater New York*, 227 N.Y.S. 2d 401, 406 (Court of Appeals 1962). Interessant ist in diesem Zusammenhang auch die Entscheidung des US Court of Appeals in *Health Service Management Corp. v. Hughes*, 975 F.2d 1253 (7th Cir. 1992), in der die Tatsache, daß einer der Schiedsrichter in einem Bauprozeß vor 20 Jahren in demselben Architektenbüro wie eine der Parteien tätig war und weiterhin Kontakte zwischen Partei und Schiedsrichter bestanden, nicht zur Feststellung der Parteilichkeit des Schiedsrichters geführt hat.

[262] Vgl. *Böckstiegel*, Schiedsgerichtsbarkeit im deutsch-amerikanischen Wirtschaftsverkehr, 45, 49.

Dem Gebot richterlicher Neutralität und Distanz wurde vom BGH eine so grundsätzliche Bedeutung zugemessen, daß es auch im schiedsrichterlichen Verfahren zu beachten ist[263]. Im Gegensatz zu den USA liegt in Deutschland ein Ablehnungsgrund wegen Besorgnisses der Befangenheit vor, wenn ein Rechtsanwalt Schiedsrichter ist, der die Partei gewöhnlich vertritt oder in gleichliegender Sache einmal vertreten hat[264].

Im deutschen Recht kann sowohl nach der alten als auch nach der neuen ZPO-Fassung bereits nach der Bekanntgabe der Zusammensetzung des Schiedsgerichts die Ablehnung eines Schiedsrichters beantragt werden[265]. In den USA prüfen die Gerichte dagegen Einwände gegen die Parteilichkeit eines Schiedsrichters regelmäßig erst, wenn der ergangene Schiedsspruch bestätigt oder aufgehoben werden soll[266]. Grundsätzlich können sie zwar auch Schiedsrichter schon während des Verfahrens abberufen; da dies jedoch als unerwünschter Eingriff in das Schiedsverfahren angesehen wird, wird hiervon nur äußerst selten Gebrauch gemacht[267].

Der Vorteil der deutschen Regelung liegt darin, daß sie gewährleistet, daß Ablehnungsgründe möglichst frühzeitig geltend gemacht werden[268]. Der Gefahr, daß eine Partei ihr Ablehnungsgesuch solange hinauszögert, bis es ihr aus Gründen des Verfahrensstandes aus ihrer Sicht günstig erscheint, und damit ganze Verfahrensabschnitte hinfällig macht, wird dadurch vorgebeugt, daß § 1037 Abs. 2 Satz 1 ZPO n.F. den Antrag auf Ablehnung eines Schiedsrichters nur während einer Frist von zwei Wochen nach Kenntnis der Zusammensetzung des Schiedsgerichts erlaubt[269]. Anderenfalls ist das versäumte Ablehnungsrecht ausgeschlossen.

---

263 BGHZ 54, 395; 65, 59, 62; BGH NJW 1986, 3027, 3028.

264 RGZ 152, 9; OLG Hamburg JZ 1956, 226; *Schwab/Walter*, Schiedsgerichtsbarkeit, S. 120.

265 Vgl. § 1037 ZPO n.F. und § 1032 ZPO a.F.

266 *Hoellering*, Schiedsgerichtsbarkeit im deutsch-amerikanischen Wirtschaftsverkehr, S. 11, 17.

267 *Holtzmann*, National Report: United States, YCA II (1977), 116, 125.

268 Vgl. Diskussionsentwurf zur Neufassung des Zehnten Buchs der ZPO, S. 120.

269 Nach der alten Fassung der ZPO läßt sich nur aus dem in § 1032 Abs. 1 enthaltenen schlüssigen Verweis auch auf § 44 Abs. 4 ZPO herleiten, daß die Ablehnung vor der Einlassung zur Sache erklärt werden muß.

e) Verstöße gegen den ordre public

Nach dem UN-Übereinkommmen[1] sowie nach US-amerikanischem[2] und neuem[3] und altem deutschen Prozeßrecht[4] stellt der Verstoß gegen den ordre public des Vollstreckungsstaates einen von Amts wegen zu berücksichtigenden Grund für die Versagung der Anerkennung eines Schiedsspruchs dar. Ein Verzicht auf diesen Grund für die Versagung der Anerkennung ist nicht möglich[5].

(1) Zum Begriff des ordre public

Sowohl in den USA als auch in Deutschland greift die Verletzung des ordre public als Grund für die Versagung der Anerkennung eines Schiedsspruchs nur in sehr engen Grenzen. Eine bloße Verletzung materiellen Rechts reicht hierfür nicht aus[6].

(a) In den USA

US-amerikanische Gerichte haben entschieden, daß es nicht genügt, wenn die außerhalb der USA erfolgreich geführte Klage vor einem US-Gericht keinen Erfolg gehabt hätte; vielmehr muß für die Annahme eines Verstoßes gegen den ordre public ("public policy") ein starkes öffentliches Interesse in den USA mit der ausländischen Entscheidung in direktem Konflikt stehen[7]. Die Vollstreckung des ausländischen Schiedsspruchs muß unvereinbar mit den fundamentalen Rechtsgrundsätzen der Sittlichkeit und Gerechtigkeit sein („where enforcement would violate the forum state's most basic notions of morality and justice")[8].

---

[1] Art. V Abs. 2 b UNÜ.

[2] wie nach dem UNÜ, da dieses in den FAA implementiert wurde; vgl. auch die für die meisten Einzelstaaten maßgeblichen Regelungen der UAA, § 4 (b) (3).

[3] § 1059 Abs. 2 Nr. 2 b ZPO n.F.

[4] § 1044 Abs. 2 Nr. 2 und § 1041 Abs. 1 Nr. 2 ZPO a.F.

[5] *Schwab/Walter*, Schiedsgerichtsbarkeit, S. 220; *Haas*, Anerkennung und Vollstreckung ausländischer und internationaler Schiedssprüche, S. 223.

[6] *Barry*, Application of the Public Policy Exception, 51 Temp. L.Q. 832 (1978); *Schwab/Walter*, Schiedsgerichtsbarkeit, S. 220.

[7] *Hunt v. BP Exploration Co. (Libya) Ltd.*, 492 F.Supp. 885, 901 (N.D. Tex. 1980); *Toronto-Dominion Bank v. Hall*, 367 F.Supp. 1009 (E.D. Ark. 1973).

[8] *Parsons Whittemore Overseas Co. Inc. v. RAKTA*, 508 F.2d 969, 937-974 (2d Cir. 1974); *Fotochrome, Inc. v. Copal Co., Ltd.*, 517 F.2d 512, 516 (2d Cir. 1975); *Biotronik Mess- und Therapiegeräte v. Medford Medical Instrument Co.*, 415 F.Supp. 133, 140 (D.New Jersey 1976); *Waterside Ocean Nav. v. Int. Nav., Ltd.*, 737 F.2d 150, 152 (2d Cir. 1984).

(b) In Deutschland

In Deutschland entschied der BGH, daß ein Schiedsspruch gegen den ordre public verstoße, wenn er eine Norm verletze, welche die Grundlagen des staatlichen oder wirtschaftlichen Lebens regele oder mit deutschen Gerechtigkeitsvorstellungen in einem untragbaren Widerspruch stehe[9]. Anders als der US-amerikanische public policy-Begriff, welcher sich lediglich auf "Moral und Gerechtigkeit" bezieht, umfaßt der deutsche ordre public-Begriff somit ausdrücklich auch wirtschaftsrechtliche Vorschriften[10]. Verstöße gegen wirtschaftsrechtliche Vorschriften, die eine ordre public-Verletzung darstellen, sind z.B. möglich bei Preisbindungsvorschriften[11], Devisenbestimmungen[12], Einfuhrbestimmungen[13] sowie kartellrechtliche Vorschriften[14]; seit der Neufassung des § 58 BörsenG[15] allerdings nicht mehr der Differenzeinwand gegenüber Börsentermingeschäften[16].

Trotz allem wird auch in Deutschland wie in den USA eine ordre public-Verletzung nur bei schwerwiegenden Eingriffen angenommen, und die Feststellung eines Verstosses gegen den ordre public bedarf immer einer Konkretisierung im jeweiligen Einzelfall.

(c) Unterscheidung zwischen materiell-rechtlichem und verfahrensrechtlichem ordre public

Der ordre public-Verstoß kann sowohl verfahrensrechtlicher als auch materiell-rechtlicher Natur sein[17].

---

[9] BGHZ 39, 173; BGH NJW 1975, 1600, 1601; BGH NJW 1978, 1114, 1115; BGH NJW-RR 1991, 757; vgl. auch OLG Hamburg RIW 1991, 152.

[10] Vgl. *Kuner*, The Public Policy Exception to the Enforcement of Foreign Arbitral Awards in the United States and West Germany Under the New York Convention, 7 J. Int'l Arb. 71, 77 n. 37 (1990).

[11] BGHZ 27, 249.

[12] RGZ 108, 139.

[13] BGH KTS 1964, 174.

[14] BGH NJW 1969, 978; BGH KTS 1970, 24; BGHZ 30, 89 ff.

[15] BGBl. 1989 I, 1412.

[16] Vgl. früher: BGH NJW 1987, 3193 ff.; OLG Düsseldorf RIW 1990, 401; seit der Neufassung v. § 58 BörsenG: BGH IPRax 1992, 380; BGH NJW-RR 1993, 1519.

[17] BGH NJW 1973, 98; OLG Köln ZZP 91, 318; *Schütze*, Schiedsgericht und Schiedsverfahren, 123.

Ein Verstoß gegen den materiellen ordre public kann darin liegen, daß ein mißbilligtes Rechtsverhältnis zur Durchsetzung gebracht werden soll oder daß der Schiedsspruch eine Partei zu einer Handlung verurteilt, deren Vornahme gesetzlich verboten ist[18].

Ein Verstoß gegen den verfahrensrechtlichen ordre public kommt in Betracht, wenn der Schiedsspruch in einer Weise zustande gekommen ist, die mit den Minimalanforderungen an einen rechtsstaatlichen Prozeß nicht vereinbar ist[19]. Trotz des hohen Stellenwertes der Begründungspflicht nach deutschem internem Schiedsverfahrensrecht gehört die Begründung des ausländischen Schiedsspruchs nicht zu den Mindestanforderungen des rechtsstaatlichen Prozesses[20]. Die Mindestanforderungen sind aber zumindest in Deutschland nicht allein schon dann verletzt, wenn die Schiedsrichter parteiisch waren[21]. Nur die Partei, die von dem Verfahrensmangel betroffen ist, kann sich auf diesen berufen[22].

In den USA wurde die Parteilichkeit eines Schiedsrichters nicht als Verstoß gegen den ordre public-Vorbehalt betrachtet[23]. So reiche nach Ansicht der US-amerikanischen Gerichte die Parteilichkeit nur eines Schiedsrichters bei einem Dreier-Schiedsgericht nicht aus, wenn an der Unparteilichkeit des neutralen vorsitzenden Schiedsrichters kein Zweifel bestehe; im übrigen solle die bloße „Besorgnis" der Befangenheit nicht für die Annahme eines Verstosses gegen fundamentale US-amerikanische Rechtsgrundsätze genügen[24].

Während also im deutschen Rechtsraum an die Unparteilichkeit der Schiedsrichter grundsätzlich die gleichen Anforderungen wie an staatliche Richter gestellt werden, wird im US-amerikanischen Recht danach unterschieden, ob parteiernannte Schiedsrichter oder unabhängige eingesetzt werden.

Meines Erachtens birgt die US-amerikanische Regelung jedoch die Gefahr, daß eine Verfahrenspartei ein nicht wünschenswertes Übergewicht bei der Schieds-

---

18 *Schwab/Walter*, Schiedsgerichtsbarkeit, S. 279; so auch wörtlich in der alten Fassung des § 1044 Abs. 2 Nr. 2 ZPO a.F.

19 BGH NJW 1978, 1114, 1115.

20 LG Berlin KTS 1966, 182, 184; OLG Hamburg YCA IV (1979), 266.

21 Vgl. OLG Köln ZZP 91, 318; *Schlosser*, Die Unparteilichkeit des Schiedsrichteramtes, ZZP 93 (1980), 121 ff; *Kornblum*, Das „Gebot überparteilicher Rechtspflege" und der deutsche schiedsrechtliche ordre public, NJW 1987, 1105 ff. m.w.N.

22 vgl. *Geimer*, Internationales Zivilprozeßrecht, S. 929.

23 vgl. z.B. *Imperial Ethopian Government v. Baruch-Foster Corp.*, 535 F.2d 334 (5th Cir. 1976); *Fertilizer Corp. of India v. IDI Management Inc.*, 517 F.Supp. 948, 953, 954 (S.D.Ohio 1981).

24 *Fertilizer Corp. v. IDI*, a.a.O.

richterbestellung gewinnt, falls die andere Partei nicht von der Möglichkeit Gebrauch macht, einen ihr "wohlgesonnenen" Schiedsrichter zu bestellen. Die Regelung kann dazu führen, daß jeder einen "parteiischen" Schiedsrichter wählt, welcher sodann quasi als verlängerter Arm der Partei fungiert. Dies dürfte dem Zweck des Dreier-Schiedsgerichts (z.B. Arbeitserleichterung, abgewogene Entscheidungen) faktisch zuwiderlaufen.

(2) Abgrenzung zwischen materiell-rechtlichem ordre public und objektiver Schiedsfähigkeit

Gemäß Art. V Abs. 2 a UNÜ ist die Anerkennung des Schiedsspruchs zu versagen, wenn der Streitgegenstand nicht schiedsfähig war. Nach Art. V Abs. 2 b entfällt eine Anerkennung im Falle eines Verstoßes gegen den ordre public. Die Abgrenzung bereitet vor allem aufgrund der recht unterschiedlichen Anwendung dieser beiden Gründe für die Versagung der Anerkennung eines Schiedsspruchs in den USA und in Deutschland Schwierigkeiten. Oftmals sind die Übergänge fließend.

Begrifflich erscheint eine Abgrenzung hingegen durchaus möglich. So entzieht der Gesetzgeber bei der objektiven Schiedsfähigkeit von vornherein abstrakt bestimmte Streitgegenstände der Entscheidungskompetenz der Schiedsgerichte, da er anderenfalls seine wirtschafts- oder gesellschaftspolitischen Interessen durch die Tätigkeit der Schiedsgerichte gefährdet sehen würde[25].

Hinsichtlich des Verstoßes gegen den ordre public beschränkt sich der Gesetzgeber hingegen darauf, nur diejenigen Schiedssprüche für unwirksam zu erklären, welche konkret gegen zwingende und unverzichtbare Rechtssätze verstoßen[26].

Beide Gründe für die Versagung der Anerkennung sind somit zeitlich versetzte Inhaltskontrollen des Schiedsspruchs. Insofern könnte man auf den Gedanken kommen, die objektive Schiedsfähigkeit in dem ordre public-Vorbehalt aufgehen und Art. V Abs. 2 a UNÜ wegfallen zu lassen[27]. Dem muß jedoch entgegengehalten werden, daß die meisten Schiedssprüche freiwillig erfüllt werden, so daß der ordre public-Vorbehalt im Zeitpunkt der Anerkennung und Vollstrek-

---

[25] Vgl. *v. Hülsen*, Die Gültigkeit von internationalen Schiedsvereinbarungen, S. 117.
[26] vgl. *Haas*, Anerkennung und Vollstreckung ausländischer und internationaler Schiedssprüche, S. 243.
[27] So z.B. *van den Berg*, The New York Arbitration Convention of 1958, S. 368 ff.

kung oft nicht greifen würde[28]. Hinzukommt, daß in vielen Fällen der Nachweis eines ordre public-Verstoßes schwer zu führen ist[29]. Es empfiehlt sich deshalb - wie in den USA und in Deutschland - beide Gründe für die Versagung der Anerkennung eines Schiedsspruchs nebeneinander aufrechtzuerhalten.

Während die USA den Schwerpunkt ihrer Kontrolle auf die objektive Schiedsfähigkeit legen und den ordre public-Vorbehalt eher zurückhaltend anwenden[30], liegt der Schwerpunkt der Kontrolle in Deutschland auf der Prüfung des ordre public. Beide Systeme finden insoweit einen Ausgleich zwischen den zwei Gründen für die Versagung der Anerkennung eines Schiedsspruchs[31]. Vor allem in den USA haben die Gerichte bei der Bestimmung der Schiedsfähigkeit des Streitgegenstandes den ordre-public-Vorbehalt und den Einwand der Nicht-Schiedsfähigkeit oftmals vermengt[32]. Aufgrund der engen Beziehung dieser beiden Gründe für die Versagung der Anerkennung können diese letztlich nicht vollständig voneinander getrennt werden. Es kann vielmehr davon ausgegangen werden, daß die Schiedsfähigkeit zum ordre public des Anerkennungs- und Vollstreckungsstaates gehört[33].

(3) Vergleich zwischen internem und internationalem ordre public

Teilweise werden im Rahmen des ordre public-Vorbehalts Unterschiede danach gemacht, ob es sich um einen internationalen oder um einen internen Schiedsspruch handelt. Diese Unterscheidung zwischen einem strengeren "ordre public interne" und einem toleranterem "ordre public international" wurde zuerst insbesondere in Frankreich für notwendig gehalten, weil zum französischen ordre public alle zwingenden nationalen Vorschriften gezählt wurden[34].

---

[28] *Drobnig*, Internationale Schiedsgerichtsbarkeit und wirtschaftliche Eingriffsnormen, FS Kegel, S. 116.

[29] Vgl. *Wilkinson*, Judicial Review of Foreign Arbitral Awards, 26 Colum. J. Transnat'l L. 407, 422 (1988).

[30] Vgl. *Carbonneau*, International Arbitration – The United States, in: Internationale Schiedsgerichtsbarkeit: Generalbericht und Nationalberichte, S. 875, 880 ff., m.w.N. (1997); *van den Berg*, The New York Arbitration Convention of 1958, S. 366; *Borris*, Die internationale Handelsschiedsgerichtsbarkeit in den USA, S. 123.

[31] Vgl. hierzu auch *Böckstiegel*, Public Policy and Arbitrability, ICCA (No. 3) 177, 183.

[32] Vgl. *Pietrowski*, Enforcing International Commercial Arbitration Agreements, 36 Am. U. L. Rev. 57, 67 (1986).

[33] So auch *Schwab/Walter*, Schiedsgerichtsbarkeit, S. 504.

[34] Vgl. *Soc. Impex c/ P.A.Z., Malteria Adriatica, Malteria Tirrena*, Cour de Cassation 18.5.1971 und Art. 1502 no. 5 NCPC, wonach der ausländische Schiedsspruch am "ordre public international" zu messen ist.

(a) Die Unterscheidung in Deutschland

In Deutschland ist die Unterscheidung zwischen internem und internationalem ordre public umstritten[35].

Den Anhängern einer solchen Unterscheidung ist zuzugestehen, daß das Prinzip der Achtung der Staaten untereinander grundsätzlich gebietet, bei der Anwendung inländischen Rechts auf Auslandssachverhalte Zurückhaltung zu üben[36]. Der BGH beruft sich auf den ordre public international, ohne einen Unterschied herauszuarbeiten[37].

Zu bedenken ist, daß der für deutsche Schiedssprüche geltende ordre public-Vorbehalt gerade nicht wie in Frankreich sämtliche Verstöße gegen zwingendes deutsches Recht erfaßt. Der deutsche ordre public-Begriff ist in Bezug auf die Kontrolle internationaler Schiedssprüche grundsätzlich also genauso eng gefaßt wie bezüglich der Kontrolle nationaler Schiedssprüche[38]. Es ist kein Grund ersichtlich, weshalb der annerkennungsrechtliche ordre public in der internationalen Schiedsgerichtsbarkeit grundsätzlich ein anderer sein sollte. Auch sonst wird im internationalen Anerkennungsrecht eine solche Unterscheidung nicht getroffen. Die Angriffsintensität des ordre public dürfte gegenüber ausländischen Schiedssprüchen die gleiche sein wie gegenüber ausländischen Urteilen und inländischen Schiedssprüchen[39]. Für eine Differenzierung zwischen beiden Vorbehaltsklauseln ist folglich kein Raum[40]. Zumindest für die Fälle ohne bzw. mit nur geringem Inlandsbezug sollte aber eine Abstufung oder Abmilderung des ordre public-Maßstabes nicht ausgeschlossen werden[41]. Nur so besteht die Möglichkeit, im Einzelfall die Besonderheiten des streitgegenständlichen internationalen Rechtsverhältnisses mit zu berücksichtigen.

---

[35] Für diese Unterscheidung ist insbesondere der BGH, vgl. BGHZ 48, 327, 331; BGHZ 98, 70, 73; BGH NJW 1990, 2199, 2200; gegen eine Unterscheidung vgl. *Kornblum,* Das „Gebot überparteilicher Rechtspflege" und der deutsche schiedsrechtliche ordre public, NJW 1987, 1105, 1106; ders. In FS Nagel 1987, „Ordre public transnational", „ordre public international" und „ordre public interne" im Recht der privaten Schiedgerichtsbarkeit, S. 140 ff; *Schwab/Walter*, Schiedsgerichtsbarkeit, S. 278 f; *Geimer*, Internationales Zivilprozeßrecht, S. 929 f.

[36] vgl. *Haas*, Anerkennung und Vollstreckung ausländischer und internationaler Schiedssprüche, S. 220.

[37] Vgl. BGH RIW 1990, 494 = IPRax 1991, 244.

[38] Vgl. *Kornblum*, Das „Gebot überparteilicher Rechtspflege" und der deutsche schiedsrechtliche ordre public, NJW 1987, 1105, 1106.

[39] *Geimer*, Internationales Zivilprozeßrecht, S.929.

[40] So auch *Schwab/Walter*, Schiedsgerichtsbarkeit, S. 278.

[41] Vgl. BGH WM 1986, 987.

(b) Die Unterscheidung in den USA

Auch in den USA werden aus diesem Grunde bei der ordre public Prüfung internationaler Fälle teilweise weniger strenge Maßstäbe angelegt als bei rein nationalen Fällen, obwohl auch in den USA der ordre public-Vorbehalt nur sehr zurückhaltend angewendet wird. In der Entscheidung *Mitsubishi Motors Corp. v. Soler Chrysler-Plymouth, Inc.* [42] bestimmte das Gericht z.B., daß Schiedssprüche, die in einem nationalen Kontext nicht schiedsfähig wären, in internationalen Fällen aufgrund der Besonderheiten des internationalen Handels und aus Gründen des Respekts gegenüber ausländischen Rechtssystemen für vollstreckbar erklärt werden könnten.

Inwieweit diese Abstufung von US-amerikanischen Gerichten vorgenommen wird, hängt vom Einzelfall ab und wird im folgenden noch genauer untersucht werden.

(4) Verstöße gegen den materiell-rechtlichen ordre public

(a) In den USA

In den USA konnte eine ordre public Verletzung nur selten erfolgreich geltend gemacht werden, obwohl eine Reihe von Klagen unter diesem Einwand geführt wurden[43].

(i) *Parsons & Whittemore v. RAKTA*

Die Entscheidung *Parsons & Whittemore v. RAKTA* stellte die erste ausführliche Diskussion des ordre public-Einwands vor US-amerikanischen Gerichten zur Verfügung[44]. *Parsons & Whittemore* behauptete, sie sei in Anbetracht des Abbruchs der freundschaftlichen Beziehungen zwischen den USA und Ägypten als US-amerikanische Staatsbürgerin zur Aufgabe des vertraglich vereinbarten Projekts gezwungen gewesen. Das Gericht ließ diese Argumentation jedoch

---

[42] 723 F.2d 155 (1st Cir. 1983), modified, 53 U.S.L.W. 5069, 5073-74 (U.S. July 2, 1985).

[43] Vgl. *Carbonneau*, International Arbitration - The United States, in: Internationale Schiedsgerichtsbarkeit: Generalbericht und Nationalberichte, S. 875, 880 ff., m.w.N. (1997); *van den Berg*, The New York Arbitration Convention of 1958, S. 366.

[44] *Parsons & Whittemore Overseas Co. v. Société Générale de l'Industrie du Papier (RAKTA)*, 508 F.2d 969 (2d Cir. 1974).

nicht gelten, da der ordre public- bzw. public policy-Einwand nicht dazu gedacht sei, nationale politische Interessen zu schützen[45]. Die Gleichstellung von "national policy" und "public policy" würde den Zweck des UN-Übereinkommens, die Anerkennung und Vollstreckung generell zu erleichtern, unterlaufen; deshalb solle der public policy-Einwand des UN-Übereinkommens eng ausgelegt werden[46].

(ii) *Mitsubishi v. Soler*

Der ordre public-Einwand wurde desweiteren in *Mitsubishi v. Soler* unter Vermengung mit dem Einwand der mangelnden Schiedsfähigkeit erhoben[47]. Der Streit entstand wegen einer Schiedsvereinbarung zwischen einer japanischen und einer US-amerikanischen Partei. Obwohl die Schiedsvereinbarung als Schiedsort Japan bestimmte, klagte die US-amerikanische Partei vor dem US-District Court unter Berufung auf die zur Bundeszuständigkeit gehörenden Antitrust-Gesetze. Ein US-District Court des First Circuit entschied, daß die Antitrust Ausnahme, die von einigen Circuit Courts entwickelt wurde, dazu führte, Antitrust Streitigkeiten allgemein für nicht schiedsfähig zu erklären[48]. Unterstützend zitierte das Gericht Art. II Abs. 1 UNÜ, welcher solche Streitigkeiten von der Schiedsgerichtsbarkeit ausschließe, da diese nicht "fähig seien, durch ein Schiedsgericht entschieden zu werden"[49]. Der US-Supreme Court hob die Entscheidung des Distriktgerichts des First Circuit auf und bestätigte seine bereits zuvor geäußerte Auffassung[50], daß kartellrechtliche Ansprüche schiedsfähig seien, wenn die zugrundeliegende Streitigkeit einen internationalen Charakter besitze. Das Gericht entschied, daß in *Mitsubishi* wie in *Scherk* diese Auffassung durch den starken bundesrechtlichen Trend, die Schiedsgerichtsbarkeit zu fördern, bestärkt werde und eine public policy Verletzung insoweit nicht vorliege[51].

---

[45] Vgl. 508 F.2d 969, 974: „...to read the public policy defense as a parochial device protective of national political interests would seriously undermine the Convention's utility".
[46] A.a.O.: „The general pro-enforcement bias informing the Convention ... points toward a narrow reading of the public policy defense".
[47] *Mitsubishi Motors Corp. v. Soler Chrysler-Plymouth, Inc.*, 723 F.2d 155 (1st Cir. 1983) modified, 53 U.S.L.W. 5069 (U.S. July 2, 1985).
[48] Vgl. z.B. *Cobb. v. Lewis*, 488 F.2d 41 (5th Cir. 1974); *American Safety Equipment Corp. v. J.P. McGuire & Co.*, 391 F.2d 821 (2d Cir. 1968).
[49] *Mitsubishi*, 723 F.2d, a.a.O., S. 164-66; zustimmend auch *Ovington*, Arbitration and U.S. Antitrust Law: A Conflict of Policies, 2 J. Int. Arb. 53 (1985).
[50] Vgl. *Scherk v. Alberto-Culver Co.*, 417 U.S. 506 (1974), reh. den. 419 U.S. 885 (1974); a.A. *Carbonneau*, Mitsubishi, The Folly of Quixotic Internationalism, 2 Arb. Int. 116 (1986).
[51] *Mitsubishi*, 53 U.S.L.W., a.a.O., S. 5074.

Der US-Supreme Court ließ dabei unentschieden, ob die American-Safety-Doktrin[52], wonach Antitrust Streitigkeiten per se nicht schiedsfähig wären, zumindest für nationale Streitigkeiten gerechtfertigt sei[53].

(iii) *Fotochrome Inc. v. Copal Co.*

Die Entscheidung *In re Fotochrome Inc.*[54] illustriert in einem anderen Zusammenhang die enge Auslegung von Art. V Abs. 2 b UNÜ durch US-amerikanische Gerichte. Während das amerikanische Unternehmen Fotochrome in ein Schiedsverfahren in Japan involviert war, meldete es Konkurs an. Die Konkurseröffnung hatte zur Folge, daß damit alle anhängigen Klagen als ausgesetzt galten[55]. Seit der Entscheidung *Transmarittina Sarda Italnavi v. Foremost Insurance Co.*[56] dürften unter diese "Klagen" auch Schiedsverfahren fallen. Gegen Fotochrome erging in dem japanischen Schiedsverfahren trotz allem ein Schiedsspruch, welcher jedoch nachfolgend vom zuständigen US-Konkursgericht nicht anerkannt wurde. Dagegen entschied der zuständige US-Distrikt Court, daß der Konkursrichter nicht über die Feststellungen des Schiedsgerichts, die bereits vor Beginn des Konkursverfahrens getroffen wurden, entscheiden und deshalb nicht die Anerkennung des Schiedsspruchs versagen dürfe[57]. Der Court of Appeals als Berufungsinstanz bestätigte diese Entscheidung zwar, bestimmte aber bemerkenswerterweise nicht, ob das US-amerikanische Konkursrecht zur public policy gehört, wodurch die Anerkennung und Vollstreckung verhindert würde[58]. Das Gericht stellte lediglich fest, daß das UN-Übereinkommen nichts darüber aussagt, ob ein Konkursverfahren unter den ordre public-Vorbehalt fallen sollte und daß im übrigen der ordre public-Vorbehalt - wie bereits in *Parsons & Whittemore* entschieden - gerade in internationalen Schiedsverfahren ohnehin eng auszulegen sei[59].

---

[52] *American Safety Equipment Corp. v. J.P. McGuire & Co.*, 391 F.2d 821 (2d Cir. 1968).
[53] *Mitsubishi*, 53 U.S.L.W., a.a.O., S. 5073-74.
[54] 377 F. Supp. 26, 28 f. (E.D.N.Y. 1974).
[55] Vgl. 11 U.S.C. § 29 i.V.m. Rule 401 of Bankruptcy Procedure Rules.
[56] 482 F.Supp. 110, 114 (S.D.N.Y. 1979).
[57] *In re Fotochrome Inc.*, 377 F.Supp. 26, 30-32 (E.D.N.Y. 1974).
[58] *Fotochrome Inc. v. Copal Co.*, Ltd., 517 F.2d 512 (2d Cir. 1975).
[59] *Fotochrome Inc. v. Copal Co.*, Ltd., a.a.O., 516 f.

(iv) *Waterside Ocean Navigation v. International Navigation*

Selbst der Einwand, die Vollstreckung verstoße gegen den ordre public, weil der Schiedsspruch aufgrund der angeblichen Falschaussage eines Zeugen zustandegekommen sei, blieb ohne Erfolg. So argumentierte in der Entscheidung *Waterside Ocean Navigation*[60] die Partei, gegen die in London ein Schiedsspruch ergangen war, daß die Anerkennung des Schiedsspruchs gegen den ordre public verstoßen würde, da dieser den Wert des Eides eines Zeugen umfassend schützen solle. Das Gericht erklärte, daß der ordre public-Einwand im Licht des vorrangigen UN-Übereinkommens interpretiert werden müsse und daß der Zweck des Übereinkommens in der Begünstigung der Anerkennung und Vollstreckung ausländischer Schiedssprüche liege[61]. Das Gericht begründete seine Entscheidung damit, daß den Schiedsrichtern die Ungereimtheiten der Zeugenaussage durchaus bewußt gewesen wären und im übrigen kein Hinweis auf einen Meineid vorgelegen habe, so daß von einer ordre public-Verletzung nicht gesprochen werden könne. Nach Ansicht des Gerichts würde die Behauptung der Beklagten, die Zeugenaussage sei eine der Grundpfeiler der US-amerikanischen Moral- und Gerechtigkeitsvorstellungen, zu weit führen[62].

(v) Brandeis Intsel Ltd. v. Calabrian Chemicals Corp.

In einer weiteren interessanten Entscheidung eines US-amerikanischen Gerichts, *in Brandeis Intsel Ltd. v. Calabrian Chemicals Corp.*[63], wurde sogar ein Schiedsspruch nach dem UN-Übereinkommen anerkannt und vollstreckt, welcher angeblich unter "manifest disregard of the law“ zustande gekommen sein soll. Calabrian wandte dabei ein, daß eine Entscheidung, welche in “manifest disregard of the law“ ergangen sei, gegen den ordre public verstoße und deshalb nicht nach dem UN-Übereinkommen für vollstreckbar erklärt werden dürfe. Das Gericht bestätigte, daß der ordre public-Einwand im Rahmen des UNÜ eng ausgelegt werden müsse und daß der “manifest disregard“-Einwand Calabrian nicht zur Verfügung stünde, da dieser Einwand für eine ordre public-Verletzung nicht ausreiche[64].

---

[60] *In re Arbitration between Waterside Ocean Navigation and International Navigation Ltd.*, 737 F.2d 150 (2d Cir. 1984).
[61] A.a.O., S. 152.
[62] A.a.O.
[63] 656 F.Supp. 160 (S.D.N.Y. 1987).
[64] A.a.O., S. 165.

Die US-amerikanischen Gerichte haben bisher noch nicht über die Frage entschieden, ob ein Schiedsspruch, welcher durch Betrug erschlichen wurde, gegen den ordre public verstößt. In der Entscheidung *Biotronik* wurde das Gericht mit der Frage konfrontiert, ob dieser Einwand unter Art. V Abs. 2 b UNÜ fällt[65]. Das Gericht entschied jedoch, der behauptete Sachverhalt stelle keinen Betrug dar, und lehnte es ausdrücklich ab, die vorgelegte Frage zu entscheiden[66]. Ein anderes Gericht[67] wies den Einwand, ein durch Betrug zustandegekommener Schiedsspruch verletze den ordre public, formlos ab und wies lediglich auf die gebotene enge Auslegung des Art. V Abs. 2 b UNÜ hin.

(vi) Zusammenfassung

Wie bereits die vorangehenden Entscheidungen gezeigt haben, vertritt die US-amerikanische Rechtsprechung die Auffassung, daß die ordre public-Ausnahme nach Art. V Abs. 2 b des UN-Übereinkommens eng auszulegen ist. Aus diesem Grunde haben US-amerikanische Gerichte es nur selten abgelehnt, einem ausländischen Schiedsspruch, der auf eine ordre public-Verletzung hin geprüft wurde, die Anerkennung und Vollstreckung zu versagen[68].

In einer Entscheidung allerdings, in *Laminoirs v. Southwire Co.*[69], hat das Gericht sich aufgrund von Art. V Abs. 2 b UNÜ zumindest geweigert, Teile eines Schiedsspruchs für vollstreckbar zu erklären. In dieser Entscheidung hat ein U.S. District Court im Bundesstaat Georgia einen Schiedsspruch für vollstreckbar erklärt, welcher nach den ICC-Verfahrensregeln und dem materiellen Recht von Georgia, soweit dieses mit dem französischem Recht übereinstimmte, erging. Das Gericht wies jedoch die Vollstreckbarerklärung desjenigen Teils des Schiedsspruchs zurück, in welchem eine zusätzliche 5%ige Zinszahlung über die in Frankreich üblichen Zinssätze hinaus gefordert wurde, falls eine Zahlungsverzögerung von mehr als zwei Monaten eintrete[70]. Trotz dieser Entscheidung

---

[65] *Biotronik Mess- und Therapiegeräte GmbH & Co. v. Medford Medical Instrument Co.*, 415 F.Supp. 133 (D.N.J. 1976).

[66] A.a.O., S. 140.

[67] *Waterside Ocean Navigation v. Int. Nav., Ltd.*, 737 F.2d, S. 151-152.

[68] Vgl. z.B. auch die neueren Entscheidungen *National Oil Corp. v. Libyan Sun Oil Co.*, 733 F.Supp. 800, 819 n.32 (D. Del. 1990) (lediglich Rechtsirrtum ist nicht ausreichend für Versagung der Vollstreckbarerklärung); *Hewlett-Packard, Inc. v. Berg*, 867 F. Supp. 1126, 1131 (D.Mass. 1994) (Rechtsfehler hinsichtlich der Zinshöhe reicht für ordre public Verletzung nicht aus).

[69] 484 F.Supp. 1063, 1065 (N.D.Ga. 1980).

[70] A.a.O., S. 1069.

bestehen aber keine Zweifel, daß die US-amerikanischen Gerichte praktisch einheitlich behauptete Verletzungen nach Art. V Abs. 2 b UNÜ zurückweisen[71].

(b) In Deutschland

Deutsche Gerichte haben einen Verstoß gegen den ordre public in mehreren Fällen festgestellt. Allerdings fällt es auf, daß solche Entscheidungen seltener geworden sind, seit der BGH die Unterscheidung zwischen „ordre public national" und „ordre public international" im Jahre 1986 bestätigt hat[72].

Nach der deutschen Rechtslehre und Rechtsprechung umfaßt der ordre public sämtliche Normen des zwingenden Rechts, die die Grundlagen des staatlichen oder wirtschaftlichen Lebens sowie die elementaren Gerechtigkeitsvorstellungen berühren[73]. Folglich ist zur Feststellung eines Verstoßes gegen den ordre public eine Konkretisierung des jeweiligen Einzelfalles notwendig. Zum materiellrechtlichen ordre public zählen dabei insbesondere die Grundrechte, die guten Sitten und alle Grundprinzipien des deutschen Rechts[74].

Gegen die guten Sitten verstößt ein Schiedsspruch, wenn er gegen das Anstandsgefühl aller billig und gerecht Denkenden verstößt[75]. Ein Verstoß gegen die guten Sitten wurde z.B. für den Fall bejaht, daß der Schiedsspruch entgegen § 762 BGB zur Zahlung einer Spielschuld oder einer unbilligen Vereinsstrafe verurteilt[76]. Sittenwidrig ist ein Schiedsspruch auch, wenn er den Schiedsbeklagten zur Erfüllung eines nach § 138 BGB nichtigen Vertrages verpflichtet[77].

Ein Verstoß gegen sonstige Elemente der deutschen öffentlichen Ordnung liegt z.B. vor, wenn der Schiedsspruch zu einer strafbaren Handlung[78] oder zu einer ansonsten unmöglichen Leistung verurteilt[79], wenn er Ansprüchen zur Durch-

---

[71] Vgl. hierzu auch *Choi*, Judicial Enforcement of Arbitration Awards under the ICSID and New York Conventions, 28 N.Y.U. J.Int'l L.& Pol. 175, 200 (1997).
[72] Vgl. BGH NJW 1986, 3027, 3028; BGH NJW 1990, 2199, 2200.
[73] BGHZ 50, 370, 376; BGHZ 54, 123, 130; BGHZ 54, 132, 140; OLG Hamburg RIW 1991, 152, 153; *Stein-Jonas-Schlosser*, ZPO Kommentar, § 1041 Rdn. 23; *Schwab/Walter*, Schiedsgerichtsbarkeit, S. 221; *Zöller-Geimer*, ZPO, § 1041 Rdn. 57.
[74] BGH NJW-RR 1991, 1211, 1213; BGH NJW 1993, 2312, 2314; *Geimer* ZZP 103 (1990), 477, 480f.
[75] Vgl. *Münch-Komm-Mayer-Maly* § 138 BGB Rdn. 21 ff., der die einzelnen Fallgruppen der Sittenwidrigkeit ausführlich darlegt; *Palandt-Heinrichs*, § 138 BGB Rdn. 2.
[76] LG Frankfurt a.M. JW 1935, 3493.
[77] BGH NJW 1973, 98, 100.
[78] OLG Hamburg NJW 1953, 1309.
[79] OLG Hamm OLGZ 1991, 347, 349.

führung verhilft, die gegen Preisvorschriften verstoßen[80], wenn er zu einer unstatthaften Registereintragung[81] oder zu einer verbotenen Handlung verurteilt[82]. Weiterhin fallen die zur Aufrechterhaltung der Wirtschaft erlassenen öffentlichrechtlichen Vorschriften, wie gesetzliche Regelungen von Einfuhrerlaubnissen und Exportverboten, unter den Schutz des ordre public[83].

Interessant ist, daß nach der Neufassung von § 58 BörsG[84] der Differenzeinwand gegenüber Börsentermingeschäften nicht mehr unter den Schutzumfang des ordre public fällt[85]. Vor der Neufassung waren Börsentermingeschäfte nur zwischen Vollkaufleuten wirksam (§ 53 BörsG a.F.). Der Börsenschiedsgerichtsbarkeit konnten sich demgemäß auch nur Vollkaufleute verbindlich unterwerfen. Dies galt gemäß § 61 BörsG a.F. auch für im Ausland abgeschlossene Termingeschäfte, auf welche ausländisches Recht durch die Rechtswahl der Parteien anwendbar war. Nach Ansicht des BGH handelte es sich bei § 61 BörsG a.F. um eine Kollisionsnorm des deutschen internationalen Privatrechts, welche die Anwendung entsprechenden ausländischen Rechts ausschließe[86]. Daran änderte es auch nichts, daß die Parteien die Geltung des Rechts des Staates New York vereinbart hatten, welches auf US-Recht verweist, das den Termin- und Differenzeinwand nicht kennt[87]. Nach Auffassung des BGH gehörten Termin- und Differenzeinwand zum Verbraucher- und Kapitalanlegerschutz, welche unter den Schutz des ordre public fielen[88]. Einem Schiedsspruch, der die verbraucherschützenden Vorschriften des deutschen Rechts nicht berücksichtigte, war wegen Verstoßes gegen den ordre public die Anerkennung zu versagen[89].

Seit der Reform des Börsengesetzes 1989 sind nunmehr auch Nichtkaufleute termingeschäftsfähig, wenn sie über die Gefahren des Börsenhandels hinreichend aufgeklärt wurden (sog. "Termingeschäftsfähigkeit kraft Information")[90]. Allerdings wurde die Fähigkeit, sich verbindlich einem Börsenschiedsgericht zu unterwerfen, nicht auf die Termingeschäftsfähigkeit kraft Information erweitert; solche Schiedsklauseln sind vielmehr wie bisher nur für Vollkaufleute verbind-

---

[80] BGH BB 1953, 1309.
[81] BGH ZZP 75, 119.
[82] RGZ 131, 182, 186.
[83] Vgl. BGH KTS 1964, 172.
[84] BGBl. 1989 I, 1412.
[85] BGH NJW-RR 1991, 757.
[86] BGH NJW 1987, 3193, 3194.
[87] BGH NJW a.a.O.
[88] BGH NJW 1987, 3193, 3195.
[89] BGH NJW 1987, 3139.
[90] Vgl. § 53 Abs. 2 BörsG n.F.

lich[91]. Bei Geschäften an ausländischen Börsen gelten die Beschränkungen des deutschen Rechts auch dann, wenn der Inländer die für den Abschluß des Geschäfts erforderliche Willenserklärung im Inland abgegeben hat[92]. Dies kann aber zu dem widersprüchlichen Ergebnis führen, daß ein Deutscher, der im Ausland ein Warentermingeschäft abschließt und sich der dortigen Schiedsgerichtsbarkeit unterwirft, Gefahr läuft, daß ein gegen ihn ergangener Schiedsspruch in Deutschland für vollstreckbar erklärt wird, während dies nicht möglich wäre, wenn er die Willenserklärung zum Abschluß des Geschäfts von Deutschland aus abgegeben hätte. Trotz allem dürfte jedoch das neue Börsengesetz eher den derzeitigen Bedürfnissen für die Ermöglichung einer deutschen Terminbörse für Wertpapier- und Finanzgeschäfte entsprechen als das alte[93].

(c) Schiedsspruch über Punitive Damages

Die Frage, ob ein Schiedsspruch, welcher "punitive damages" (dem common law eigentümlicher Strafschadensersatz) gewährt, gegen den materiell-rechtlichen ordre public verstößt, beschäftigt sowohl die deutsche als auch die US-amerikanische Rechtsprechung und Literatur. Dabei wird die Entscheidungskompetenz des Schiedsgerichts maßgeblich durch die Schiedsvereinbarung bestimmt.

(i) In den USA

US-amerikanische Gerichte legten Schiedsvereinbarungen in früheren Entscheidungen dahingehend aus, daß die Zuerkennung von punitive damages jedenfalls dann nicht der Jurisdiktion des Schiedsgerichts unterläge, solange diese als mögliche Schadensersatzsanktion in der Schiedsklausel nicht ausdrücklich erwähnt seien; die Zuerkennung von punitive damages sei in diesem Falle vom schiedsrichterlichen Auftrag nicht gedeckt[94]. In jüngster Zeit nimmt die Zahl der Klagen auf punitive damages in inneramerikanischen Schiedsverfahren erheblich zu[95]. Während dabei die Schiedsfähigkeit von punitive damages nach ein-

---

[91] Vgl. § 28 BörsG n.F.
[92] Vgl. § 61 BörsG n.F.
[93] Vgl. hierzu auch OLG Frankfurt WM 1996, 2107, 2109.
[94] *International Union of Operating Engineers v. Mid-Valley, Inc.*, 347 F.Supp. 1104 (S.D. Tex. 1972); *Baltimore Regional Joint Bd. v. Webster Clothes, Inc.*, 596 F.2d 95 (4th Cir. 1979).
[95] *Stein*, Punitive Damages , EuZW 1994, 18, 21.

zelstaatlichem Recht noch unterschiedlich beurteilt wird[96], wurde sie von den US-Bundesgerichten nach dem FAA immer häufiger bejaht[97].

In *Fahnestock & Co. v. Waltman* hat der United States Court of Appeals, Second Circuit, entschieden, daß ein Bundesgericht mit Sitz in New York bei Anwendung New Yorker Rechts die public policy des Bundesstaates New York berücksichtigen muß, wonach Schiedsgerichte grundsätzlich keine punitive damages zusprechen dürfen[98]. Die Entscheidung stützte sich auf ein Urteil des Court of Appeals von New York (*Garrity v. Lyle Stuart. Inc.*), welcher entschied, daß ein Schiedsgericht auch dann keine punitive damages zusprechen könne, wenn die Parteien dem zustimmten[99]. Dieses Urteil stellt weiterhin die wichtigste Entscheidung gegen die Zuerkennung von punitive damages durch Schiedsgerichte dar[100].

In der Entscheidung *Fahnestock & Co. v. Waltman* ließ das Gericht jedoch erkennen, daß Schiedsgerichte punitive damages zusprechen dürfen, wenn die Parteien eine entsprechende Vereinbarung getroffen haben[101]. Das gleiche Gericht entschied in einem weiteren Urteil, daß Schiedsgerichte bei parteiautonomer und ausdrücklicher Wahl New Yorker Rechts keine punitive damages zusprechen dürften, da dies gegen den ordre public des Staates New York verstieße[102]. Die Parteien wollten mit ihrer Vereinbarung der Wahl des Rechtes des Staates New York auch die Anwendbarkeit New Yorker Schiedsrechtes - mit einem Ausschluß der Gewährung von punitive damages - erreichen[103]. In einer weiteren Entscheidung des United States Court of Appeals, Second Circuit, stellte das Gericht allerdings fest, daß Schiedsgerichte auch aus der Sicht des

---

96 *Thomson Mc Kinnon Securities, Inc. v. Cucchiella*, 594 N.E. 2d 870 (Mass.Ct.App. 1992); *Fahnestock & Co., Inc. v. Waltman*, 935 F.2d 512 (2d Cir. 1991); *Barbier v. Shearson Lehman Hutton, Inc.*, 948 F.2d 117 (2d Cir. 1991); keinen ordre public Verstoß sahen dagegen die Gerichte in: *Baker v. Sadick*, 208 Cal. Rptr. 676 (Cal.S.Ct. 1984); *Rodgers Builders, Inc. v. McQueen*, 76 N.C. App. 16, 331 S.E. 2d 726 (1985).

97 *Willoughby Roofing & Supply Co. v. Kajima International, Inc.*, 776 F.2d 269 (11th Cir. 1985); *Bonar v. Dean Witter Reynolds, Inc.*, 835 F.2d 1378 (11th Cir. 1988); *Raythean Co. v. Automated Business Systems, Inc.*, 882 F.2d 6 (1st Cir. 1989); *Barbier v. Shearson Lehman Hutton, Inc.*, 752 F.Supp. 151 (S.D.N.Y. 1990); *Pyle v. Securities U.S.A., Inc.*, 758 F. Supp. 638 (D. Colo. 1991).

98 935 F.2d 512 (2d Cir. 1991).

99 *Garrity v. Lyle Stuart, Inc.*, 386 N.Y.S.2d 831, 833, 40 N.Y.2d 353, 354 N.E. 2d 793, 795 (1976).

100 *Stein*, Punitive Damages, EuZW 1994, 18, 25.

101 935 F.2d 512 (2d Cir. 1991).

102 *Barbier v. Shearson Lehmann Hutton Inc.*, 948 F.2d 117 (2d Cir. 1991).

103 A.a.O., Fn. 102.

New Yorker Rechts zumindest dann punitive damages zusprechen dürften, wenn der Fall nach Bundesrecht entschieden werden muß[104].

Im Gegensatz zu der kontroversen Behandlung nach einzelstaatlichem Recht zeigt die Rechtsprechung der Bundesgerichte unter dem FAA in jüngster Zeit, daß die Befugnis der Schiedsgerichte, punitive damages zuzusprechen, regelmäßig anerkannt wird[105]. Die Rechtsprechung der Bundesgerichte folgt damit dem schiedsfreundlichen Trend des US-amerikanischen Supreme Courts, welcher Schritt für Schritt versucht, den ordre public-Vorbehalt gegen die Schiedsfähigkeit einzelner Materien einzuschränken[106]. Da der Supreme Court sogar die Zuerkennung von "treble damages", gesetzlich geregelten Fällen von Strafschadensersatz, durch Schiedsgerichte zumindest für internationale Fälle anerkannt hat[107], ist davon auszugehen, daß dies für die Zuerkennung von punitive damages ebenso entschieden wird. Damit würde auch der ordre public-Vorbehalt im Rahmen der Gründe für die Versagung der Anerkennung des Art. V Abs. 2 a und b UNÜ für die Zuerkennung von punitive damages in der internationalen Schiedsgerichtsbarkeit nicht mehr greifen, und der Vollstreckung von internationalen punitive damages-Entscheidungen durch Schiedsgerichte dürfte in den USA nichts mehr entgegen stehen[108].

(ii) In Deutschland

In Deutschland hingegen hat der BGH in einer Grundsatzentscheidung vom 4.6.1992 einem US-amerikanischen Urteil, welches unter anderem auch punitive damages zusprach, wegen Verstoßes gegen den materiellen ordre public zumindest soweit die Anerkennung versagt, als die zugesprochene Schadensersatzsumme ausschließlich der Bestrafung und Abschreckung des Verpflichteten diente[109]. Sanktionen, die der Bestrafung und Abschreckung und damit dem Schutz der Rechtsordnung im allgemeinen dienen, fallen nach deutscher Auffassung grundsätzlich unter das Strafmonopol des Staates[110]. Die moderne deutsche Zivilrechtsordnung sieht als Rechtsfolge einer unerlaubten Handlung nur den

---

[104] *Kerr-McGee Refining Corp. v. M/T Triumph*, 924 F.2d 467 (2d Cir. 1991).

[105] Vgl. oben Fußnote 97.

[106] Vgl. *Stein*, Punitive Damages, EuZW 1994, 18, 22.

[107] *Mitsubishi Motors Corp. v. Soler Chrysler Plymouth*, Inc., 105 S.Ct. 3346 (1985); *Shearson/American Express, Inc. v. McMahon*, 55 U.S.L.W. 4757 (1987).

[108] So auch *Carbonneau*, Arbitration and the Supreme Court, 5 Ohio St. J. on Disp. Resol. 231, 251 (1990).

[109] BGH NJW 1992, 3096 = BGHZ 118, 312.

[110] BGH NJW 1992, 3096, 3104; ebenso *Greger*, Anm. zu OLG München v. 9.5.1989, NJW 1989, 3103, 3104.

Schadensausgleich, nicht aber eine Bereicherung des Geschädigten vor. Bestrafung und Abschreckung seien nicht Ziele des Zivilrechts, sondern Ziele der Kriminalstrafe, die als Geldstrafe an den Staat fließe und nicht an Privatpersonen[111]. Neben dem Verstoß gegen das Strafmonopol des Staates und gegen die rechtsstaatlichen Verfahrensgarantien verstößt die Zuerkennung von punitive damages nach deutscher Auffassung auch gegen den Grundsatz der Verhältnismäßigkeit[112]. Die ohne festes Verhältnis zum eingetretenen Schaden nach dem Ermessen des Gerichts verhängten und teilweise extrem hohen punitive damages[113] dienen nach Ansicht des BGH nicht mehr dem Schadensausgleich, sondern sind wesentlich nach dem Interesse der Allgemeinheit bemessen und könnten so neben eine Kriminalstrafe für dasselbe Vergehen treten; eine Vollstreckung eines Anspruchs auf punitive damages würde deshalb zu einem untragbaren Ergebnis führen[114]. Die Vollstreckung eines Schiedsspruchs, welcher auf punitive damages erkennt, wäre somit wegen des Verstoßes gegen den ordre public gemäß Art. V Abs. 2 b UNÜ in Deutschland nicht vollstreckbar.

Aufgrund der in den USA weiterhin zunehmenden Fälle, in welchen Schiedsgerichte punitive damages zusprechen, besteht jedoch die Gefahr, daß bei internationalen Schiedsverfahren auch deutsche Parteien, die z.B. in den USA belegenes Vermögen haben, zur Zahlung von punitive damages verurteilt werden. So kann schon aufgrund der parteiautonomen Wahl US-amerikanischen Rechts ein internationaler Schiedsrichter sich dazu berufen fühlen, punitive damages zuzuerkennen, und US-amerikanische Gerichte würden diesem Schiedsspruch aller Voraussicht nach nicht die Vollstreckung versagen. Dies führt zu unkalkulierbaren Risiken in internationalen Verträgen, die durch Schiedsvereinbarungen gerade vermieden werden sollen[115]. Es empfiehlt sich somit, in der Schiedsvereinbarung in internationalen Verträgen ausdrücklich festzuhalten, daß trotz einer eventuellen Geltung US-amerikanischen materiellen Rechts die Zuerkennung von punitive damages ausgeschlossen ist.

---

[111] BGH NJW 1992, 3096, 3103.

[112] Der Grundsatz der Verhältnismäßigkeit gilt auch im Rahmen der Zivilrechtsordnung, vgl. LG Heilbronn, RIW 1991, 343, 344.

[113] Gegenüber dem Schadensersatzausgleichsanspruch werden punitive damages oft um ein Vielfaches mehr, teilweise sogar um das Tausendfache in den USA zuerkannt, vgl. z.B. *TXO Production Corp. v. Alliance Resources Corp.*, 113 S.Ct. 2711, 125 L.Ed. 2d 366 (1993).

[114] BGH NJW 1992, 3096, 3104.

[115] Vgl. hierzu auch *Stein*, Punitive Damages, EuZW 1994, 18, 25.

(5) Zusammenfassung

Die besprochenen Entscheidungen zeigen insgesamt, daß US-amerikanische und deutsche Gerichte ordre public-Verletzungen nur äußerst selten feststellen.

Insbesondere in der US-amerikanischen Rechtsprechung wird trotz behaupteter ordre public-Verletzung nahezu jeder Schiedsspruch für vollstreckbar erklärt, selbst wenn es sich um rein nationale Fälle handelte. Im Gegensatz hierzu neigen deutsche Gerichte eher dazu, nationale Grundwerte und wirtschaftliche Aspekte unter den Schutz des Art. V Abs. 2 b UNÜ zu stellen. So verstößt ein Schiedsspruch nicht nur dann gegen den ordre public, wenn dieser mit deutschen Gerechtigkeitsvorstellungen unvereinbar ist, sondern auch, wenn er an einem schwerwiegenden, die Grundlagen des staatlichen und wirtschaftlichen Lebens berührenden Mangel leidet[116]. Seit der BGH jedoch regelmäßig zwischen einem engeren "ordre public interne" und einem weiteren "ordre public international" unterscheidet[117], sind Entscheidungen, welche ordre public-Verletzungen feststellen, vor allem in internationalen Fällen seltener geworden.

US-amerikanische Gerichte gehen im Gegensatz dazu davon aus, daß privatwirtschaftliche Auseinandersetzungen nicht unter den Schutz des ordre public-Vorbehaltes fallen sollten[118]. Begründet wird dies damit, daß Parteien, die sich der Schiedsgerichtsbarkeit unterwerfen, nur dann die Vollstreckung eines Schiedsspruchs verhindern können sollen, falls diese mit grundlegenden Moral- und Gerechtigkeitsvorstellungen unvereinbar wäre. Könnten staatliche Gerichte bei der Vollstreckbarerklärung auch im übrigen die gleichen Maßstäbe wie hinsichtlich eines staatlichen Verfahrens ansetzen, bestünde die Gefahr, daß Schiedsgerichtsentscheidungen letztlich zu den gleichen Ergebnissen führten wie diejenigen der staatlichen Gerichtsbarkeit; ein Ergebnis, welches gerade vermieden werden solle[119].

Diese Meinung kann nicht überzeugen. Die Schiedsgerichtsbarkeit sollte sich vielmehr wie nach der deutschen Auffassung bei ihrer Entscheidungsfindung auch an zwingendem Wirtschaftsrecht im Stadium der Vollstreckbarkeit messen

---

[116] BGH NJW 1963, 1200; NJW 1978, 1114; NJW 1980, 527; NJW 1986, 3027, 3028; BGH IPRax 1992, 380.

[117] BGH NJW 1986, 3027, 3028; NJW 1990, 2199, 2200.

[118] *Parsons Whittemore Overseas Co. Inc. v. RAKTA*, 508 F.2d 969, 937-974(2d Cir. 1974); *Biotronik Mess- und Therapiegeräte v. Medford Medical Instrument Co.*, 415 F.Supp 133, 140 (D.New Jersey 1976); *Waterside Ocean Nav. v. Int. Nav., Ltd.*, 737 F.2d 150, 152 (2d Cir. 1984).

[119] Vgl. hierzu ausführlich: *Choi*, Judicial Enforcement of Arbitration Awards under the ICSID and New York Conventions, 28 N.Y.U. J. Int'l L.& Pol. 175, 208 (1997).

lassen. Anderenfalls bestünde die Gefahr, daß ein ausländisches Forum von den Parteien bzw. den Schiedsrichtern lediglich gewählt würde, um auf einen nationalen Sachverhalt anwendbare zwingende ausländische Normen zu umgehen. Gerade für diese Fälle gebietet das Prinzip der gegenseitigen Rücksichtnahme der Staaten, daß auch der Exequaturrichter ausländisches, zwingendes Wirtschaftsrecht berücksichtigt[120]. Nur so kann dem Ziel eines internationalen Entscheidungseinklangs im internationalen Handel näher gekommen werden. Aufgrund dieser Divergenz der Interpretationen sollte darüber nachgedacht werden, den ordre public im Rahmen des UN-Übereinkommens genauer zu definieren, um so in den einzelnen Ländern zu einer einheitlicheren Anerkennungs- und Vollstreckungspraxis zu gelangen.

Dies könnte beispielsweise dadurch erreicht werden, daß auf internationaler Ebene diejenigen Fälle herausgearbeitet und genau bestimmt werden, welche unter eine ordre public-Verletzung fallen sollen. Da dies aufgrund der verschiedenen nationalen Auslegungen sicherlich sehr schwierig durchzuführen wäre, sollte zumindest versucht werden festzulegen, daß auch zwingendes Wirtschaftsrecht unter den ordre public-Vorbehalt fallen kann.

f) Objektive Schiedsfähigkeit des Streitgegenstandes

(1) Zum Begriff der objektiven Schiedsfähigkeit

In enger Beziehung zum ordre public-Vorbehalt des Art. V Abs. 2 b UNÜ steht der Versagungsgrund der mangelnden objektiven Schiedsfähigkeit nach Art. V Abs. 2 a UNÜ. Gemäß Art. V Abs. 2 a UNÜ ist ein Schiedsspruch nicht anerkennungsfähig, wenn der Gegenstand des Streites nach dem Recht dieses Landes nicht auf schiedsrichterlichem Wege beigelegt werden kann. Mit „dem Recht dieses Landes" ist das Recht des Staates, in dem die Anerkennung und Vollstreckbarerklärung beantragt wird, gemeint[121]. Welche Kriterien für die objektive Schiedsfähigkeit zugrundegelegt werden, hängt somit davon ab, in welchem Land - hier also in den USA oder in Deutschland - der Schiedsspruch anerkannt und vollstreckt werden soll. Die objektive Schiedsfähigkeit liegt vor, wenn ein Schiedsgericht über einen bestimmten Streitgegenstand entscheiden kann, weil der Staat sich insoweit kein Rechtsprechungsmonopol im Bereich

---

[120] *Haas*, Anerkennung und Vollstreckung ausländischer und internationaler Schiedssprüche, S. 254.

[121] Vgl. *Schwab/Walter*, Schiedsgerichtsbarkeit, S. 504; BT-Dr. 13/5274, S. 59; *van den Berg*, The New York Arbitration Convention of 1958, S.369.

besonders schutzwürdiger, der Verfügungsmacht privater Personen entzogener Rechtsgüter vorbehalten hat[122].

(2) Objektive Schiedsfähigkeit nach US-amerikanischem Recht

(a) Allgemeine Entwicklung

Jüngste Entwicklungen der U.S. Supreme Court-Rechtsprechung betreffend die mangelnde Schiedsfähigkeit zeigen eine bemerkenswerte Änderung der bisherigen Haltung zugunsten der objektiven Schiedsfähigkeit bestimmter Materien[123]. Obwohl Patentrechtsstreitigkeiten nach US-amerikanischem Recht traditionell objektiv nicht schiedsfähig waren[124], wurden diese durch jüngere bundesgesetzliche Änderungen für schiedsfähig befunden[125].

Im übrigen enthalten die Schiedsgesetze nur wenige Aussagen über die objektive Schiedsfähigkeit[126]. Aufgrund des Fehlens spezieller Gesetzgebung wurden die Grenzen der objektiven Schiedsfähigkeit in den USA durch die Rechtsprechung definiert.

In der Entscheidung *Parsons & Whittemore Overseas Co. Inc. v. RAKTA* wandte Overseas ein, daß die Streitigkeit schiedsunfähig iSv. Art. V Abs. 2 a UNÜ sei, da Bereiche der US-amerikanischen Außenpolitik tangiert seien[127]. Das Gericht führte aus, daß es bei Streitigkeiten wegen Vertragsbruchs nicht genüge, daß zufällig auch Angelegenheiten von nationalem Interesse berührt werden. Die Schiedsfähigkeit sei nicht von Fall zu Fall unterschiedlich zu bestimmen, sondern beziehe sich auf bestimmte Arten von Streitigkeiten. Im übrigen überschätze Overseas die Bedeutung der Streitigkeit für die Außenpolitik der USA[128].

---

[122] vgl. BGH ZIP 1996, 830, 832.

[123] Vgl. hierzu auch *Carbonneau*, Cartesian Logic And Frontier Politics: French and American Concepts of Arbitrability, 2 Tul. J. Int'l & Comp. L. 193 (1994).

[124] *Leesona Corp. v. Cotwool Mfg. Corp., Judson Mills Division*, 204 F. Supp. 141, 143 (W.D.S.C. 1962); *Foster Wheeler Corp. v. Babcock & Wilcox C.*, 440 F.Supp. 897, 901 (D.C.N.Y. 1977).

[125] Vgl. Patent Law Amendments Act of 1984, Pub. L. 98-622, § 105, 98 Stat. 3383-85 (1984) (modified 35 U.S.C. § 135).

[126] Vgl. hierzu auch *Smit*, Elements of International Arbitration in the U.S., 1 Am. Rev. Int'l Arb. 64, 65 (1990).

[127] 508 F.2d 969 (2d Cir. 1974).

[128] AaO, S. 974 ff.

Dagegen wurde Art. V Abs. 2 a UNÜ erfolgreich in der Entscheidung *Libyan American Oil Co.(LIAMCO) v. Socialist People's Libyan Arab Jamahirija* eingewandt, um die Vollstreckung des Schiedsspruchs zu verhindern[129]. Im Zusammenhang mit der Verstaatlichung von Ölförderanlagen durch den libyschen Staat erging in Genf ein Schiedsspruch zugunsten von LIAMCO. Als LIAMCO versuchte, den Schiedsspruch in den USA zu vollstrecken, wandte Libyen seine staatliche Immunität ein und behauptete weiterhin, daß die Verstaatlichung kein schiedsfähiger Streitgegenstand sei. Das Gericht lehnte den Einwand der Immunität mit der Begründung ab, daß Libyen durch die Zustimmung zum Schiedsverfahren unter Geltung ausländischen Rechts auf seine Immunität konkludent verzichtet habe[130]. Allerdings akzeptierte das Gericht den Einwand der mangelnden Schiedsfähigkeit der Verstaatlichung von Ölförderkonzessionen, da dies ein "act of state" gewesen sei[131]. Das Gericht hätte in diesem Fall kein Schiedsverfahren anordnen können, weil hierdurch notwendigerweise die Gültigkeit der Verstaatlichung hätte überprüft werden müssen und damit die "act of state"-Lehre verletzt worden wäre, so daß auch eine Vollstreckbarerklärung des Schiedsspruchs abgelehnt werden müsse[132].

(b) Streitigkeiten auf dem Gebiet des Arbeitsrechts

Die Schiedsfähigkeit von zwingendem Arbeitsrecht ist ein höchst umstrittenes Thema in den USA. In der Entscheidung *Bird v. Shearson Lehman/American Express Inc.*, einem rein nationalen Fall, bestimmte das Gericht zunächst, daß Klagen, die unter den "Employee Retirement Income Security Act (ERISA)" fallen, nicht schiedsfähig seien[133]. Nach einer Rückfrage beim U.S. Supreme Court hob das Gericht jedoch seine eigene Entscheidung auf und erklärte Klagen unter ERISA für schiedsfähig[134]. Es begründete seine Entscheidung damit, daß Gerichte nicht mehr länger annehmen könnten, Schiedsgerichtsbarkeit sei ein inadäquates Forum für Streitigkeiten, die auf einem umfassenden bundesstaatlichen Gesetz basierten. Weder der Text noch die historische Auslegung dieses Gesetzes zeigten eine Absicht des Gesetzgebers, in diesem Zusammenhang die Schiedsgerichtsbarkeit ausschließen zu wollen[135]. Die nachfolgenden Entschei-

---

[129] 482 F.Supp. 1175 (D.D.C. 1980); vacated without op., 684 F.2d 1032 (D.C. Cir. 1981).
[130] A.a.O., S. 1178; vgl. hierzu auch *Ipitrade Int'l S.A. v. Federal Rep. Of Nig.*, 465 F.Supp. 824 (D.D.C. 1978).
[131] A.a.O., S. 1178 f. unter Hinweis auf *Hunt v. Mobil Oil Corp.*, 550 F.2d 68, 73 (2d Cir. 1977).
[132] A.a.O., S. 1179.
[133] 871 F.2d 292 (2d Cir. 1989).
[134] 926 F.2d 116 (2d Cir. 1991).
[135] A.a.O.

dungen sind der Begründung von *Bird* gefolgt[136], und auch die neuere Rechtslehre stimmt dieser Entwicklung zu[137].

(c) Streitigkeiten auf dem Gebiet des Kapitalmarktrechts

Eine besondere Entwicklung ergibt sich in den USA hinsichtlich der Schiedsfähigkeit von Streitigkeiten auf dem Gebiet des Kapitalmarktrechts.

(i) *Wilko v. Swan*

Die erste beachtenswerte Entscheidung in diesem Zusammenhang betraf den Fall *Wilko v. Swan*[138]. Der Kläger, welcher ein großes Aktienpaket gekauft hatte, behauptete die Verletzung des "Securities Act of 1933"[139] durch einen Börsenmakler. Der Securities Act of 1933 enthält eine Reihe von Vorschriften zum Schutz von Investoren[140]. Der Kaufvertrag enthielt eine Schiedsklausel.

Der U.S. Supreme Court entschied, daß eine Schiedsvereinbarung, die jegliche zukünftigen Streitigkeiten zwischen Investor und Börsenmakler der Schiedsgerichtsbarkeit unterstelle, unwirksam sei, da der Securities Act of 1933 ausdrücklich einen Verzicht auf die ordentliche Gerichtsbarkeit verbiete[141]. Deshalb seien - selbst wenn eine im übrigen wirksame Schiedsklausel vorläge - sämtliche Klagen auf dem Gebiet des Kapitalmarktrechts unter dem Securities Act of 1933 nicht schiedsfähig[142].

Diese Entscheidung zeigt, daß die feindliche Haltung der Rechtsprechung gegenüber der Schiedsgerichtsbarkeit noch fast 30 Jahre nach der Einführung des FAA aufrecht gehalten wurde. Einige Gerichte unterer Instanzen folgten der *Wilko*-Entscheidung sogar bis ins Jahr 1972[143].

---

[136] Vgl. *Pritzker v. Merrill Lynch, Pierce, Fenner & Smith Inc.*, 7 F.3d 1110 (3d Cir. 1993); *Witkowski v. Welch*, 1993 WL 69587 (E.D. P.A. 1993).

[137] *Shell*, ERISA and Other Federal Employment Statutes, 68 Tex. L. Rev. 509, 572 (1990); *Nelson*, Arbitration, 58 Brook. L. Rev. 279 (1992).

[138] 346 U.S. 427 (1953).

[139] 15 U.S.C.A. §§ 771 et seq. (1976).

[140] Vgl. hierzu *Schlosser*, Entwicklungstendenzen in Recht und Praxis der internationalen privaten Schiedsgerichtsbarkeit, S. 47.

[141] 346 U.S. 427 (1953).

[142] A.a.O.

[143] Vgl. *Reader v. Hirsch & Co.*,197 F.Supp. 111 (S.D.N.Y. 1961); *Alco Standard Corp. v. Benalal*, 345 F.Supp. 14 (E.D.Pa. 1972).

(ii) *Scherk v. Alberto-Culver*

Im Jahre 1974 erging mit *Scherk v. Alberto-Culver*[144] allerdings eine Entscheidung, welche ein Schiedsverfahren für einen Streit zuließ, obwohl es um die Behauptung der Verletzung des "Securities Exchange Act of 1934"[145] ging. Der Fall betraf den Verkauf von drei europäischen Firmen und Warenzeichen durch einen in Österreich lebenden deutschen Staatsbürger an ein US-amerikanisches Unternehmen. Die Parteien unterstellten sämtliche Streitigkeiten der Schiedsgerichtsbarkeit bei der Internationalen Handelskammer in Paris.

Die erstinstanzlichen Gerichte folgten der *Wilko* Entscheidung, weil der konstitutive Teil des Securities Act of 1933 im Securities Exchange Act of 1934 enthalten sei[146]. Der U.S. Supreme Court hob die Entscheidung des Berufungsgerichts auf und entschied, daß eine Klage, die auf Vorschriften des Securities Exchange Act of 1934 gestützt wird, in bezug auf einen internationalen Vertrag schiedsfähig sei[147]. Der Supreme Court betonte nachdrücklich die Internationalität des Vertrages, um den Fall von der *Wilko*-Entscheidung, welche nur einen rein inländischen Sachverhalt betraf, abzugrenzen. Desweiteren stützte der Supreme Court seine Entscheidung auf die internationale Wirtschaftspolitik, nach welcher die Schiedsvereinbarung als eine „fast unentbehrliche Voraussetzung für die Voraussehbarkeit des anwendbaren Rechts in internationalen Transaktionen, welche die Schiedsklausel gerade sicherstellen soll, angesehen werden müsse"[148].

Damit schloß der Supreme Court sich seiner kurz zuvor ergangenen Entscheidung *The Bremen v. Zapata Off-Shore Co.* an, in welcher er internationale Gerichtsstandvereinbarungen wenigstens für den Seehandelsverkehr grundsätzlich anerkannte[149]. Das Gericht sah die Schiedsvereinbarung nunmehr als spezielle Form einer Gerichtsstandsvereinbarung an[150].

In der Entscheidung *Scherk v. Alberto-Culver Co.* erklärte der Supreme Court somit zum ersten Mal Schiedsvereinbarungen im internationalen Geschäftsverkehr, die auf Vorschriften des Securities Exchange Act of 1934 gestützt wurden, für schiedsfähig. Hierdurch wurde allerdings die *Wilko* Entscheidung nicht ge-

---

[144] 417 U.S. 506 (1974).
[145] 15 U.S.C.A. §§ 78a et seq. (1976).
[146] 484 F.3d 611, 615 (7th Cir. 1973).
[147] 417 U.S. 508-521.
[148] A.a.O., S. 516.
[149] 407 U.S. 1, 92 S.Ct. 1907 (1972).
[150] *Scherk v. Alberto Culver Co.*, 417 U.S. 506, 519 (1974).

genstandslos; vielmehr sind Kapitalmarktrechtsstreitigkeiten auf rein inländischer Ebene nach US-amerikanischer Rechtsprechung weiterhin nicht schiedsfähig [151].

(iii) *Shearson/American Express Inc. v. McMahon*

Im Jahre 1987 befand der U.S. Supreme Court in der Entscheidung *Shearson/American Express Inc. v. McMahon*[152] eine Schiedsklausel in einem rein inländischen Fall ungeachtet der Tatsache für schiedsfähig, daß der Kläger sowohl Rechte nach dem Securities Act of 1934 als auch nach dem "Racketeer Influenced and Corrupt Organizations Act" (RICO)[153] geltend machte. Die erste Instanz hatte hingegen noch entschieden, daß lediglich die Rechte aus dem Securities Act schiedsfähig wären, während der Verstoß gegen das RICO-Gesetz aufgrund des erheblichen nationalen Interesses hieran der Entscheidung der ordentlichen Gerichtsbarkeit überlassen bleiben müsse[154]. Die zweite Instanz entschied, daß die Klage hinsichtlich des Verstoßes gegen das RICO-Gesetz schiedsfähig wäre, während dies nicht für den Verstoß gegen den Securities Act angenommen werden könne[155], bevor der Supreme Court alle Streitgegenstände der Klage für schiedsfähig erklärte.

Nach Ansicht des Supreme Courts müsse die *Wilko*-Entscheidung dahingehend interpretiert werden, daß eine Sperre für den Verzicht auf den ordentlichen Rechtsweg nur dann notwendig sei, wenn sich die Schiedsgerichtsbarkeit als inadäquates Mittel zum Schutz von Grundrechten erweise[156]. Seit *Wilko* habe sich der Securities Act gegenüber der Schiedsgerichtsbarkeit durch Gesetzesänderungen erheblich gewandelt, so daß die vorliegende Schiedsvereinbarung keinerlei Verlust des Schutzes durch den Securities Act zur Folge habe[157]. Hinsichtlich des Verstoßes gegen die RICO-Vorschriften argumentierte der Supreme Court, daß weder der Text des RICO-Gesetzes noch die historische Aus-

[151] *Carbonneau*, American And Other National Variations on The Theme of International Commercial Arbitration, 18 Ga. J. Int'l & Comp. L. 143 (1988); *Dietrich*, Internationale Schiedsvereinbarungen vor Amerikanischen Gerichten, RabelsZ 40, 27 (1976).
[152] 482 U.S. 220 (1987).
[153] Gesetz gegen organisierte Kriminalität.
[154] 618 F.Supp. 384, 389 (S.D.N.Y. 1985).
[155] Vgl. 788 F.2d 94 (2d Cir. 1986) unter Berufung auf *Wilko*.
[156] 482 U.S. 220 (1987).
[157] Vgl. hierzu insbesondere die Änderungen des § 19 des Exchange Act von 1975, 15 U.S.C. § 78 s (1982).

legung Hinweise auf eine Absicht des Congress enthalten würden, Klagen auf der Basis des RICO von der Schiedsgerichtsbarkeit auszuschließen[158].

(iv) *Rodriguez de Quijas v. Shearson/American Express Inc.*

Nach der *McMahon*-Entscheidung war die Auslegung von *Wilko* weiterhin umstritten[159]. Erst in der Entscheidung *Rodriguez de Quijas v. Shearson/American Express Inc.*[160], einem ähnlich gelagerten Fall wie *McMahon*, wurde die *Wilko* Entscheidung ausdrücklich durch den Supreme Court aufgegeben. Das Gericht stellte ausdrücklich fest, daß *Wilko* nicht korrekt entschieden worden sei, und erklärte sämtliche Klagen im Zusammenhang mit "Securities", gleichgültig ob in nationalen oder internationalen Fällen, für schiedsfähig[161]. Damit wurde dem Einwand der mangelnden Schiedsfähigkeit auf dem Gebiet des Kapitalmarktrechts endgültig der Boden entzogen[162].

(v) Zusammenfassung

Scherk war die erste wichtige Entscheidung des U.S. Supreme Courts, welche die Bedeutung des FAA und UN-Übereinkommens herausstellte und damit Streitigkeiten auf dem Gebiet des Kapitalmarktrechts für schiedsfähig erklärte. *Scherk*, *McMahon* und *Rodriguez* waren allerdings kontroverse Entscheidungen, die jeweils nur durch eine Mehrheit der Richter zustandekamen[163]. In allen drei Fällen vertraten die Minderheiten der Richter die Auffassung, daß die nationalen Interessen auf dem Gebiet des Kapitalmarktrechts die Schiedsfähigkeit in diesem Bereich hätten ausschließen sollen. Trotz allem fand sich jeweils eine Mehrheit für die Auffassung, das Interesse an der Schiedsgerichtsbarkeit gegenüber den nationalen Interessen im Kapitalmarktrecht vorzuziehen, zuerst nur in internationalen und später auch in rein inländischen Fällen.

---

[158] 482 U.S. 220 (1987).
[159] Vgl. hierzu *Rogers*, Arbitrability, 10 Arb. Int'l 263, 265 (1994).
[160] 490 U.S. 477 (1989).
[161] A.a.O., Fn. 423.
[162] *Carbonneau*, Arbitration and the U.S. Supreme Court, 5 Ohio St. J. Disp. Res. 231, 243 (1990).
[163] Vgl. *Rogers*, Arbitrability, 10 Arb. Int'l 263, 264 (1994).

(d) Streitigkeiten auf dem Gebiet des Kartellrechts

Die Entwicklung der Beurteilung der Schiedsfähigkeit von Streitigkeiten auf dem Gebiet des Kartellrechts ist mit derjenigen auf dem Gebiet des Kapitalmarktrechts vergleichbar. Dies überrascht indes wenig, da die beiden Rechtsgebiete in den USA eng miteinander verbunden sind. So kennen die USA nicht nur die sog. Antitrust-Gesetze, welche den deutschen Kartellgesetzen entsprechen, sondern auch die soeben erwähnten Securities Acts. Deren gemeinsames Ziel ist der Schutz vor ungenügender und irreführender Information, so daß diese Gesetze in den USA oftmals als rechtspolitische Einheit angesehen werden[164]. Regeln, die für die Anlegerschutzgesetze entwickelt worden sind, werden häufig auf das Kartellrecht übertragen[165].

(i) *American Safety v. Maguire*

Die erste bedeutende Entscheidung hinsichtlich der Schiedsfähigkeit von Kartellrechtsstreitigkeiten in den USA war *American Safety Equipment Corp. v. I.P. Maguire* im Jahre 1968[166]. Der Fall hatte einen rein nationalen Charakter. In dieser Entscheidung verwies das Gericht auf *Wilko* und führte aus, daß das erhebliche öffentliche Interesse an der Einhaltung der Kartellrechtsgesetze auf der einen Seite das Interesse auf der anderen Seite, diese Streitigkeiten durch Schiedsgerichte entscheiden lassen zu können, überwiege[167]. Kartellrechtliche Streitigkeiten beträfen nach Ansicht des Gerichts meist einen grossen Personenkreis, weshalb sie nicht lediglich als private Rechtsstreitigkeiten angesehen werden könnten. Aus diesem Grunde wurden Klagen nach den Antitrust-Gesetzen für nicht schiedsfähig gehalten[168].

Damit wurden neben Streitigkeiten aus dem Bereich des Kapitalmarktrechts auch Streitigkeiten des Kartellrechts für nicht schiedsfähig befunden, und es wurde eine weitere Ausnahme von der Regel des FAA gemacht, welcher von einer generellen Schiedsfähigkeit sämtlicher Streitigkeiten ausgeht[169]. Selbst

---

[164] Vgl. hierzu umfassend *Born/Westin*, International Civil Litigations in United States Courts, S. 304 ff.; *Schlosser*, Entwicklungstendenzen in Recht und Praxis der internationalen privaten Schiedsgerichtsbarkeit, S. 47 ff.

[165] vgl. *Born/Westin,* aaO.

[166] 391 F.2d 821 (2d Cir. 1068).

[167] A.a.O., Fn. 429, S. 827.

[168] A.a.O., Fn. 429, S. 828.

[169] Vgl. *Carbonneau*, American And Other National Variations on The Theme of International Commercial Arbitration, 18 Ga. J. Int'l & Comp. L. 143 (1988); *Hoellering*, Schiedsgerichtsbarkeit im deutsch-amerikanischen Wirtschaftsverkehr, 5, 7.

nach der Entscheidung *Scherk*, welche die Schiedsfähigkeit von kapitalmarktrechtlichen Ansprüchen zumindest für internationale Fälle bejahte, wurde weiterhin von der Schiedsunfähigkeit kartellrechtlicher Auseinandersetzungen selbst für internationale Fälle ausgegangen[170].

(ii) *Mitsubishi v. Soler*

Die wohl wichtigste Entscheidung hinsichtlich der Schiedsfähigkeit von kartellrechtlichen Streitigkeiten erging in *Mitsubishi Motors Corp. v. Soler Chrysler-Plymouth, Inc.*[171]. Diese Entscheidung des U.S. Supreme Courts, welche eine Antitrust-Klage unter dem "Sherman Act" für schiedsfähig erklärte, erging erst 1985.

Mitsubishi Motors Corp. (Mitsubishi) war Teil eines joint ventures, in welchem *Mitsubishi Heavy Industries, Inc.*, ein japanisches und ein schweizerisches Unternehmen, sowie *Chrysler International* Vertragsparteien waren. *Chrysler International* gehörte zu 100% der *Chrysler Corporation* mit Sitz in Delaware[172]. *Soler Chrysler-Plymouth, Inc.* (Soler) war Vertragshändler von Mitsubishi in Puerto Rico und hatte sowohl mit *Chrysler International* als auch mit Mitsubishi "sales agreements" mit Mindestabnahmeverpflichtungen[173]. Nach dem Vertrag zwischen den Parteien sollten sämtliche Streitigkeiten hieraus durch die Japan Commercial Arbitration Association in Japan entschieden werden. Als Soler seine Mindestabnahmeverpflichtungen aufgrund des schwachen Marktes nicht mehr einhalten konnte, erhob Mitsubishi Klage vor dem U.S. District Court wegen Vertragsbruchs und beantragte ein "order to compel arbitration"[174]. Soler erhob hiergegen Widerklage und machte unter anderem Ansprüche aus dem Sherman Act und weiteren Antitrust Gesetzen geltend; dadurch sei die Streitigkeit nicht schiedsfähig.

Unter Berufung auf *Scherk* erklärte der District Court die Antitrust-Ansprüche für schiedsfähig[175]. Das Berufungsgericht hob die erstinstanzliche Entscheidung auf und betonte, daß Antitrust-Klagen schon nach ihrer Rechtsnatur nicht

---

[170] Vgl. *Société Nationale, etc. v. General Tire & Rubber Co.*, 430 F. Supp. 1332 (S.D.N.Y. 1977); *Hunt v. Mobil Oil Corp.*, 550 F.2d 68 (2d Cir. 1977).

[171] 473 U.S. 614 (1985), aff'g in part, rev'g in part 723 F.2d 155 (1st Cir. 1983).

[172] 473 U.S. 614, 617 (1985).

[173] A.a.O., Fn. 434.

[174] A.a.O., Fn. 434, S. 618.

[175] A.a.O., Fn. 434, S. 619.

schiedsfähig seien[176]. Diese Regel sei eine „solid and sound doctrine“[177]. Im übrigen würde Art. II UNÜ die Bestimmung der Schiedsfähigkeit von Streitigkeiten der lex fori zuschreiben, so daß keine Verpflichtung bestünde, die vorliegende Schiedsklausel anzuerkennen[178]. Schließlich konzentrierte sich das Gericht auf die *Scherk*-Entscheidung und den Unterschied zwischen den in Frage stehenden Interessen bei Antitrust- und Securities-Klagen[179]. Während der Zweck der Securities-Gesetze sich im Schutz einzelner kleiner Interessengruppen erschöpfe, sollten die Antitrust-Gesetze mehr den Wettbewerb als solchen schützen[180]. Aus diesem Grunde sei das öffentliche Interesse hinsichtlich der Einhaltung der Antitrust-Gesetze größer.

Der Supreme Court hob die Entscheidung des Court of Appeals auf und bestätigte erneut seine schiedsfreundliche Haltung in Bezug auf die Schiedsfähigkeit von internationalen Streitgegenständen[181]. Das Gericht entschied, daß Antitrust-Ansprüche, die internationale Handelsgeschäfte betreffen, schiedsfähig seien. Es begründete seine Auffassung damit, daß die Voraussehbarkeit einer Streitentscheidung eine notwendige Voraussetzung für den internationalen Handel sei und deshalb die Vollstreckbarkeit solcher Schiedsklauseln gewährleistet werden müsse[182]. Für rein nationale Fälle müsse dies jedoch nicht gelten[183], woraus deutlich wird, daß der Supreme Court die *American Safety*-Entscheidung insoweit nicht aufgab.

In seiner Begründung führte der Supreme Court weiter aus, daß gerade die freie Wahl eines bestimmten Forums und damit auch eines Schiedsgerichts begünstigt werden solle[184]. Die Bedeutung des Interesses, Antitrust-Ansprüche nur bei staatlichen Gerichten geltend machen zu können, sei hier nicht ausschlaggebend; denn der entscheidende Zweck der Antitrust-Gesetze sei der Schutz von Privatpersonen, selbst wenn es möglich sei, Verstöße hiergegen mit Strafschadensersatz zu sanktionieren[185]. Die Parteien könnten wählen, ob sie Klage erheben oder den Streit außergerichtlich beilegen wollten, und deshalb bliebe eine

---

[176] 723 F.2d 155 (1st Cir. 1983).
[177] A.a.O., Fn. 439, S. 163.
[178] A.a.O., Fn. 439, S. 164-165.
[179] A.a.O., Fn. 439, S. 168.
[180] A.a.O., Fn. 439, S. 169.
[181] 473 U.S. 614 (1985).
[182] A.a.O., Fn. 444, S. 3355.
[183] A.a.O., Fn. 444, „ even assuming that a contrary result would be forthcoming in a domestic context“.
[184] A.a.O., Fn. 444, S. 3356.
[185] A.a.O., Fn. 444, S. 3359.

Antitrust-Streitigkeit ohnehin unter der Herrschaft der Privatautonomie[186]. Außerdem liege der Schwerpunkt der rechtlichen Überprüfung im Vollstreckbarkeitsstadium; dort hätten die US-amerikanischen Gerichte Gelegenheit, dem Schiedsspruch anhand von Art. V Abs. 2 UNÜ die Anerkennung und Vollstreckung zu versagen[187]. Zuletzt betonte das Gericht einmal mehr die Bedeutung der Schiedsgerichtsbarkeit im internationalen Handel und die Absicht des Gesetzgebers, diese Entwicklung zu fördern[188].

Die Erklärung des U.S. Supreme Court, Antitrust-Streitigkeiten seien zumindest im internationalen Kontext schiedsfähig, hat der *Mitsubishi* Entscheidung über die Grenzen der USA hinaus zu großer Bedeutung verholfen[189]. Dadurch hat die Schiedsgerichtsbarkeit in den USA weiter an Popularität gewonnen[190].

(e) Entwicklungstendenzen

Zunächst läßt sich feststellen, daß der U.S. Supreme Court mit den Entscheidungen *Scherk* und *Mitsubishi* die Maxime aufgestellt hat, die internationale Handelsschiedsgerichtsbarkeit bundesweit zu fördern. Dabei behandelt er die internationale Schiedsgerichtsbarkeit als Teil des internationalen Rechtssystems und geht großzügig vom Grundsatz der Schiedsfähigkeit handelsrechtlicher Streitigkeiten aus[191]. Der Zeitpunkt für eine Korrektur dieses sehr liberalen Ansatzes wird allgemein dem Stadium der Anerkennung und Vollstreckung, wie auch bei der Anwendung des Art. V Abs. 2 UNÜ, zugeschrieben.

Die Zurückhaltung des Gerichts in *Mitsubishi* gegenüber einer Aufhebung der *American Safety* Entscheidung hat dazu geführt, daß weiterhin eine klare Regel über die Schiedsfähigkeit rein nationaler Antitrust-Streitigkeiten fehlt. Sieht man sich jedoch die Ableitung der Regelung von internationalen auf nationale Fälle in den *McMahon* und *Rodriguez* Entscheidungen auf dem Gebiet der Securities-Gesetze an, so erscheint es äußerst wahrscheinlich, daß Antitrust-Streitigkeiten

---

186 Ebenda.

187 Ebenda.

188 A.a.O., Fn. 444, S. 3360.

189 Vgl. *Curtin*, Redefining Public Policy in International Arbitration, 64 Def. Couns. J. 271, 273 (1997).

190 Vgl. *Pietrowski*, Enforcing International Commercial Arbitration Agreements, 36 Am. U. L. Rev. 57 (1986).

191 Vgl. *Carbonneau*, American And Other Variations on The Theme of International Commercial Arbitration, 18 Ga. J. Int'l & Comp. L. 143 (1988); *Hellwig*, Nationale und internationale Schiedsgerichtsbarkeit, RIW 1984, 421, 426.

auch auf rein nationaler Ebene von den US-amerikanischen Gerichten für schiedsfähig befunden werden.

(3) Objektive Schiedsfähigkeit nach deutschem Recht

(a) Unterschiede zwischen neuem und altem deutschen Recht

Die mangelnde objektive Schiedsfähigkeit stellte nach bisherigem deutschen Recht keinen selbständigen Grund für die Versagung der Anerkennung eines ausländischen Schiedsspruchs dar[192]. Allerdings konnte die fehlende objektive Schiedsfähigkeit im Rahmen des § 1044 Abs. 2 Nr. 1 ZPO a.F. und, soweit diese Bestandteil des ordre public war, einer Anerkennung und Vollstreckung nach § 1044 ZPO a.F. entgegenstehen[193]. § 1059 Abs. 2 Nr. 2 a ZPO n.F. regelt nunmehr ausdrücklich, daß ein Schiedsspruch aufzuheben ist, wenn der Gegenstand des Streites nach deutschem Recht nicht schiedsfähig ist. Die Berücksichtigung dieses Aufhebungsgrundes von Amts wegen wurde damit begründet, daß die Frage der Schiedsfähigkeit wichtige öffentliche Belange tangiere und über einen nicht schiedsfähigen Streitgegenstand nur das staatliche Gericht entscheiden könne[194]. Die in der Vorschrift enthaltene Kollisionsregel hat daher auch Vorrang gegenüber der für die Gültigkeit des Schiedsvertrages allgemein geltenden Kollisionsregel des § 1059 Absatz 2 Nr. 1 a ZPO n.F. Damit hat der Gesetzgeber den Streit um die kollisionsrechtliche Anknüpfung der objektiven Schiedsfähigkeit im Rahmen der Aufhebung positivrechtlich erledigt; die objektive Schiedsfähigkeit beurteilt sich nach deutschem Recht[195].

Während § 1025 Abs. 1 ZPO a.F. die objektive Schiedsfähigkeit generell an das Kriterium der Vergleichsfähigkeit anknüpfte, ist nunmehr gemäß § 1030 Abs. 1 Satz 1 ZPO n.F. jeder vermögensrechtliche Anspruch uneingeschränkt schiedsfähig. Der Staat behält sich damit für vermögensrechtliche Ansprüche kein Rechtsprechungsmonopol mehr vor[196]. Schon vor der Einführung des neuen Zehnten Buchs der ZPO wurde in der Literatur die Auffassung vertreten, daß unabhängig von der Vergleichsfähigkeit die Schiedsgerichtsbarkeit nur dann ausgeschlossen werden dürfe, wenn der Staat sich im Interesse besonders

---

[192] Vgl. § 1044 ZPO a.F.

[193] Vgl. *Haas*, Anerkennung und Vollstreckung ausländischer und internationaler Schiedssprüche, S. 259.

[194] BT-Dr. 13/5274, S. 59.

[195] Vgl. *Schütze*, Schiedsgericht und Schiedsverfahren, S. 129.

[196] BT-Dr. 13/5274, S. 34.

schutzwürdiger Rechtsgüter ein Entscheidungsmonopol vorbehalten habe[197]. Während man davon ausgehen kann, daß ein Interesse an ausschließlich staatlicher Rechtsprechung nach wie vor für einen Großteil nichtvermögensrechtlicher Ansprüche besteht, dürfte dies bei vermögensrechtlichen Ansprüchen generell nicht der Fall sein[198]. Deshalb sollte in der Neufassung des Zehnten Buchs der ZPO das Kriterium der Vergleichsfähigkeit nur noch zur Abgrenzung der schiedsfähigen nichtvermögensrechtlichen Streitigkeiten verwendet[199] und die Schiedsfähigkeit prinzipiell für alle vermögensrechtlichen Ansprüche vorgesehen werden.

Nichtvermögensrechtliche Ansprüche sind nach § 1030 Abs. 1 Satz 2 ZPO n.F. insoweit schiedsfähig, als die Parteien berechtigt sind, über den Streitgegenstand einen Vergleich zu schließen. Schon nach der ZPO a.F. war dieser Ansatz von seiner Dogmatik her angegriffen worden, da es in der Sache eher um die Verfügungs- als um die Vergleichsbefugnis gehen dürfte[200]. Demgegenüber ist den Verfassern des neuen Zehnten Buchs der ZPO hinsichtlich der Praktikabilität dieser Regelung zuzugestehen, daß die Vergleichsfähigkeit als Abgrenzungskriterium durchaus geeignet ist. So sind damit die meisten Familiensachen und andere der Parteidisposition entzogene Statusangelegenheiten nicht schiedsfähig[201]. Dagegen bleiben Streitigkeiten, die einer Parteivereinbarung zugänglich sind, wie z.B. bei der Gegendarstellung nach dem Presserecht oder dem Ausschluß aus einem Verein, schiedsfähig[202]. Dieses Ergebnis erscheint angemessen, weil für solche Verfahren regelmäßig kein Interesse an einem Entscheidungsmonopol der staatlichen Gerichte besteht.

Da es nunmehr für vermögensrechtliche Ansprüche im Gegensatz zum bisherigen Recht nicht mehr auf die Zulässigkeit eines Vergleichs zwischen den Parteien ankommt, schließen Verfügungs-, Vergleichs- und Verzichtsverbote (z.B. nach § 312 BGB, § 89 b HGB, §§ 50, 302 Abs. 2 AktG, §§ 9b und 43 GmbHG) die Schiedsfähigkeit des Anspruchs nicht aus[203]. Auch in den Fällen, in welchen eine ausschließliche Zuständigkeit bestimmter staatlicher Gerichte besteht, kann hieraus allein nichts gegen die Schiedsfähigkeit hergeleitet werden; denn solche Zuständigkeitsnormen beziehen sich in der Regel nur auf die Zuständigkeit unter

---

197 *Bork*, Der Begriff der objektiven Schiedsfähigkeit, ZZP 100 (1987), 249, 272; *Schwab/Walter*, Schiedsgerichtsbarkeit, S. 33 m.w.N..
198 vgl. Diskussionsentwurf zur Neufassung des Zehnten Buchs der ZPO, S. 91.
199 Vgl. § 1030 Abs. 1 Satz 2 ZPO n.F.
200 vgl. *Lionnet*, Schiedsgerichtsbarkeit, S. 40; Schwab/Walter, Schiedsgerichtsbarkeit, S. 33; *Schwab*, Wandlungen der Schiedsfähigkeit, FS Henckel, S. 801 ff.
201 *Schlosser*, Internationale Schiedsgerichtsbarkeit, Rdn. 286.
202 Diskussionsentwurf zur Neufassung des Zehnten Buchs der ZPO, S. 91.
203 BT-Dr. 13/5274, S. 34.

den staatlichen Gerichten und sagen nichts darüber aus, ob der Rechtsstreit auch von Schiedsgerichten entschieden werden kann[204].

(b) Patentstreitsachen

Hinsichtlich der ausschließlichen Zuständigkeit bestimmter staatlicher Gerichte soll nach der Regierungsbegründung zu § 1030 ZPO n.F. dann etwas anderes gelten, wenn der Gesetzgeber besondere Gerichte für bestimmte Streitigkeiten wie Klagen auf Nichtigerklärung, Zurücknahme von Patenten oder Erteilung von Zwangslizenzen, für welche nach § 65 Abs. 1 Satz 1 PatG allein das Patentgericht zuständig ist, eingerichtet hat[205]. Hieraus wird nach einer häufig vertretenen Auffassung der Schluß gezogen, daß insoweit auch der Schiedsvertrag unzulässig und unwirksam sei[206]. Die Anhänger dieser Auffassung sind der Meinung, daß die Verfahren nicht der Disposition der Beteiligten im Wege von Vereinbarungen unterlägen, da diese Rechte beträfen, die kraft Verwaltungsakt erteilt worden und deshalb durch richterliches Gestaltungsurteil zu entscheiden seien[207].

Die Vertreter der Gegenmeinung[208] gehen aber wohl zu Recht davon aus, daß die Zeit fällig ist, Patentnichtigkeits- und Zwangslizenzsachen für schiedsfähig zu erklären. So haben selbst die Vertreter der zuerst dargestellten Auffassung zugestanden, es bestünden grundsätzlich keine Bedenken dagegen, daß ein Schiedsgericht auch Entscheidungen mit rechtsgestaltender Wirkung erlassen könne[209]. Auch der Inhaber von Patentierungsansprüchen kann nach seinem Belieben über diese verfügen[210], weshalb nicht ersichtlich ist, warum Patentnichtigkeitssachen schiedsunfähig sein sollten. Weder die Rechtsnatur des Patents verlangt eine solche Schiedsunfähigkeit noch verfolgt der Staat in diesem Be-

---

204 Inzwischen wohl allg. M., vgl. BGH NJW 1996, 1753, 1754; *Schwab/Walter*, Schiedsgerichtsbarkeit, S. 34; *Kornmeier*, Schiedsfähigkeit GmbH-rechtlicher Nichtigkeits- und Anfechtungsklagen, S.25 f.; *Schütze*, Schiedsgericht und Schiedsverfahren, S. 51.

205 BT-Dr.13/5274, S. 35.

206 BGH BB 1984, 561, 562; BT-Dr. 13/5274, S. 35; *Schwab/Walter*, Schiedsgerichtsbarkeit, S. 27; *Böckstiegel*, Schiedsgerichtsbarkeit im deutsch-amerikanischen Wirtschaftsverkehr, 45, 47.

207 BT-Dr. 13/5274, S. 35.

208 *Schlosser*, Internationale Schiedsgerichtsbarkeit, Rdn. 317; ders., Notwendige Reformen des deutschen Rechts der Schiedsgerichtsbarkeit, ZIP 1987, 492, 499; *Schwab/Walter*, Schiedsgerichtsbarkeit, S. 36, 37; *Pfaff*, Grenzbewegungen der Schiedsfähigkeit, FS Nagel, S. 278 ff.

209 BT-Dr. 13/5274, S. 35.

210 Z.B. durch ein bindendes Anerkenntnis nach §§ 20, 90 PatG.

reich besondere eigene Interessen[211]. Schließlich zeigt aber auch die bereits dargestellte Entwicklung in den USA[212] sowie diejenige in der Schweiz[213], daß der Schiedsfähigkeit dieser Streitigkeiten nichts entgegensteht.

Zuletzt spricht für diese Auffassung, daß die §§ 65, 66 PatG von ihrem Wortlaut her die Unterwerfung der entsprechenden Streitigkeit unter ein Schiedsgericht nicht ausschließen und man deshalb hierin eine reine Zuständigkeitsregelung sehen kann, die nur dann eingreift, wenn die staatlichen Gerichte überhaupt zur Entscheidung berufen sind.

Es bleibt abzuwarten, wie die Rechtsprechung sich hinsichtlich der Schiedsfähigkeit von Patentnichtigkeits- und Zwangslizenzsachen entwickeln wird.

(c) Gesellschaftsrechtliche Beschlußmängelstreitigkeiten

Auch die Frage der Schiedsfähigkeit gesellschaftsrechtlicher Anfechtungs- und Nichtigkeitsklagen ist nach der Einführung des neuen Zehnten Buchs der ZPO weiterhin offen geblieben[214]. Im Gegensatz zu den Patentnichtigkeitssachen hat die Regierungsbegründung zu § 1030 ZPO n.F. diese Frage ausdrücklich offengelassen und der Entscheidung der Rechtsprechung überlassen[215]. Daneben nimmt die Regierungsbegründung zu den wichtigsten Argumenten der bisher herrschenden Meinung Stellung, indem sie betont, daß die Schiedsunfähigkeit sich nicht mehr mit der ausschließlichen Zuständigkeit der Landgerichte oder damit begründen ließe, daß ein Schiedsgericht keine Entscheidungen mit rechtsgestaltender Wirkung treffen könne; fraglich bleibe allerdings, inwieweit ein Schiedsspruch Rechtsgestaltung mit Wirkung für und gegen Dritte, wie z.B. ein Schiedsspruch über eine aktienrechtliche Anfechtungsklage für und gegen alle Aktionäre, hervorrufen könne[216].

In einer neueren Entscheidung hat der BGH zu dieser Gesamtproblematik dargelegt, daß eine Anfechtungsklage gegen Gesellschafterbeschlüsse einer GmbH

---

[211] Vgl. *Pfaff*, Grenzbewegungen der Schiedsfähigkeit, Festschrift Nagel, 289 ff.
[212] Siehe oben unter III. 3.f) (2) a).
[213] Auskunft des schweizerischen Amtes für geistiges Eigentum vom 15.12.1975, abgedruckt in: Schweizerisches Patentmitteilungsblatt 1976, I 9.
[214] Zum Streitstand nach altem Recht vgl. BGH MDR 1951, 674; BGH WM 1966, 1132, 1133; OLG Hamm ZIP 1987, 780 (Schiedsfähigkeit verneint); dagegen wurde die Schiedsfähigkeit bejaht insbesondere von *K. Schmidt*, Schiedsfähigkeit von GmbH Beschlüssen, ZGR 17 (1988), 523 ff; *Schwab/Walter*, Schiedsgerichtsbarkeit, S. 35.
[215] BT-Dr. 13/5274, S. 35.
[216] BT-Dr., ebenda.

wegen der sich aus den (im GmbH-Recht entsprechend anwendbaren) §§ 248 Abs. 1 Satz 1 und 249 Abs. 1 Satz 1 AktG ergebenden Wirkung des Urteils für und gegen alle Gesellschafter und Gesellschaftsorgane nicht schiedsfähig sei[217]. Begründet hat der BGH seine Entscheidung zum einen damit, daß die unterschiedlichen Bedingungen eines Rechtsstreits vor einem staatlichen Gericht und einem Schiedsgericht eine analoge Anwendung der Regelungen der aktienrechtlichen Anfechtungsklage im schiedsrichterlichen Verfahren nicht zuließen, da die Beteiligung mehrerer Personen an einem Verfahren weder dem Grundsatz der Gleichbehandlung bei der Konstituierung des Schiedsgerichts noch der Bedeutung, welche die Auswahl der Schiedsrichter für die Parteien habe, gerecht werden könne. Desweiteren könne es zwischen mehreren Anfechtungsklägern zu einem Wettlauf kommen, wer den Streit zuerst beim Schiedsgericht anhängig macht; ein solcher Einigungszwang sei mit dem prozessualen Grundrecht jeder Partei, einen Schiedsrichter ihres Vertrauens zu benennen, nicht zu vereinbaren[218].

Während der BGH in seiner Urteilsbegründung grundsätzlich sowohl die objektive als auch die subjektive Schiedsfähigkeit bejaht hat, erklärte er sein Ergebnis der mangelnden Schiedsfähigkeit einer Anfechtungsklage gegen Gesellschafterbeschlüsse ausschließlich unter dem Aspekt der möglichen Bindungswirkung des Schiedsspruchs für Dritte[219]. Weder die Bedeutung der in Frage stehenden Rechtsstreitigkeit noch die mangelnde subjektive Schiedsfähigkeit oder ein Interesse des Staates, welches ein Entscheidungsmonopol rechtfertigen würde, stünden nach Ansicht des BGH der Schiedsfähigkeit von Anfechtungsklagen gegen Gesellschafterbeschlüsse einer GmbH entgegen[220].

Mit diesem Urteil hat der BGH entschieden, daß Schiedsvereinbarungen in Gesellschaftsverträgen nicht mehr der grundsätzliche Einwand mangelnder Schiedsfähigkeit entgegengehalten werden kann, selbst wenn sie Beschlußmängelstreitigkeiten betreffen. Einziger Aspekt, der gegebenenfalls dagegen spricht, ein solches Verfahren durch ein Schiedsgericht entscheiden zu lassen, ist nur noch die Frage der Bindungswirkung eines Schiedsspruchs für die das Schiedsverfahren nicht betreibenden weiteren Gesellschafter. Bei einer zweigliedrigen GmbH wird dieser Aspekt meistens bedeutungslos sein. Der Leitsatz der Entscheidung "Keine Schiedsfähigkeit der Anfechtungsklage gegen Gesellschafterbeschlüsse einer GmbH" ist deshalb nicht in vollem Umfang zutreffend. Insge-

[217] BGH NJW 1996, 1753 = WM 1996, 856 = BB 1996, 1074 = ZIP 1996, 830, 833.
[218] BGH ZIP 1996, 830, 833 f.
[219] BGH ZIP 1996, ebenda.
[220] BGH ZIP 1996, 830 ff.

samt hat das Urteil des BGH aber die überwiegende Zustimmung der Rechtslehre gefunden[221].

(d) Öffentlich-rechtliche Streitigkeiten

Hinsichtlich der Streitigkeiten des öffentlichen Rechts bleibt es bei der Regelung, daß Schiedsgerichtsbarkeit insoweit möglich ist, als die Parteien über den Streitgegenstand einen öffentlich-rechtlichen Vertrag schließen können[222]. Erwähnenswert ist hierbei, daß der öffentlich-rechtliche Vertrag durch § 55 VwVfG erheblich aufgewertet wurde und daß das Vermögensgesetz[223] und das Vermögenszuordnungsgesetz[224] trotz des öffentlich-rechtlichen Charakters der dort geregelten Ansprüche in begrenztem Maße die Möglichkeit einer schiedsrichterlichen Entscheidung vorsehen[225].

(e) Börsentermingeschäfte

Nicht nur unter dem Aspekt des ordre public, sondern auch im Zusammenhang mit der objektiven Schiedsfähigkeit hat sich die Rechtsprechung in jüngster Zeit mehrfach mit der Frage beschäftigt, ob Verträge über Börsentermingeschäfte schiedsfähig sind.

Nach § 28 BörsG ist eine Schiedsvereinbarung, durch welche sich die Beteiligten der Entscheidung des Börsengerichts unterwerfen, nur verbindlich, wenn der Streitfall bereits entstanden ist oder wenn beide Teile nach § 53 BörsG Börsentermingeschäfte abschließen können. Diese Regelung betrifft lediglich Börsenschiedsgerichte, d.h. Schiedsgerichte, welche die besonderen Bedürfnisse des Börsenverkehrs berücksichtigen sollen und mit diesem in organisatorischem Zusammenhang stehen. Ein Börsenschiedsgericht liegt aus diesem Grunde nur dann vor, wenn es aus Personen besteht, die wegen ihrer Tätigkeit an der Börse zu Schiedsrichtern berufen werden[226].

---

[221] vgl. *Westermann*, Schiedsgerichtsbarkeit in gesellschaftsrechtlichen und erbrechtlichen Angelegenheiten, DIS Bd. 11, 31, 44 ff.; *Schütze*, Schiedsgericht und Schiedsverfahren, S. 51; *Schlosser*, Anm. zu BGH Urt. v. 29.3.1996, JZ 1996, 1020; *Bork*, Zur Schiedsfähigkeit von Beschlußmängelstreitigkeiten, ZHR 160 (1996), 374 ff.

[222] BT-Dr. 13/5274, S. 35.

[223] BGBl. 1994 I S. 3610.

[224] BGBl. 1994 I S. 709.

[225] Vgl. § 30 Abs. 2, § 38 a VermG, § 14 VZOG; BT-Dr. 13/5274, S. 35.

[226] *Weber/Weber-Rey*, Fragen der Börsenschiedsfähigkeit, JPS 3 (1989), 149, 151 ff.

Der BGH hat eine Erweiterung des teilweisen Schiedsverbots nach § 28 BörsG unterdessen abgelehnt und die Vereinbarung eines deutschen Schiedsgerichts für wirksam erklärt, wenn die Anwendung deutschen Rechts vereinbart und der Rechtsstreit von einem deutschen Schiedsgericht entschieden wird[227]. Nach Auffassung des BGH könne in einem solchen Fall nicht von vornherein angenommen werden, daß zwingende Bestimmungen des deutschen Rechts nicht beachtet würden. Im übrigen unterliege der Schiedsspruch im Rahmen eines Aufhebungsantrages der Überprüfung, ob dieser mit wesentlichen Grundsätzen des deutschen Rechts offensichtlich unvereinbar sei[228].

Etwas anderes gilt, wenn die Parteien in der Schiedsklausel die Anwendung ausländischen Rechts bei einem ausländischen Schiedsgericht vereinbart haben. Eine solche Schiedsklausel ist nur dann zulässig, wenn diese nicht gegen den deutschen ordre public verstößt[229].

(f) Kartellstreitigkeiten

Nach bisherigem Recht war die Kartellschiedsgerichtsbarkeit gewissen Einschränkungen unterworfen. So waren nach § 91 Abs. 1 Satz 1 GWB a.F. Schiedsverträge über künftige Streitigkeiten grundsätzlich nur wirksam, soweit sie jedem Beteiligten das Recht gaben, im Einzelfall anstelle der Entscheidung durch das Schiedsgericht eine Entscheidung durch das ordentliche Gericht zu verlangen. § 91 GWB a.F. ist seinerzeit aus Furcht vor Schiedsgerichten als Kartellorganen entstanden und sollte eine Geheimschiedsgerichtsbarkeit, welche als nicht loyal eingeschätzt wurde, verhindern[230].

Die Regelung des § 91 GWB a.F., welche schon nach altem Recht auf erhebliche Kritik stieß[231], wurde im Rahmen der Neuordnung des Schiedsverfahrensrechts ersatzlos gestrichen. Begründet wurde die Streichung damit, daß das Schiedsgericht die zwingenden Vorschriften des Kartellrechts ebenso wie ein staatliches Gericht zu beachten habe und der Schiedsspruch im Rahmen des Aufhebungs- und Vollstreckbarerklärungsverfahrens ohnehin einer Kontrolle durch die staatlichen Gerichte unterliege[232]. Anderer Ansicht war im Gesetzge-

[227] BGH NJW 1991, 2215 = ZIP 1991, 1231.
[228] BGH ZIP 1991, 1231, 1232.
[229] BGH ZIP 1984, 1461, 1463; BGH WM 1987, 1153, 1154; *Schütze*, Wirksamkeit von internationalen Schiedsvereinbarungen, JPS Bd. 1 (1987), 94, 99.
[230] *K. Schmidt* in Immenga/Mestmäcker, § 91 Rdn. 1.
[231] Vgl. *Schlosser*, Notwendige Reformen des deutschen Rechts der Schiedsgerichtsbarkeit, ZIP 8/1987, 492, 497.
[232] Vgl. BT-Dr. 13/5274, S. 71 und 76.

bungsverfahren jedoch der Bundesrat, der insbesondere aus Gründen des Schutzes des wirtschaftlich Schwächeren eine Streichung des § 91 GWB a.F. abgelehnt hatte[233].

Die Gefahr einer Nichtbeachtung geltenden Kartellrechts ist indes als sehr gering einzuschätzen, da man davon ausgehen kann, daß die Schiedsrichter kartellrechtliche Vorschriften genauso loyal anwenden wie andere Rechtsvorschriften. Hinzukommt, daß die Parteien die Wirksamkeit des Schiedsspruchs im Anerkennungs- und Vollstreckungsverfahren weiterhin durch ein staatliches Gericht überprüfen lassen können, weshalb die Ziele des Gesetzes gegen Wettbewerbsbeschränkungen nicht umgangen werden können. Die Streichung des § 91 GWB dürfte der Absicht der Reform des Zehnten Buchs der ZPO, die Schiedsgerichtsbarkeit in Deutschland zu fördern, entsprechen.

(g) Mietrechtsstreitigkeiten

Sowohl nach der alten als auch nach der neuen Fassung der ZPO ist ein Schiedsvertrag über Rechtsstreitigkeiten, die den Bestand eines Mietverhältnisses über Wohnraum im Inland betreffen, unwirksam. Zweck dieser Regelung ist es, Umgehungen des ausschließlichen Gerichtsstands des § 29 a ZPO, welcher zum Schutz des Mieters geschaffen wurde, durch Schiedsvereinbarungen zu verhindern. Dieses Verbot gilt aber nicht bei Vermietung zum vorübergehenden Gebrauch (§ 556 a VIII BGB).

(h) Arbeitsrechtsstreitigkeiten

Das schiedsgerichtliche Verfahren ist in Arbeitsrechtsstreitigkeiten erheblich eingeschränkt und in den §§ 101-110 Arbeitsgerichtsgesetz abschließend geregelt. Schiedsgerichte sind danach nur zulässig in den in § 101 Abs. 1 und 2 Arbeitsgerichtsgesetz genannten Fällen, und zwar für bürgerliche Rechtsstreitigkeiten zwischen Tarifvertragsparteien aus Tarifverträgen und aus Schiedsverträgen zwischen Tarifvertragsparteien für bürgerliche Rechtsstreitigkeiten aus Arbeitsverhältnissen tarifgebundener Arbeitnehmer, wenn der persönliche Geltungsbereich des Tarifvertrags überwiegend Bühnenkünstler, Filmschaffende, Artisten oder Kapitäne und Besatzungsmitglieder im Sinne der §§ 2 und 3 des Seemannsgesetzes umfaßt.

---

[233] Vgl. Nr. 6 der Stellungnahme des Bundesrates vom 3.5.1996, BT-Dr. 13/5274, S. 74.

Der Schiedsspruch kann in einem revisionsrechtlichen Verfahren durch das Arbeitsgericht aufgehoben werden[234]. Die Aufhebungsklage ist gemäß § 110 Abs. 3 Arbeitsgerichtsgesetz innerhalb einer Notfrist von zwei Wochen zu erheben.

Eine schiedsgerichtsfreundliche Tendenz wie in den USA ist auf dem Gebiet des Arbeitsrechts in Deutschland nicht erkennbar.

g) Zusammenfassung

Bereits vor der Reform des Zehnten Buchs der ZPO konnte die deutsche Rechts- und Gesetzeslage als schiedsgerichtsfreundlich beurteilt werden. Dies ergab sich vor allem aus den bereits zufriedenstellenden Bereichen des flexiblen Prinzips der Schiedsfähigkeit, des Schriftformerfordernisses, der Abtrennbarkeit der Schiedsvereinbarung und der Verfahrensregeln nach freiem Ermessen[235].

Nach Inkrafttreten der Reform wurden weitere bisher noch bestehende Einschränkungen der Schiedsfähigkeit von bestimmten Streitgegenständen aufgehoben.

Die ersatzlose Aufhebung des § 91 GWB a.F. im Zuge der Reform dürfte hierbei die auffallendste Erweiterung der Schiedsfähigkeit im deutschen Recht darstellen.

Patentrechtsstreitigkeiten sind ebenfalls nicht mehr von vornherein von der Schiedsgerichtsbarkeit ausgenommen. Zwar wurde hierüber von der Rechtsprechung noch nicht positiv - wie in den USA - entschieden, aber durch die ZPO-Reform wurde der Rechtsprechung nunmehr ein Ermessensspielraum eröffnet. Umso positiver verhält sich die Reform gegenüber gesellschafts- und aktienrechtlichen Beschlußmängelstreitigkeiten, und die weitere Entwicklung wird zeigen, ob die Rechtsprechung von dem ihr eröffneten Ermessen Gebrauch machen wird.

Hinsichtlich der Schiedsfähigkeit läßt sich somit feststellen, daß die neuen deutschen Schiedsregeln die Schiedsgerichtsbarkeit nicht weiter einschränken, sondern fördern wollen. Hierbei ist eine ähnliche Entwicklung wie in den USA hin zu einer quasi unbegrenzten Schiedsfähigkeit sämtlicher Streitigkeiten zu erkennen.

---

[234] Vgl. § 110 Arbeitsgerichtsgesetz.

[235] Vgl. *Kreindler/Mahlich*, Das neue deutsche Schiedsverfahrensrecht aus ausländischer Sicht, NJW 1998, 563, 564.

Allerdings bleibt abzuwarten, ob auch hinsichtlich des ordre public-Vorbehaltes die deutsche Judikatur sich ähnlich liberal wie in den USA zumindest bei internationalen Handelsstreitigkeiten entwickeln wird. Bisher konnte der ordre public-Vorbehalt trotz ebenfalls enger Auslegung in Deutschland eher die Anerkennung und Vollstreckung eines Schiedsspruchs verhindern als in den USA.

Auch das UN-Übereinkommen über die Anerkennung und Vollstreckung ausländischer Schiedssprüche kann diese unterschiedliche Behandlung nicht beseitigen. Die prinzipielle Schwäche des UN-Übereinkommens scheint insoweit darin zu liegen, den Begriff der public policy bzw. des ordre public nicht näher zu definieren.

Faktoren wie die Intention des UNÜ zur Erleichterung der Vollstreckbarkeit von Schiedssprüchen, das Respektieren der Parteiautonomie, die Berücksichtigung der Bedürfnisse des internationalen Wirtschaftsverkehrs und der Wunsch nach möglichst schneller Unanfechtbarkeit des Schiedsspruchs mögen dazu führen, Vorschriften wie den ordre public-Vorbehalt ähnlich auszulegen. Nichts desto trotz bleiben aber - wie am Vergleich zwischen US-amerikanischem und deutschem Recht deutlich wird - weiterhin Unterschiede in der Auslegung, beispielsweise ob inländische wirtschaftliche Interessen vom ordre public-Vorbehalt mit umfaßt werden oder nicht.

D. Schlußbetrachtung

I. Allgemeine Überlegungen

Die Tendenz nationaler Gesetzgeber, internationaler Organisationen und Schiedsgerichtsinstitutionen, das Recht der nationalen und internationalen Schiedsgerichtsbarkeit stetig zu verbessern und von nationalen Zwängen am Sitz des Schiedsgerichts mehr und mehr zu befreien, ist deutlich erkennbar.

Obwohl die Schiedsrichter selbst unmittelbar lediglich an die zwingenden Normen des anwendbaren Verfahrensrechts und nicht an die Normen über die Anerkennung und Vollstreckung von Schiedssprüchen gebunden sind, ist es äußerst wichtig, bereits bei Beginn des Schiedsverfahrens die Möglichkeit einer später eventuell erforderlichen Vollstreckung des Schiedsspruchs in die Überlegungen mit einzubeziehen. So ist es beispielsweise in deutsch-amerikanischen Schiedsverfahren unerläßlich, zumindest die für den Schiedsspruch und das Schiedsverfahren zwingenden Normen zu beachten, welche in den USA und in Deutschland für die Vollstreckung von Bedeutung sind. Durch den Vergleich zwischen US-amerikanischem und deutschem Recht und der unterschiedlichen Auslegung des UN-Übereinkommens werden Vor- und Nachteile sowie Verbesserungsmöglichkeiten deutlich.

II. Reform auf Basis des UNCITRAL-Modellgesetzes

Im Zuge der Reformen im Bereich der schiedsgerichtlichen Gesetzgebung in Nachbarländern wie Frankreich, Belgien, den Niederlanden und der Schweiz wurde deutlich, daß das bisher geltende deutsche Schiedsverfahrensrecht nicht mehr zeitgemäß war sowie Mängel und Lücken enthielt. Schon aufgrund der größeren internationalen Akzeptanz und der geringeren Einstiegs- und Anwendungshindernisse ist die Entscheidung des deutschen Gesetzgebers, das UNCITRAL-Modellgesetz nicht nur partiell, sondern überwiegend zu übernehmen, zu befürworten. In diesem Zusammenhang erscheint es auch sachgerecht, daß Deutschland das Modellgesetz nicht nur für die internationale, sondern auch für die inländische Schiedsgerichtsbarkeit eingeführt hat und damit die nach der bisherigen ZPO geltende Unterscheidung nicht weiter aufrecht hält.

Aufgrund der verschiedenen internationalen Schiedsgesetze der US-amerikanischen Einzelstaaten, wäre es sicherlich im Sinne der Rechtsvereinheitlichung von Vorteil, wenn die USA ebenfalls das UNCITRAL-Modellgesetz auf Bundesebene übernehmen würden. Auch wenn die Schiedsgesetze der Einzelstaaten zumeist nicht erheblich von der bundesstaatlichen Regelung abweichen, so führen die Unterschiede oft zu Unsicherheiten bei der Rechtsanwendung. Wegen des Umfangs einer solchen Reform ist die Übernahme des Modellgesetzes in den USA jedoch recht unwahrscheinlich[1].

III. Grundsatz des Vorrangs der Parteiautonomie

Zu Recht herrscht zwischen den US-amerikanischen Regelungen und sowohl der neuen als auch der alten ZPO-Fassung Übereinstimmung darüber, daß der Grundsatz der Parteiautonomie auch im Bereich der Schiedsgerichtsbarkeit vorherrscht. Hinsichtlich der ZPO a.F. ergab sich jedoch vor allem für die ausländischen Benutzer ein erheblicher Nachteil dadurch, daß wesentliche Prinzipien des deutschen Schiedsverfahrens nicht aus dem Gesetz ablesbar waren, sondern aus Rechtsprechung und Literatur entnommen werden mußten. ZPO-Neufassung und FAA trennen hingegen deutlich zwischen zwingenden Vorschriften und solchen, die der Parteiautonomie unterliegen, wodurch eine größere Benutzerfreundlichkeit entsteht.

IV. Kompetenz-Kompetenz

Durch die Reform des Zehnten Buchs der ZPO wurde auch die bisherige Rechtsunsicherheit zur Frage des Kompetenz-Kompetenz Begriffs, welcher bisher nur in Deutschland als für das staatliche Gericht bindend interpretiert wurde, endlich aus dem Weg geräumt. Diese Harmonisierung im Hinblick auf die meisten ausländischen Rechtsordnungen und insbesondere auf diejenige der USA, die eine Kompetenz-Kompetenz Lösung bisher per se ablehnte, dürfte ebenfalls zur internationalen Akzeptanz der Schiedsgerichtsbarkeit in Deutschland beitragen.

---

[1] Vgl. hierzu auch *Kuner*, Internationale Handelsschiedsgesetze der US-amerikanischen Einzelstaaten, RIW 1994, 368 ff.

V. Territorialitäts- statt Verfahrensprinzip

Positiv zu erwähnen ist ebenfalls die Abwendung von der von der deutschen Rechtsprechung zur ZPO a.F. entwickelten verfahrensrechtlichen Theorie, welche der Praxis zahlreicher anderer Staaten sowie Art. 1 Abs. 2 UNCITRAL-Modellgesetz widersprach.

Die Übernahme des strikten Territorialitätsprinzips, welches auch in den USA vorherrscht, hat nicht nur den Vorteil der Rechtsklarheit, sondern sie verhindert auch die bisher mögliche Vereinbarung des Verfahrensrechts eines anderen Staates, obwohl der Schiedsort in Deutschland liegt. Aus ausländischer Sicht ist von Vorteil, daß die Anwendung deutschen Verfahrensrechts in Verbindung mit einem ausländischen Schiedsort nunmehr nicht weiterhin dazu führen kann, daß aus deutscher Sicht das Schiedsverfahren, z.B. zum Zwecke eines Aufhebungs- oder Vollstreckungsverfahrens, als inländisches deutsches Schiedsverfahren zu gelten hat.

VI. Die lex mercatoria

Hinsichtlich der Anwendung der lex mercatoria wird sowohl in den USA als auch in Deutschland bisher Zurückhaltung geübt. Der Anerkennung und Vollstreckung eines auf lex mercatoria beruhenden Schiedsspruches steht jedoch grundsätzlich nichts entgegen. Zwar wäre eine international anerkannte lex mercatoria in der jetzigen Zeit der zunehmenden Internationalisierung des Handelsverkehrs durchaus wünschenswert. Solange die Anwendung der lex mercatoria aufgrund ihrer Lückenhaftigkeit weiterhin keine Allgemeingeltung beanspruchen kann, wird sie im Schiedsverfahren jedoch die Ausnahme bleiben und sollte nur ermöglicht werden, soweit die Parteien dies ausdrücklich bestimmen.

VII. Der ordre public-Vorbehalt

Auch nach der Reform des Zehnten Buchs der ZPO bestehen weiterhin Unterschiede zwischen den USA und Deutschland insbesondere bei der Anwendung des ordre public-Vorbehalts und der objektiven Schiedsfähigkeit. Obwohl beide Länder äußerst selten einen Schiedsspruch für nicht schiedsfähig bzw. als den ordre public verletzend ansehen, haben deutsche Gerichte zumindest häufiger als die USA einen Verstoß gegen den ordre public festgestellt. In den USA wird trotz vom Vollstreckungsschuldner behaupteter ordre public-Verletzung nahezu jeder Schiedsspruch für vollstreckbar erklärt, selbst wenn es sich um rein nationale Fälle handelt. Seit der BGH regelmäßig zwischen dem engeren "ordre public interne" und dem weiteren "ordre public internationale" unterscheidet, sind Entscheidungen, welche ordre public-Verletzungen feststellen, vor allem in internationalen Fällen auch in Deutschland noch seltener geworden.

VIII. Die objektive Schiedsfähigkeit

Hinsichtlich der objektiven Schiedsfähigkeit geht die Entwicklung in den USA zumindest in internationalen Fällen hin zu einer quasi unbegrenzten Schiedsfähigkeit sämtlicher Streitgegenstände. Auf dem Gebiet des Börsengesetzes, des Patentgesetzes und des Gesetzes gegen Wettbewerbsbeschränkungen sind seit der ZPO-Reform in Deutschland ebenfalls Tendenzen in Richtung einer grundsätzlich unbegrenzten Schiedsfähigkeit zu erkennen. Inwieweit die Rechtsprechung diesem Trend folgen wird, bleibt abzuwarten.

Bei all diesen Bemühungen um eine Liberalisierung der Schiedsfähigkeit wird jedoch zu bedenken sein, daß die staatliche Kontrolle von Schiedssprüchen bei ordre public-Verletzungen ausreichend ausgebildet sein sollte; denn je stärker die Kontrolle hinsichtlich des ordre public-Vorbehaltes ist, desto liberaler kann der Staat bei der Annahme der Schiedsfähigkeit sein. Besonders in den USA besteht aufgrund der liberalen Handhabung sowohl des ordre public-Vorbehaltes als auch der objektiven Schiedsfähigkeit die Gefahr, daß private Interessen dem Schutz des Staates endgültig entzogen werden können und die Schiedsgerichtsbarkeit nicht länger als neutrale und sichere Alternative zur ordentlichen Gerichtsbarkeit angesehen wird. Es ist jedoch davon auszugehen, daß die USA diesen äußerst liberalen Ansatz in der Absicht fortführen werden, die Schiedsgerichtsbarkeit weiter zu fördern.

IX. Wahrscheinlichkeit einer größeren internationalen Akzeptanz Deutschlands als Schiedsort

Ob die Reform des Schiedsverfahrensrechts zu einer größeren internationalen Akzeptanz Deutschlands als Schiedsort führen wird, bleibt abzuwarten. Das neue Recht bietet hierfür zumindest gute Voraussetzungen. Durch die Übernahme des UNCITRAL-Modellgesetzes in Deutschland dürfte die Vertrautheit ausländischer Schiedsgerichtsexperten mit dem Modellgesetz gleichzeitig zur Vertrautheit mit dem nunmehr auch in Deutschland geltenden Recht führen. Im internationalen Handelsverkehr kann die Einführung nur als wichtiger Schritt in Richtung einer wünschenswerten Harmonisierung der internationalen Handelsschiedsgerichtsbarkeit angesehen werden. Gerade im deutsch-amerikanischen Rechts- und Handelsverkehr wird man ab jetzt häufiger darüber nachdenken, ein Schiedsverfahren in Deutschland statt wie zuvor fast ausschließlich in den USA auszutragen.

*

Literaturverzeichnis

ADEN, Menno; Gewährung rechtlichen Gehörs im Schiedsgerichtsverfahren, NJW 1993, 1964

AKSEN, Gerald; The Application of the New York Convention by the United States Courts, Yearbook Commercial Arbitration, Vol. IV (1979), 341

AMERICAN JURISPRUDENCE 2d; Vol. 5, San Francisco 1962 (mit Cumulative Supplement 1984)

ANNOTATION; Construction and Effect of Contractual or Statutory Provisions Fixing Time within which Arbitration Award Must be made, 56 ALR 3d 815 (1974)

ANNOTATION; Refusal of Arbitrators to Receive Evidence, or to Permit Briefs or Arguments, on Particular issues as Grounds for Relief from Award, 75 ALR 3d 132 (1977)

BARRY, Robert A.J.; Application of the Public Policy Exception to the Enforcement of Foreign Arbitral Awards under the New York Convention: A Modest Proposal, 51 Temple Law Quarterly 832 (1978)

BAUMBACH, Adolf/*LAUTERBACH*, Wolfgang/*ALBERS*, Jan/*HARTMANN*, Peter; ZPO, Kommentar, 56. Aufl., München 1998

BERGER, Klaus Peter; Das neue Recht der Schiedsgerichtsbarkeit: The New German Arbitration Law, Köln 1998

ders.; „Sitz des Schiedsgerichts“ oder „Sitz des Schiedsverfahrens“? RIW 1993, 8

ders.; International Economic Arbitration in Germany: A New Era, 8 Arbitration International, 101 (1992)

ders.; Lex mercatoria in der internationalen Wirtschaftsschiedsgerichtsbarkeit: Der Fall „Compania Valenciana“, IPRax 1993, 281

BLESSING, Marc; The ICC Arbitral Process, Part III, 3 ICC Bulletin 20 (1992)

BÖCKSTIEGEL, Karl-Heinz; Amerikanische Wirtschafts-Schiedsgerichtsbarkeit aus deutscher Sicht, in: Schiedsgerichtsbarkeit im deutsch-amerikanischen Wirtschaftsverkehr (Hrsg. Karl-Heinz Böckstiegel), Köln 1985, 45

ders.; Die Bestimmung des anwendbaren Rechts in der Praxis internationaler Schiedsgerichtsverfahren, Festschrift für Günther Beitzke, Berlin 1979, 443

ders.; Public Policy and Arbitrability, Comparative Arbitration Practice and Public Policy in Arbitration, ICCA (no.3); Hrsg. Pieter Sanders, Deventer 1987, S.177

ders.; Zur Vollstreckung eines Schiedsspruchs nach der Schiedsordnung der Internationalen Handelskammer, IPRax 1982, 137

BOND, S. R.; How to draft an Arbitration Clause, 6 Journal of International Arbitration 65 (1989)

BORGES, Georg; Das Doppelexequatur von Schiedssprüchen: die Anerkennung ausländischer Schiedssprüche und Exequaturentscheidungen, Berlin, New York, 1997

BORK, Reinhard; Der Begriff der objektiven Schiedsfähigkeit (§ 1025 Abs. 1 ZPO), ZZP 100 (1987), 249

ders.; Zur Schiedsfähigkeit von Beschlußmängelstreitigkeiten, ZHR 160 (1996), 374

BORN, Gary B.; International Commercial Arbitration in the United States, Deventer, Boston 1994

BORN, Gary B./*WESTIN*, David; International Civil Litigation in United States Courts, Commentary and Materials, 2. Aufl., Deventer, Boston 1992

BORRIS, Christian; Die internationale Handelsschiedsgerichtsbarkeit in den USA, Internationales Wirtschaftsrecht (Bd. 6), 1987

BROCHES, Aron; Commentary on the UNCITRAL Model Law on International Commercial Arbitration, Deventer/Boston 1990

BROWN, William/ *HOUCK*, Stephen; Arbitrating International Antitrust Disputes, 7 Journal of International Arbitration, 77 (1990)

BÜLOW, Arthur, La Convention des parties relatives à la procédure d'arbitrage visé à l'art. 5 § 1 lit. d de la Convention de New York, Essays in memoriam Eugenio Minoli, Turin 1974, 81

ders.; Das UN-Übereinkommen über die Anerkennung und Vollstreckung ausländischer Schiedssprüche, KTS 1959, 1

BÜLOW, Arthur/*BÖCKSTIEGEL*, Karl-Heinz; Der Internationale Rechtsverkehr in Zivil- und Handelssachen, 3. Aufl., München 1987

BUTCHER, Bruce Allan; Towards a Theory of Commercial Arbitration (The US Experience), Dissertation New York 1969

CANARIS, Claus-Wilhelm; Inhaberschaft und Verfügungsbefugnis bei Bankkonten, NJW 1973, 825

CARBONNEAU, Thomas E.; Mitsubishi: The Folly of Quixotic Internationalism, 2 Arb. Int. 116 (1986)

ders.; American And Other National Variations on The Theme of International Commercial Arbitration, 18 Ga. J. Int'l & Comp. L. 143 (1988)

ders.; Lex Mercatoria And Arbitration: A Discussion Of The New Law Merchant (1990)

ders.; Arbitration and the Supreme Court: A Plea for Statutory Reform, 5 Ohio State Journal on Dispute Resolution 231 (1990)

ders.; "A-legality" and Arbitration: The German Supreme Court Joins the Fray, 4 The American Review of International Arbitration 217 (1993)

ders.; National Law and the Judicialization of Arbitration, in: International Arbitration In The 21st Century: Towards „Judicialization" And Uniformity? S. 115 (1993).

ders.; Cartesian Logic And Frontier Politics: French and American Concepts of Arbitrability, 2 Tul. J. Int'l & Comp. L. 193 (1994)

ders.; Cases and Materials On Commercial Arbitration, Ch. 11 (1997) ders.; International Arbitration – The United States, in: Internationale Schiedsgerichtsbarkeit: Generalbericht und Nationalberichte von Peter Gottwald; Peter Schlosser (Hrsg.), Bielefeld 1997

ders.; Debating the Proper Role of National Law under the New York Arbitration Convention, 6 Tulane Journal of International & Comparative Law 277 (1998)

CHOI, Susan; Judicial Enforcement of Arbitration Awards under the ICSID and New York Conventions, 28 New York University Journal of International Law and Politics 175 (1997)

COHN, Ernest; The Rules of Arbitration of the International Chamber of Commerce, 14 International Law Quarterly 132 (1965)

COMMENT; 47 Washington Law Review, 441 (1977).

CRAIG, Laurence W., *PARK*, William, *PAULSSON*, Jan; International Chamber of Commerce Arbitration, New York - London - Rome, 2nd ed. (1990)

CURTIN, Kenneth-Michael; Redefining Public Policy in International Arbitration of Mandatory National Laws, 64 Defense Counsel Journal 271 (1997).

DANIELOWICZ, Vitek; The Choice of Applicable Law in International Arbitration, 9 Hastings International & Comparative Law Review 232 (1986)

DE VRIES, Henry P.; International Commercial Arbitration: A Transnational View, 1 Journal of International Arbitration 7 (1984)

DIETRICH, Hartmut; Internationale Schiedsvereinbarungen vor Amerikanischen Gerichten, zur Entscheidung des U.S. Supreme Court im Fall Scherk v. Alberto-Culver Co., RabelsZ 40 (1976), 27

DOMKE, Martin; The Law and Practice of Commercial Arbitration, Chicago 1968, überarbeitet von Gabriel M. Wilner mit 1985 Cumulative Supplement

DROBNIG, Ulrich; Internationale Schiedsgerichtsbarkeit und wirtschaftliche Eingriffsnormen, Festschrift für Gerhard Kegel, S.95, Stuttgart-Berlin-Köln-Mainz 1987

EBKE, Werner; Neuere Entwicklungen im US-amerikanischen Handels- und Wirtschaftsrecht, RIW 1993, 508.

FELDMAN, Mark B.; An Award Made in New York Can Be a Foreign Arbitral Award, 39 Arbitration Journal 14 (1984)

ders.; Waiver of Foreign Sovereign Immunity by Agreement to Arbitrate: Legislation Proposed by the American Bar Association, 40 Arb. J. 24 (1985)

FIELD, Robert S.; The Scope of Federal Common Law, 99 Harv. L. Rev. 881 (1986)

FIRTH, Thomas V.; Finality of Foreign Arbitral Awards, 25 Arbitration Journal 1 (1970)

FOUCHARD, Phillippe; L'arbitrage commercial international, Paris 1965

FOX, Hazel; State Immunity and Enforcement of Arbitral Awards: Do We Need an UNCITRAL Model Law Mark II for Execution Against State Property?, 12 Arbitration International 89 (1996)

FRIEDMANN, Daniel/*MESTMÄCKER*, Ernst-Joachim; Conflict Resolution in International Trade, Wirtschaftsrecht und Wirtschaftspolitik, Band 128, 1993

GARVEY, Jack/*HEFFELFINGER*, Totton; Toward Federalizing U.S. International Commercial Arbitration Law, The International Lawyer 1991, Band 25, 209

GEIMER, Reinhold; Internationales Zivilprozeßrecht, 3.Aufl. Köln 1997

GEIMER, Reinhold/*SCHÜTZE*, Rolf A.; Internationale Urteilsanerkennung, Band I 2, München 1984

GENTINETTA, Jörg; Die lex fori internationaler Handelsschiedsgerichte, Bern 1973

GERTZ, Craig M.; The Selection of Choice of Law Provisions in International Commercial Arbitration: A Case for Contractual Depecage, 12 Northwestern Journal of International Law and Business 163 (1991)

GOLDBLUM, Joseph A.; International Commercial Arbitration - Finality - U.S. Court Enforces Foreign Arbitration Award Before Completion of Foreign Nullification Proceeding - Landegger v. Bayerische Hypotheken- und Wechselbank, 6 New York University Journal of International Law and Politics 153 (1973)

GRANZOW; Joachim H.; Das UNCITRAL-Modellgesetz über die internationale Handelsschiedsgerichtsbarkeit von 1985, München 1988

GREGER, Reinhard; Anmerkung zum Beschluß des OLG München v. 9.5.1989, Zustellung einer Klage wegen punitive damages, NJW 1989, 3103

HAAS, Ulrich; Die Anerkennung und Vollstreckung ausländischer und internationaler Schiedssprüche, Dissertation Berlin 1990

ders.; Zur formellen und materiellen Wirksamkeit des Schiedsvertrages, IPRax 1993, 382

HELLWIG, Hans-Jürgen; Nationale und Internationale Schiedsgerichtsbarkeit, RIW 1984, 421

HENN, Günter; Schiedsverfahrensrecht: ein Handbuch, 3. Aufl., Heidelberg 2000 (Recht in der Praxis)

ders.; Gibt es eine bindende Kompetenz-Kompetenz der Schiedsgerichte?, NJW 1954, 1835

HERRMANNS, Ferdinand; Zur Frage der Verletzung des rechtlichen Gehörs im schiedsrichterlichen Verfahren, IPRax 1987, 353

HIGGINS, Francis J./*BROWN*, William G./*ROACH*, Patrick J.; Pitfalls in International Commercial Arbitration, 35 Business Lawyer 1035, 1041 (1980)

HIGHET, Keith; The Enigma of the Lex Mercatoria, 63 Tulane Law Review 613 (1989)

HOELLERING, Michael F.; Das Recht der Schiedsgerichtsbarkeit in den Vereinigten Staaten und seine Bedeutung für den deutsch-amerikanischen Wirtschaftsverkehr, Schriftenreihe des Deutschen Instituts für Schiedsgerichtswesen, Herausgeber: Karl-Heinz Böckstiegel, 1985

HOLTZMANN, Howard M.; National Report: United States, Yearbook Commercial Arbitration II, 116 (1977)

HOLTZMANN, Howard M./*NEUHAUS*, Joseph E.; A Guide To The UNCITRAL Model Law On International Commercial Arbitration: Legislative History and Commentary, Deventer/Boston (1989)

IMMENGA, Ulrich/*MESTMÄCKER*, Ernst-Joachim; Gesetz gegen Wettbewerbsbeschränkungen: GWB , Kommentar zum Kartellgesetz, 2. Auflage, München 1992

KAHALE, George; Arbitration and Choice-of-Law Clauses as Waivers of Jurisdictional Immunity, 14 N.Y.U. J. Int.L. and Politics 19 (1981)

KAPLAN, Neil; Is the Need for Writing as Expressed in the New York Convention and the Model Law Out of Step with Commercial Practice?, 12 Arbitration International 27 (1996)

KEGEL, Gerhard; Exequatur sur exequatur ne vaut, Festschrift für Wolfram Müller-Freienfels, Baden-Baden 1986, 377

KENNEDY, Lionel; Enforcing International Commercial Agreements and Awards Not Subject to the New York Convention, 23 Va. J. Int'l L. 75-101 (1982)

KERAMEUS, Konstantinos; Probleme des griechischen Schiedsverfahrensrechts aus rechtsvergleichender Sicht, ZZP 92 (1979), 413

KERR, Michael; Commercial Dispute Resolution: The Changing Scene, in Liber amicorum Lord Wilberforce, Oxford 1987, 111

KINKEL, Klaus; Schiedsgerichtsbarkeit im Umfeld von Politik, Wirtschaft und Gerechtigkeit, Schriftenreihe der Deutschen Institution für Schiedsgerichtsbarkeit, Herausgeber: Karl-Heinz Böckstiegel, Band 9, Köln/Berlin/Bonn/München 1992

KORNBLUM, Udo; "Ordre public transnational", "ordre public international" und "ordre public interne" im Recht der privaten Schiedsgerichtsbarkeit, Festschrift für Heinrich Nagel, Münster 1987, 140 ders.; Das „Gebot überparteilicher Rechtspflege“ und der deutsche schiedsrechtliche ordre public, NJW 1987, 1105-1160

KORNMEIER, Udo; Die Schiedsfähigkeit GmbH-rechtlicher Nichtigkeits- und Anfechtungsklagen, Dissertation, Bochum 1980

KREINDLER, Richard H./MAHLICH, Thomas C.; Das neue deutsche Schiedsverfahrensrecht aus ausländischer Sicht, NJW 1998, 563

KREUZER, Karl; Zur Kompetenz-Kompetenz der Schiedsgerichte, NJW 1954, 543

KUNER, Christopher B.; The Public Policy Exception to the Foreign Arbitral Awards in the United States and West Germany Under the New York Convention, 7 Journal of International Arbitration 71 (1990)

ders.; Die neuen internationalen Handelsschiedsgesetze der US-amerikanischen Einzelstaaten, RIW 1994, 368

LABES, Hubertus W.; *LÖRCHER*, Torsten; Das neue deutsche Recht der Schiedsgerichtsbarkeit - Zur bevorstehenden Neufassung des 10. Buchs der ZPO (§§ 1025 ff.), MDR 1997, 420

LACHMANN, Jens Peter (unter Mitarbeit von Wolfgang König); Handbuch für die Schiedsgerichtspraxis, Köln 1998

LANGE, Dieter G.; Der Zivilprozeß in den Vereinigten Staaten: ein praktischer Leitfaden für deutsche Unternehmen, Heidelberg 1987

LEIPOLD, Dieter; Anmerkung zu BGH Urteil vom 05.05.1977, ZZP 91 (1978), 470

LIONNET, Klaus; Handbuch der internationalen und nationalen Schiedsgerichtsbarkeit, Stuttgart u.a., Boorberg 1996

LÖRCHER, Gino; Wie zwingend sind in der internationalen Handelsschiedsgerichtsbarkeit zwingende Normen einer „dritten“ Rechtsordnung?, BB, Beilage 17 1993, 3

ders.; Towards a Reform of the German Rules Governing Arbitration, 11 Arbitration International 391 (1995)

MANN, Frederick A.; Zur Nationalität des Schiedsspruchs, Festschrift für Walter Oppenhoff, München 1985, 218

ders.; England "delocalised" Contracts and Arbitration, 33 International Law Quarterly 193 (1984)

ders.; Schiedsrichter und Recht, Festschrift für Werner Flume, Band 1, Köln 1978, 593

MARRIOTT, Arthur L.; The New Arbitration Bill, Arbitration 1996, 97

McLAUGHLIN, Joseph T./*BRILL*, Kenneth/*ROSTOW*, Nicholas; International Arbitration Awards in New York, Form, Content, Confirmation, Challenge, in: International Arbitration in New York, New York 1986, S. 122 ff.

McMAHON, John P.; Implementation of the United Nations Convention of Foreign Arbitral Awards in the Untited States, 2 Journal of Maritime Law and Commerce 735 (1971)

MENTSCHIKOFF, Soia; Commercial Arbitration, 61 Columbia Law Review 846 (1961)

MEZGER, Ernest; Anmerkung zu BGH Urteil v. 10.5.1984, RIW 1984, 647

ders.; Schiedsvereinbarungen in internationalen Verträgen, insbesondere Konzessionsverträgen - Bedeutung der Schiedsvereinbarung für das auf die Verträge im ganzen und die Einzelleistungen anwendbare Recht, AWD 1946, 201

MÜNCHENER KOMMENTAR zum Bürgerlichen Gesetzbuch, 3. Aufl., München 1993

MÜNZBERG, Reinhard; Die Schranken der Parteivereinbarungen in der privaten internationalen Schiedsgerichtsbarkeit, Berlin 1970

MUSTILL, Michael; The New Lex Mercatoria: The First Twenty-five Years, Arbitration International 86 (1988)

NELSON, Jonathan R.; Arbitration: Judge-Made Law and the Presumption of Arbitrability: David L. Threlkeld & Co. v. Metallgesellschaft Ltd., 58 Brooklyn Law Review 279 (1992)

NOTE; Incorporation of State Law Under the Federal Arbitration Act, 78 Michigan Law Review 1391 (1980)

NOTE; General Principles of Law in International Commercial Arbitration, 101 Harvard Law Review, 1816 (1988)

OVINGTON, J. Patrick; Arbitration and U.S. Antitrust Law: A Conflict of Policies, 2 Journal of International Arbitration 53 (1985)

PALANDT-Bearbeiter, Bürgerliches Gesetzbuch, Kommentar, 60. Aufl. München 2001

PAULSSON, Jan; La lex mercatoria dans l'arbitrage CCI, Revue de l'arbitrage 1990, 55

PFAFF, Dieter; Grenzbewegungen der Schiedsfähigkeit - Patentnichtigkeit im Schiedsverfahren, Festschrift für Heinrich Nagel, Münster 1987, S. 278

PIETROWSKI, Jill A.; Enforcing International Commercial Arbitration Agreements - Post - Mitsubishi Motors Corp. v. Soler Chrysler-Plymouth, Inc., 36 American University Law Review 57 (1986)

PRYLES, Michael; Foreign Awards and the New York Convention, 9 Arbitration International 259 (1993)

QUILLING, Michael; The Recognition and Enforcement of Foreign Country Judgments and Arbitral Awards: A North-South Perspective, 11 Georgia Journal of International and Comparative Law 635

RAESCHKE-KESSLER, Hilmar; Neuere Entwicklungen im Bereich der Internationalen Schiedsgerichtsbarkeit, NJW 1988, 3041

REDFERN, Alan/*HUNTER*, Martin/*SMITH*, Murray; Law and Practice of International Commercial Arbitration, Second Edition, London 1991

REINER, Andreas; Handbuch der ICC-Schiedsgerichtsbarkeit, Wien 1989

RESTATEMENT OF THE LAW SECOND, Conflict of Laws 2d, Volume 1, §§ 1-221 as adopted and promulgated by The American Law Institute, St. Paul, Minnesota 1971

RESTATEMENT OF THE LAW THIRD, Foreign Relations of the United States, Volume 2, promulgated by the American Law Institute, St. Paul, Minnesota 1987

RIVKIN, David W.; Enforceability of Arbitral Awards Based on Lex Mercatoria, 9 Arbitration International 67 (1993)

ROGERS, Andrew; Arbitrability, 10 Arbitration International 263 (1994)

SAMPLINER, Gary H.; Enforcement of Foreign Arbitral Awards After Annulment in Their Country of Origin, 11 Mealey's International Arbitration. Reporter 22, 28 (1996)

SAMUEL, Adam; The Effect of the Place of Arbitration on the Enforcement of the Agreement to Arbitrate, 8 Arbitration International, 257 (1992)

SANDERS, Pieter; A Twenty Years Review of the Convention on the Recognition and Enforcement of Foreign Arbitral Awards, 13 International Lawyer 269 (1979)

ders; Commentary of the New York Convention, Yearbook Commercial Arbitration II, 254 (1977); IV, 231 (1979)

SANDROCK, Otto; Are Disputes over the Application of Article VIII, Section 2 (b) of the IMF Treaty arbitrable?, 23 International Lawyer 933 (1994)

ders.; Arbitration between U.S. and West-German Companies: An Example of Effective Dispute Resolution in International Business Transactions, 8 University of Pennsylvania Journal of International Business Law 27 (1987)

ders.; International Arbitration in the Federal Republic of Germany: A Hitherto Missed Opportunity, 1 International Arbitration 49 (1990)

ders.; Welches Kollisionsrecht hat ein Internationales Schiedsgericht anzuwenden?, RIW 1992, 785

ders.; Zügigkeit und Leichtigkeit versus Gründlichkeit, JZ 1986, 370

SCHLOSSER, Peter; Anmerkung zu BGH Urteil vom 29.3.1996, JZ 1996, 1020 ders.; Bald neues Recht der Schiedsgerichtsbarkeit in Deutschland?, RIW 1994, 723

ders.; Das Recht der internationalen privaten Schiedsgerichtsbarkeit, 2. Aufl., Tübingen 1989

ders.; Doppelexequatur zu Schiedssprüchen und ausländischen Gerichtsentscheidungen, IPRax 1985, 141

ders.; Die Unparteilichkeit des Schiedsrichteramtes, ZZP 93 (1980), 121

ders.; Entwicklungstendenzen in Recht und Praxis der internationalen privaten Schiedsgerichtsbarkeit, Karlsruhe 1976

ders.; Notwendige Reformen des deutschen Rechts der Schiedsgerichtsbarkeit, ZIP 8/1987, 492

ders.; The Competence of Arbitrators and of Courts, 8 Arbitration International 189 (1992)

SCHMIDT, Karsten; Schiedsfähigkeit von GmbH Beschlüssen, ZGR 17 (1988), 523

SCHMITTHOFF, Clive M.; Das neue Recht des Welthandels, RabelsZ 28 (1964), 47

SCHUMANN, Claus-Dieter; Plan eines Zentralen Gerichtshofs für die Anerkennung von Schiedssprüchen, RIW 1993, 701

SCHÜTZE, Rolf A.; Zur Wirksamkeit von internationalen Schiedsvereinbarungen und zur Wirkungserstreckung ausländischer Schiedssprüche über Ansprüche aus Börsentermingeschäften, Jahrbuch für die Praxis der Schiedsgerichtsbarkeit, Band 1 (1987), 94

ders.; Schiedsgericht und Schiedsverfahren, 2.Auflage, München 1998

ders.; Zulässige Zwangsvollstreckung aus einem New Yorker Exequaturuteil, Anmerkung zu BGH Urteil vom 27.03.1984, RIW 1984, 735

ders.; Deutsches Internationales Zivilprozeßrecht, Berlin/New York, 1985

SCHÜTZE, Rolf A./*TSCHERNIG*, Dieter/*WAIS*, Walter; Handbuch des Schiedsverfahrens, 2. Aufl., Berlin, New York 1990

SCHWAB, Karl Heinz/*WALTER*, Gerhard; Schiedsgerichtsbarkeit, Systematischer Kommentar, 3. Aufl. 1979 und 6. Aufl., München 2000

ders.; Wandlungen der Schiedsfähigkeit, FS für Wolfram Henckel, 1995, 801

SELVIN, Peter; US Trend Towards Arbitration as a Favoured Means of Dispute Resolution: The Considerations, International Litigation News, 12 (July 1997)

SHALIT, Anthony R.; Procedural Aspects of International Commercial Arbitration, 2 International Law Bulletin 53 (1963)

SHELL, G. Richard; ERISA and Other Federal Employment Statutes: When is Commercial Arbitration an "Adequate Substitute" for the Courts? 68 Texas Law Review 509 (1990)

SIMMONDS, Kenneth R.; International Commercial Arbitration/N.Y., Loseblattsammlung, Binder 1, Document II, 8

SMEDRESMAN, Peter S.; Conflict of Laws in International Commercial Arbitration; A Survey of Recent Developments, 7 California Western International Law Journal 263 (1977)

SMIT, Hans; Elements of International Arbitration in the United States; 1 American Review of International Arbitration 64 (1990)

SMIT, Hans/*MILLER*, Arthur R.; International Co-Operation in Civil Litigation – A Report on Practices and Procedures Prevailing in the United States, Mailand 1961

SMIT, Hans/*PECHOTA*, Vratislav; United States, National Legislation, The World Arbitration Reporter, Volume Two B, S. 2813 (1994)

STEIN, Steven J./*WOTMAN*, Daniel R.; International Commercial Arbitration in the 1980s: A Comparison of the Major Arbitral Systems and Rules, 38 Business Lawyer 1685 (1983)

STEIN-JONAS-Bearbeiter; Kommentar zur Zivilprozeßordnung, 21. Aufl., Tübingen 1993 ff.

STEIN, Ursula; Punitive Damages - eine Herausforderung für die Internationale Wirtschaftsschiedgerichtsbarkeit?, EuZW 1994, 18

STEYN, Lord Justice; Freshfields Arbitration Lecture: England's Response to the Model Law of Arbitration, Arbitration 1994, S. 184

STRUB, Michael H.; Resisting Enforcement of Foreign Arbitral Awards under Article V (1) (E) and Article VI of the New York Convention: A Proposal for Effective Guidelines, 68 Texas Law Review 1031 (1990)

THOMAS, Heinz/*PUTZO*, Hans; Zivilprozeßordnung, Kommentar, 22. Aufl., München 1999

TRIEBEL, Volker/*PETZOLD*, Eckart; Grenzen der lex mercatoria in der internationalen Schiedsgerichtsbarkeit, RIW 1988, 245

VAN DEN BERG, Albert Jan; Recent Enforcement Problems under the New York and ICSID Conventions, 5 Arbitration International 2 (1989)

ders.; The New York Arbitration Convention of 1958, Deventer-Antwerpen-Boston-London-Frankfurt 1981

ders.; The New York Convention of 1958, Commentary Cases Reported in Volume 12, Yearbook Commercial Arbitration 1987 (XII) 409

VETTER, Eberhard; Schiedsgerichtsbarkeit der American Arbitration Association, RIW 1993, 191

VON BREITENSTEIN, Detlev; Die internationale Arbitrage im französischen Recht, DIS-Schriftenreihe Band 3, Hrsg. Karl-Heiz Böckstiegel, S. 15, 1983

VON HOFFMANN, Bernd; Internationale Handelsschiedsgerichtsbarkeit, Frankfurt a.M. 1970

ders.; Die Novellierung des deutschen Schiedsverfahrensrechts von 1986, IPRax 1986, 337

VON HÜLSEN, Hans Viggo; Die Gültigkeit von internationalen Schiedsvereinbarungen, Berlin 1973

VON ZUMBUSCH, Ludwig; Arbitrability of Antitrust Claims under U.S.,German, and EEC Law: The "International Transaction" Criterion and Public Policy, 22 Texas International Law Journal 291 (1987)

WALTER, Gerhard; Anmerkung zu OLG Stuttgart, Urteil vom 2.6.1981, KTS 1983, 663

WEBER, Hansjörg/*WEBER-REY*, Daniela; Fragen der Börsenschiedsfähigkeit bei gekorener Börsentermingeschäftsfähigkeit, Jahrbuch für die Praxis der Schiedsgerichtsbarkeit, Bd. 3, 1989, 149

WEIGAND, Frank-Bernd; Das neue deutsche Schiedsverfahrensrecht: Umsetzung des UNCITRAL-Modellgesetzes, Wirtschaftliche Beratung 24, 1997, 1273

ders.; Discovery in der internationalen Schiedsgerichtsbarkeit, RIW 1992, 361

ders.; The UNCITRAL Model Law: New Draft Arbitration Acts in Germany and Sweden, 11 Arbitration International, 397 (1995)

WEINSCHENK, Fritz; Die Anerkennung und Vollstreckung bundesdeutscher Urteile in den Vereinigten Staaten unter den "Foreign Country Money Judgement Recognition Act", Dissertation Berlin 1988

WENGER, Werner; Zur Verfahrensautonomie institutioneller Schiedsgerichte, insbesondere zur Verlängerung der Sechsmonatsfrist gemäß Art. 18 der ICC Verfahrensordnung, IPRax 1989, 210

WESTIN, David; Enforcing Foreign Commercial Judgements and Arbitral Awards in the United States, West Germany, and England, 19 Law & Policy in International Business 325 (1987)

WESTERMANN, Harm Peter; Schiedsgerichtsbarkeit in gesellschaftsrechtlichen und erbrechtlichen Angelegenheiten, DIS-Schriftenreihe Band 11, 1996, S. 31

WETTER, Gillis; The International Arbitration, 11 Arbitration International 117 (1995)

WIECZOREK, Bernhard; Zivilprozeßordnung und Nebengesetze, 3. Aufl., Berlin, New York 1994 ff.

WILKINSON, Marcus; Judicial Review of Foreign Arbitral Awards on Antitrust Matters After Mitsubishi Motors, 26 Columbia Journal of Transnational Law 407 (1988)

ZIMMER, Daniel; Zulässigkeit und Grenzen schiedsgerichtlicher Entscheidung von Kartellrechtsstreitigkeiten, eine rechtsvergleichende Untersuchung auf der Grundlage US-amerikanischen und deutschen Rechts, Baden-Baden 1991

ZÖLLER, Richard/*GEIMER*, Reinhold; Zivilprozeßordnung, Kommentar, 22. Aufl. Köln 2001

MATERIALIEN

DISKUSSIONSENTWURF zur Neuregelung des Zehnten Buches der ZPO und Begründung zu den einzelnen Vorschriften, vorgelegt von der Kommission zur Neuordnung des Schiedsverfahrensrechts, herausgegeben vom Bundesministerium der Justiz, Februar 1994

ENTWURF eines Gesetzes zur Neuregelung des Schiedsverfahrensrechts (Schiedsverfahrens-Neuregelungsgesetz) nebst Regierungsbegründung, BT-Dr. 13/5274 = BR-Drs. 211/96

A/34/17, 1979; Report of the United Nations Commission on International Trade Law on the work of ist 12th Session (18-29 June 1979) General Assembly, Official Records: 34th Session, Supplement No. 17 (A/34/17), United Nations, New York 1979

A/CN.9/207, 14 May 1981; Possible Features of a Model Law on International Commercial Arbitration. Report of the Secretary-General

A/CN.9/WG.II/WP. 38, 31 August 1982; Model Law on International Commercial Arbitration: Draft Articles 25 to 36 on Award. Note of the Secretariat

A/CN.9/233, 28 March 1983; Report of the Working Group on International Contract Practices on the Work of ist 5th Session (New York, 22 February- 4 March 1982)

A/CN.9/246, 6 March 1984; Report of the Working Group on International Contract Practices on the Work of ist 7th Session (New York, 6-17 February 1984)

A/CN.9/263, 19 March 1985; Analytical Compilation of Comments by Governments and International Organisations on the Draft Text of a Model Law on International Commercial Arbitration. Report of the Secretary-General

A/CN.9/SR.320, 1985; United Nations Commission on International Trade Law, 18th Session, Summary Report of the (305th to 333rd) Meeting, Vienna 1985

FSC
www.fsc.org
MIX
Papier | Fördert gute Waldnutzung
FSC® C083411

Kolibri 360 GmbH
Ferdinand-Jühlke-Straße 7
99095 Erfurt, Deutschland
produktsicherheit@kolibri360.de

Druck:
CPI Druckdienstleistungen GmbH
im Auftrag der
Kolibri 360 GmbH
Ferdinand-Jühlke-Str. 7
99095 Erfurt